老科学家学术成长资料采集工程

中国科学院院士传记丛书

真善合美

1926年
生于上海

1943年
进入圣约翰大学

1948年
赴美留学

1955年
返回祖国

1991年
当选为中国科学院学部委员

2002年
有机分子簇集和自由基化学研究成果荣获国家自然科学一等奖

老科学家学术成长资料采集工程
中国科学院院士传记丛书

真善合美

蒋锡夔传

史炎均◎编著

赵　新　齐巧艳◎审稿

上海交通大学出版社

中国科学技术出版社

图书在版编目(CIP)数据

真善合美:蒋锡夔传/史炎均编著. —上海:上海交通
大学出版社,2016
(老科学家学术成长资料采集工程丛书)
ISBN 978-7-313-12893-5

Ⅰ.①真… Ⅱ.①史… Ⅲ.①蒋锡夔—传记
Ⅳ.①K826.13

中国版本图书馆 CIP 数据核字(2015)第 080961 号

出 版 人	韩建民　秦德继
责任编辑	冯　媛　吴雪梅
责任营销	陈　鑫
版式设计	中文天地

出　　　版	上海交通大学出版社　　中国科学技术出版社
发　　　行	上海交通大学出版社
地　　　址	上海市番禺路 951 号
邮　　　编	200030
发行电话	021 - 64071208
传　　　真	021 - 64073126
网　　　址	http://www. jiaodapress. com. cn

开　　　本	787mm×1092mm　1/16
字　　　数	270 千字
印　　　张	18.5
彩　　　插	3
版　　　次	2016 年 4 月第 1 版
印　　　次	2016 年 4 月第 1 次印刷
印　　　刷	上海景条印刷有限公司
书　　　号	ISBN 978 - 7 - 313 - 12893 - 5/K
定　　　价	59.00 元

老科学家学术成长资料采集工程
领导小组专家委员会

主　任：杜祥琬
委　员：（以姓氏拼音为序）
　　　　巴德年　　　陈佳洱　　　胡启恒　　　李振声
　　　　王礼恒　　　王春法　　　张　勤

老科学家学术成长资料采集工程
丛书组织机构

特邀顾问（以姓氏拼音为序）
　　　　樊洪业　　　方　新　　　齐　让　　　谢克昌

编委会
主　编：王春法　　　张　藜
编　委：（以姓氏拼音为序）
　　　　艾素珍　　　董庆九　　　胡化凯　　　黄竞跃　　　韩建民
　　　　廖育群　　　吕瑞花　　　刘晓勘　　　林兆谦　　　秦德继
　　　　任福君　　　苏　青　　　王扬宗　　　夏　强　　　杨建荣
　　　　张柏春　　　张大庆　　　张　剑　　　张九辰　　　周德进

编委会办公室
主　任：许向阳　　　张利洁
副主任：许　慧　　　刘佩英
成　员：（以姓氏拼音为序）
　　　　崔宇红　　　董亚峥　　　冯　勤　　　何素兴　　　韩　颖
　　　　李　梅　　　罗兴波　　　刘　洋　　　刘如溪　　　沈林苣
　　　　王晓琴　　　王传超　　　徐　捷　　　肖　潇　　　言　挺
　　　　余　君　　　张海新　　　张佳静

老科学家学术成长资料采集工程简介

老科学家学术成长资料采集工程（以下简称"采集工程"）是根据国务院领导同志的指示精神，由国家科教领导小组于 2010 年正式启动，中国科协牵头，联合中组部、教育部、科技部、工信部、财政部、文化部、国资委、解放军总政治部、中国科学院、中国工程院、国家自然科学基金委员会等 11 部委共同实施的一项抢救性工程，旨在通过实物采集、口述访谈、录音录像等方法，把反映老科学家学术成长历程的关键事件、重要节点、师承关系等各方面的资料保存下来，为深入研究科技人才成长规律，宣传优秀科技人物提供第一手资料和原始素材。按照国务院批准的《老科学家学术成长资料采集工程实施方案》，采集工程一期拟完成 300 位老科学家学术成长资料的采集工作。

采集工程是一项开创性工作。为确保采集工作规范科学，启动之初即成立了由中国科协主要领导任组长、12 个部委分管领导任成员的领导小组，负责采集工程的宏观指导和重要政策措施制定，同时成立领导小组专家委员会负责采集原则确定、采集名单审定和学术咨询，委托中国科学技术史学会承担具体组织和业务指导工作，建立专门的馆藏基地确保采集资料的永久性收藏和提供使用，并研究制定了《采集工作流程》、《采集工作规范》等一系列基础文件，作为采集人员的工作指南。截至 2014 年底，已启动304位老科学家的学术成长资料采集工作，获得手稿、书信等实物原件资料 52 093 件，数字化资料 137 471 件，视频资料 183 878 分钟，音频资料 224 828 分钟，具有重要的史料价值。

采集工程的成果目前主要有三种体现形式，一是建设一套系统的"老科学家学术成长资料数据库"（本丛书简称"采集工程数据库"），提供学术研究和弘扬科学精神、宣传科学家之用；二是编辑制作科学家专题资料片系列，以视频形式播出；三是研究撰写客观反映老科学家学术成长经历的研究报告，以学术传记的形式，与中国科学院、中国工程院联合出版。随着采集工程的不断拓展和深入，将有更多形式的采集成果问世，为社会公众了解老科学家的感人事迹，探索科技人才成长规律，研究中国科技事业的发展历程提供客观翔实的史料支撑。

总序一

中国科学技术协会主席　韩启德

老科学家是共和国建设的重要参与者，也是新中国科技发展历史的亲历者和见证者，他们的学术成长历程生动反映了近现代中国科技事业与科技教育的进展，本身就是新中国科技发展历史的重要组成部分。针对近年来老科学家相继辞世、学术成长资料大量散失的突出问题，中国科协于2009年向国务院提出抢救老科学家学术成长资料的建议，受到国务院领导同志的高度重视和充分肯定，并明确责成中国科协牵头，联合相关部门共同组织实施。根据国务院批复的《老科学家学术成长资料采集工程实施方案》，中国科协联合中组部、教育部、科技部、工业和信息化部、财政部、文化部、国资委、解放军总政治部、中国科学院、中国工程院、国家自然科学基金委员会等12个部委共同组成领导小组，从2010年开始组织实施老科学家学术成长资料采集工程。

老科学家学术成长资料采集是一项系统工程，通过文献与口述资料的搜集和整理、录音录像、实物采集等形式，把反映老科学家求学历程、师承关系、科研活动、学术成就等学术成长中关键节点和重要事件的口述资料、实物资料和音像资料完整系统地保存下来，对于充实新中国科技发展的历史文献，理清我国科技界学术传承脉络，探索我国科技发展规律和科技人才成长规律，弘扬我国科技工作者求真务实、无私奉献的精神，在全社会营造爱科学、学科学、用科学的良好氛围，是一件很有意义的事情。采集工程把重点放在年龄在 80 岁以上、学术成长经历丰富的两院院士，以及虽然不是两院院士、但在我国科技事业发展中作出突出贡献的老科技工作者，充分体现了党和国家对老科学家的关心和爱护。

自 2010 年启动实施以来，采集工程以对历史负责、对国家负责、对科技事业负责的精神，开展了一系列工作，获得大量反映老科学家学术成长历程的文字资料、实物资料和音视频资料，其中有一些资料具有很高的史料价值和学术价值，弥足珍贵。

以传记丛书的形式把采集工程的成果展现给社会公众，是采集工程的目标之一，也是社会各界的共同期待。在我看来，这些传记丛书大多是在充分挖掘档案和书信等各种文献资料、与口述访谈相互印证校核、严密考证的基础之上形成的，内中还有许多很有价值的照片、手稿影印件等珍贵图片，基本做到了图文并茂，语言生动，既体现了历史的鲜活，又立体化地刻画了人物，较好地实现了真实性、专业性、可读性的有机统一。通过这套传记丛书，学者能够获得更加丰富扎实的文献依据，公众能够更加系统深入地了解老一辈科学家的成就、贡献、经历和品格，青少年可以更真实地了解科学家、了解科技活动，进而充分激发对科学家职业的浓厚兴趣。

借此机会，向所有接受采集的老科学家及其亲属朋友，向参与采集工程的工作人员和单位，表示衷心感谢。真诚希望这套丛书能够得到学术界的认可和读者的喜爱，希望采集工程能够得到更广泛的关注和支持。我期待并相信，随着时间的流逝，采集工程的成果将以更加丰富多样的形式呈现给社会公众，采集工程的意义也将越来越彰显于天下。

是为序。

总序二

中国科学院院长　白春礼

　　由国家科教领导小组直接启动，中国科学技术协会和中国科学院等 12 个部门和单位共同组织实施的老科学家学术成长资料采集工程，是国务院交办的一项重要任务，也是中国科技界的一件大事。值此采集工程传记丛书出版之际，我向采集工程的顺利实施表示热烈祝贺，向参与采集工程的老科学家和工作人员表示衷心感谢！

　　按照国务院批准实施的《老科学家学术成长资料采集工程实施方案》，开展这一工作的主要目的就是要通过录音录像、实物采集等多种方式，把反映老科学家学术成长历史的重要资料保存下来，丰富新中国科技发展的历史资料，推动形成新中国的学术传统，激发科技工作者的创新热情和创造活力，在全社会营造爱科学、学科学、用科学的良好氛围。通过实施采集工程，系统搜集、整理反映这些老科学家学术成长历程的关键事件、重要节点、学术传承关系等的各类文献、实物和音视频资料，并结合不同时期的社会发展和国际相关学科领域的发展背景加以梳理和研究，不仅有利于深入了解新中国科学发展的进程特别是老科学家所在学科的发展脉络，而且有利于发现老科学家成长成才中的关键人物、关键事件、关键因素，探索和把握高层次人才培养规律和创新人才成长规律，更有利于理清我国科技界学术传承脉络，深入了解我国科学传统的形成过程，在全社会范围内宣传弘扬老科学家的科学思想、卓越贡献和高尚品质，推动社会主义科学文化和创新文化建设。从这个意义上说，采集工程不仅是一项文化工程，更是一项严肃认真的学术建设工作。

中国科学院是科技事业的国家队，也是凝聚和团结广大院士的大家庭。早在1955年，中国科学院选举产生了第一批学部委员，1993年国务院决定中国科学院学部委员改称中国科学院院士。半个多世纪以来，从学部委员到院士，经历了一个艰难的制度化进程，在我国科学事业发展史上书写了浓墨重彩的一笔。在目前已接受采集的老科学家中，有很大一部分即是20世纪八九十年代当选的中国科学院学部委员（院士），其中既有学科领域的奠基人和开拓者，也有作出过重大科学成就的著名科学家，更有毕生在专门学科领域默默耕耘的一流学者。作为声誉卓著的学术带头人，他们以发展科技、服务国家、造福人民为己任，求真务实、开拓创新，为我国经济建设、社会发展、科技进步和国家安全作出了重要贡献；作为杰出的科学家和教育家，他们着力培养、大力提携青年人才，在弘扬科学精神、倡树科学理念方面书写了可歌可泣的光辉篇章。他们的学术成就和成长经历既是新中国科技发展的一个缩影，也是国家和社会的宝贵财富。通过采集工程为老科学家树碑立传，不仅对老科学家们的成就和贡献是一份肯定和安慰，而且也使我们多年的夙愿得偿！

鲁迅说过，"跨过那站着的前人"。过去的辉煌历史是老一辈科学家铸就的，新的历史篇章需要我们来谱写。衷心希望广大科技工作者能够通过"采集工程"的这套老科学家传记丛书和院士丛书等类似著作，深入具体地了解和学习老一辈科学家学术成长历程中的感人事迹和优秀品质；继承和弘扬老一辈科学家求真务实、勇于创新的科学精神，不畏艰险、勇攀高峰的探索精神，团结协作、淡泊名利的团队精神，报效祖国、服务社会的奉献精神，在推动科技发展和创新型国家建设的广阔道路上取得更辉煌的成绩。

总序三

中国工程院院长　周　济

　　由中国科协联合相关部门共同组织实施的老科学家学术成长资料采集工程，是一项经国务院批准开展的弘扬老一辈科技专家崇高精神、加强科学道德建设的重要工作，也是我国科技界的共同责任。中国工程院作为采集工程领导小组的成员单位，能够直接参与此项工作，深感责任重大、意义非凡。

　　在新的历史时期，科学技术作为第一生产力，已经日益成为经济社会发展的主要驱动力。科技工作者作为先进生产力的开拓者和先进文化的传播者，在推动科学技术进步和科技事业发展方面发挥着关键性作用。

　　新中国成立以来，特别是改革开放 30 多年来，我们国家的工程科技取得了伟大的历史性成就，为祖国的现代化事业作出了巨大的历史性贡献。两弹一星、三峡工程、高速铁路、载人航天、杂交水稻、载人深潜、超级计算机……一项项重大工程为社会主义事业的蓬勃发展和祖国富强书写了浓墨重彩的篇章。

　　这些重大工程成就，凝聚和倾注了以钱学森、朱光亚、周光召、侯祥麟、袁隆平等为代表的一代又一代科技专家们的心血和智慧。他们克服重重困难，攻克无数技术难关，潜心开展科技研究，致力推动创新发展，为实现我国工程科技水平大幅提升和国家综合实力显著增强作出了杰出贡献。他们热爱祖国，忠于人民，自觉把个人事业融入到国家建设大局之中，为实现国家富强而不断奋斗；他们求真务实，勇于创新，用科技为中华民族的伟大复兴铸就了辉煌；他们治学严谨，鞠躬尽瘁，具有崇高的科学精神和科学道德，是我们后代学习的楷模。科学家们的一生是一本珍贵的教科书，他们坚定的理想信念和淡泊名利的崇高品格是中华民族自强不息精神的宝贵财富，永远值得后人铭记和敬仰。

通过实施采集工程，把反映老科学家学术成长经历的重要文字资料、实物资料和音像资料保存下来，把他们卓越的技术成就和可贵的精神品质记录下来，并编辑出版他们的学术传记，对于进一步宣传他们为我国科技发展和民族进步作出的不朽功勋，引导青年科技工作者学习和继承他们的可贵精神和优秀品质，不断攀登世界科技高峰，推动在全社会弘扬科学精神，营造爱科学、讲科学、学科学、用科学的良好氛围，无疑有着十分重要的意义。

中国工程院是我国工程科技界的最高荣誉性、咨询性学术机构，集中了一大批成就卓著、德高望重的老科技专家。以各种形式把他们的学术成长经历留存下来，为后人提供启迪，为社会提供借鉴，为共和国的科技发展留下一份珍贵资料。这是我们的愿望和责任，也是科技界和全社会的共同期待。

周济

序

中国科学院院士　佟振合　程津培

我们在求学的时候就知道了蒋锡夔先生的大名,但无缘相见,对他只是有一种高山仰止的感觉。20世纪80年代,我们相继在美国留学,研究中对蒋先生的工作有了更多的了解,也注意到他所率领的中国科学院上海有机化学研究所物理有机团队在《美国化学会志》上发表的工作成果,可能在当年整个中国化学界都是最突出的。我们其中的一位,甚至有机会在美国西北大学直接聆听蒋先生的精彩演讲,近距离地互动交流。我们归国后在各自的领域,也都独立从事了科研工作,由于学科相近以及共同的兴趣,我们和蒋先生开始有了较多接触,逐渐对他有了真正的了解,发现他原来是一位非常平易近人,对同事、朋友、学生友善提携,研究上极为敏锐、严谨,同时又具大师风范的长者。在后来进一步的交往中更被他的学识、人格魅力和领导才能所折服,最终发展成为亦师亦友的莫逆之交。

蒋先生是我国物理有机化学和有机氟化学的奠基人之一。20世纪50年代,他在美国留学期间主要从事物理有机化学研究,这是他的兴趣所在。随后他心怀"富强祖国"的理想,冲破美国政府的层层阻挠回到祖国,并毫无异议地服从了当时国家的需要,转而从事国防材料氟塑料和氟橡胶的研制。他领导的研究组先后研制成功了一系列有机氟材料,为我国的国防工业作出了突出贡献。在"文革"期间，尽管蒋先生饱受精神和肉体的双重折磨，但他仍然本着追求真理的执着信念，在逆境中坚持开展有机化学的基础理论研究工作。正是这份对事业的坚守，为他后来取得重大科研成果、成为国际一流的物理有机化学家奠定了坚实的基础。

1978 年是一个"拨乱反正、百废待兴"的时期，蒋先生牵头在中国科学院上海有机化学研究所成立了物理有机化学研究室。之后他秉承超越常人的真知灼见和长远的眼光，一直开展基础理论研究工作。蒋先生的研究方向主要集中在物理有机化学领域，他以严谨扎实的科研作风，在疏水亲脂作用驱动的有机分子簇集、自卷以及解簇集现象和自由基化学中的取代基自旋离域参数的建立和应用方面做了大量原创性工作，取得了一系列重大突破，相关成果于 2002 年获得国家自然科学一等奖。伴随着这些科研成就，他领导的物理有机化学研究室也为国家培养了大批科研人才。

蒋先生不但自己科研工作非常出色，还极为注重对年轻人的培养，对后辈非常提携，甘当人梯，毫无保留，以看到后辈超越自己为期望，他"爱惜人才"这一点在同行当中是有口皆碑的。作为有机化学领域的前辈和师长，他是我们以及其他很多这一领域科研工作者的引路人。在我们刚刚独立进行科研工作的时候，蒋先生就对我们的工作非常关注，带领我们一起开展一些合作科研项目，尽力为我们创造条件，给我们向同行展示工作的机会。我们能够较快地成长起来，在物理有机化学领域也做出一点成绩，与蒋先生这种对后辈的关心、爱护与提携是密不可分的。

作为新中国成立后老一辈科学家的杰出代表，蒋先生是一面镜子，是科技工作者学习的典范。他五十余年来的科研生涯与我国科技发展的历史紧密相连，成为我国科研发展的一个缩影，反映了新中国成立以来我国的科学研究从无到有、从弱到强、从跟踪模仿到一些领域达到国际领先的历程，从中也折射出我国科技工作者所付出的艰苦努力和追求科学真理的坚定信念。我们非常高兴地看到，在"蒋锡夔院士学术成长资料采集工程"的采集工作基础上整理形成了蒋先生的这本传记。希望借本书的出版，对于弘扬蒋先生的科学思想、科学方法和科学精神，宣传蒋先生等老一辈科学家对科学事业的热爱、执着追求和敬业精神,激发我国科技工作者的创造力,营造良好的研究氛围,起到积极的促进作用。

佟振合　程津培

蒋锡夔院士

中国科学院上海有机化学研究所
赵新教授(采集小组组长)

中国科学院上海有机化学研究所
齐巧燕女士(负责照片、文字资料
的采集和整理工作)

上海科学普及出版社史炎均女士
(负责采访工作及撰写研究报告)

小组主要成员在一起查阅资料

目 录

老科学家学术成长资料采集工程简介

总序一 ·· 韩启德

总序二 ·· 白春礼

总序三 ·· 周　济

序 ····································· 佟振合　程津培

导　言 ·· 1

引　子 ·· 7

|第一章| 成长 ······································ 13

　　生活在大家庭里 ································ 13
　　在新闸路小学学习 ······························ 18

在华童公学学习 ……………………………… 22

考入圣约翰附中 ……………………………… 25

进入圣约翰大学 ……………………………… 29

|第二章| 留学美国 ………………………………………… 39

初到美国 …………………………………………… 39

在华盛顿大学攻读博士学位 ………………… 43

在凯劳格公司工作 …………………………… 52

艰难的回国之路 ……………………………… 57

|第三章| 在北京工作 …………………………………… 63

去化学研究所工作 …………………………… 63

结婚成家 …………………………………………… 65

研制氟橡胶产品 ……………………………… 67

重组与调整 ……………………………………… 74

研究基础理论 …………………………………… 75

提出月报制方案 ……………………………… 80

|第四章| 回到上海工作 ………………………………… 83

到有机化学研究所工作 ……………………… 83

接受思想改造 …………………………………… 89

经历人生磨难 …………………………………… 90

担任高级翻译 …………………………………… 95

开展基础理论研究 …………………………… 98

再次遭遇挫折 …………………………………… 101

| 第五章 | 潜心科学研究 | 106 |

重新发表论文 106

参加全国自然科学规划会议 108

成立物理有机研究室 109

接待美国专家 111

出访英国 112

三次访问美国 116

国内同行学术交流 122

国家自然科学三等奖 125

| 第六章 | 科研成果新进展 | 128 |

新的突破 128

讲学 133

里程碑式的成果 136

出版学术专著 146

当选为学部委员 149

组织召开物理有机化学国际会议 150

| 第七章 | 培养年轻人 | 153 |

博士生导师 153

范伟强博士 156

费铮翔博士 160

张劲涛博士 163

赵新博士 166

其他博士生 169

秘书曾虹和齐巧艳 171

第八章	物理有机研究室	177
	推荐科研骨干出国进修	177
	计国桢	181
	史济良	185
	赵成学	188
	黎占亭	191
	做诚实的科学家	195

第九章	攀登科学高峰	202
	重大科研成果	202
	荣获国家自然科学一等奖	207
	国家自然科学基金委员会的资助	212
	家人的支持	218

结　语	225
附录一　蒋锡夔年表	235
附录二　蒋锡夔主要论著目录	258
参考文献	266
后　记	267

图片目录

图 0 - 1　　蒋国榜和他的恩师马一浮先生在蒋庄 ·················· 8

图 0 - 2　　1957 年,周恩来总理陪同苏联元帅伏罗西洛夫访问蒋庄 ····· 11

图 1 - 1　　蒋锡夔的父母蒋国榜先生和冯乌孝女士 ·················· 14

图 1 - 2　　1930 年,蒋锡夔与哥哥姐姐在家里 ·················· 16

图 1 - 3　　1932 年,蒋锡夔与姐姐蒋群玉 ·················· 19

图 1 - 4　　1935 年,读小学时期的蒋锡夔 ·················· 20

图 1 - 5　　1938 年夏,蒋锡夔与父亲蒋国榜 ·················· 22

图 1 - 6　　蒋锡夔初一下学期的成绩报告单 ·················· 23

图 1 - 7　　1941 年,蒋锡夔考入圣约翰大学附中 ·················· 25

图 1 - 8　　1947 年夏,蒋锡夔毕业于圣约翰大学化学系 ·················· 35

图 1 - 9　　1947 年 9 月,蒋锡夔与部分大学同班同学合影 ·················· 36

图 1 - 10　1947 年 7 月,蒋锡夔大学毕业时与家人在蒋庄 ·················· 37

图 2 - 1　　1948 年 8 月 18 日,蒋锡夔赴美留学前与家人合影 ·········· 39

图 2 - 2　　1950 年 5 月,蒋锡夔与同学在西雅图翠湖附近 ············· 42

图 2 - 3　　1950 年,在西雅图的蒋锡夔、周同惠和梁晓天 ············· 42

图 2 - 4　　1949 年 5 月,蒋锡夔在华盛顿大学寓所里 ············· 44

图 2 - 5　　蒋锡夔在华盛顿大学学习期间的成绩单 ·················· 46

图 2 - 6　　1950 年 6 月,蒋锡夔在华盛顿大学寓所前 ·················· 48

图 2 - 7　　1954 年,蒋锡夔在美国凯劳格公司实验室里 ·················· 53

图 2 - 8　　1955 年夏,蒋锡夔回国之前拍摄的护照照片 ·················· 61

图 3 - 1　　1955 年,蒋锡夔与父母在天安门广场 ·················· 64

图 3 - 2　　1956 年 1 月,蒋锡夔在北京的化学研究所住处 ·················· 65

图 3 - 3　1957 年春,蒋锡夔与刘婳迪的结婚照 ·············· 67

图 3 - 4　1959 年 9 月 6 日,蒋锡夔怀抱出生 9 天的长子蒋有衡 ········ 67

图 4 - 1　1988 年,在有机所冬季学位证书颁发仪式上的合影 ·········· 84

图 4 - 2　1964 年 10 月,蒋锡夔与父母在上海桂林公园 ·········· 86

图 4 - 3　1972 年秋,蒋锡夔从"五七干校"回来后与家人的合影 ········ 97

图 4 - 4　1973 年 6 月,蒋锡夔会见美国芝加哥大学杨念祖教授 100

图 4 - 5　1973 年,蒋锡夔与黄维垣院士等人在有机所听报告 ········ 103

图 5 - 1　1983 年 1 月 8 日,蒋锡夔与物理有机研究室的同事 ········ 110

图 5 - 2　1979 年 8 月,蒋锡夔与惠永正在兰州 ················ 111

图 5 - 3　1978 年,中国有机化学代表团访问英国 ············· 113

图 5 - 4　1977 年 1 月,威斯康星大学谢恩校长夫妇到蒋锡夔家

做客 ············ 117

图 5 - 5　1979 年 4 月,中国科学院化学代表团访问美国 ············· 118

图 5 - 6　1980 年,蒋锡夔、刘婳迪夫妇设家宴招待哈佛大学都令

教授 ············ 119

图 5 - 7　1998 年 6 月,蒋锡夔主持雷恩教授在有机所的学术

报告会 ············ 120

图 5 - 8　1993 年 5 月 11 日,蒋锡夔与汪猷、德国化学家休斯根等人 ··· 121

图 5 - 9　1979 年 8 月,蒋锡夔与同事在兰州大学 ············ 123

图 5 - 10　1981 年 11 月,蒋锡夔与国内其他专家在广西桂林 ··········· 124

图 6 - 1　1990 年 8 月 10 日,蒋锡夔与布内特教授 ············· 130

图 6 - 2　2000 年,蒋锡夔与佟振合在日本 ················ 132

图 6 - 3　1989 年 9 月,蒋锡夔与凯斯·英格尔夫妇 ············· 133

图 6 - 4　1986 年 10 月,蒋锡夔访问哈佛大学之后与教授们在一起 ··· 135

图 6 - 5　1988 年 10 月 8 日,蒋锡夔在日本 KISPOC - Ⅲ 上作报告 136

图 6 - 6　1989 年 9 月,蒋锡夔与苏联雷托夫院士及其秘书 ········· 138

图 6 - 7　1990 年 7 月,蒋锡夔在办公室撰写论文 ············· 139

图 6 - 8　1992 年 10 月 20 日,蒋锡夔在有机所作关于自由基的

报告 ············ 140

图 6 - 9　　1994 年 11 月,蒋锡夔与同行专家在一起 …………………… 145

图 6 - 10　1990 年 8 月,蒋锡夔与国内外专家在以色列 …………… 151

图 6 - 11　1993 年,蒋锡夔与刘有成院士和浙江大学张永敏教授 …… 151

图 7 - 1　　2004 年,蒋锡夔、康月莉夫妇在家里与学生伍正志、范伟强 … 158

图 7 - 2　　1993 年 9 月 17 日,蒋锡夔在办公室与张劲涛等学生 ……… 164

图 7 - 3　　2008 年 4 月,蒋锡夔与学生赵新 …………………………… 166

图 7 - 4　　蒋锡夔、刘姵迪夫妇与秘书曾虹 ………………………… 172

图 7 - 5　　2008 年 4 月 24 日,蒋锡夔和秘书齐巧艳 ………………… 173

图 7 - 6　　1981 年 10 月,蒋锡夔与史济良、李方琳在德国哥廷根大学 … 175

图 8 - 1　　1981 年 9 月 5 日,蒋锡夔与李兴亚在勋伯格 ……………… 179

图 8 - 2　　蒋锡夔和计国桢在讨论工作 ……………………………… 182

图 8 - 3　　1981 年 7 月,蒋锡夔与赵成学及其同事在美国犹他大学 … 189

图 8 - 4　　2003 年 6 月,蒋锡夔、黎占亭和赵新 …………………… 192

图 9 - 1　　2002 年,蒋锡夔在有机所实验室里 ……………………… 203

图 9 - 2　　2003 年 2 月,蒋锡夔在国家科技奖励大会颁奖典礼上 …… 209

图 9 - 3　　1995 年,蒋锡夔、刘有成和程津培在美国康奈尔大学 …… 214

图 9 - 4　　2000 年 9 月,蒋锡夔、康月莉夫妇与佟振合和吴骊珠 ……… 214

图 9 - 5　　2005 年 3 月 31 日,蒋锡夔在有机所作报告 …………… 216

图 9 - 6　　2006 年 9 月 5 日,蒋锡夔在八十华诞暨学术报告会上
　　　　　　发言 ……………………………………………………… 217

图 9 - 7　　1996 年 2 月,蒋锡夔与家人在上海新锦江饭店 ………… 219

图 9 - 8　　2003 年 7 月,蒋锡夔、康月莉夫妇在蒋庄 ………………… 223

图 10 - 1　蒋锡夔正在修改论文 …………………………………… 230

图 10 - 2　2003 年,蒋锡夔在家中 ………………………………… 234

导　言

　　人类对科学和真理的认识是一个渐进的过程，因此，科学研究本身就是一个不断否定过去，不断加深对客观事物发展规律的认识，不断追求完美的过程。科学家的价值，就在于其持之以恒地追求科学和真理。虽然每一位科学家，即使他有再大的贡献，也仅仅是某一领域中的一小部分，但是科学家对科学和真理的追求，在人类知识大厦的积累上所作出的努力，将是永恒的。

　　20 世纪 50 年代，蒋锡夔院士在美国华盛顿大学（西雅图）化学系获得有机化学博士学位。他在美国凯劳格公司工作期间，发明了氟烯与三氧化硫反应合成 β-磺内酯的新反应，被广泛应用于工业生产中。1955 年，蒋锡夔院士冲破美国政府的重重阻挠回到祖国，回国后主要致力于国防建设材料氟橡胶、氟塑料的研制，他带领的团队研制成功了一系列军工氟材料制品，打破了西方国家对我国的封锁，为国防工业作出了重要贡献。20 世纪 80 年代以后，蒋锡夔院士的研究工作主要集中在物理有机化学领域，他的工作涵盖了自由基化学、单电子转移、有机氟化学、反应机理和新型反应、微环境和溶剂效应、疏水—亲脂作用、分子聚集体化学等不同领域，尤其是在疏水—亲脂作用驱动下的有机分子簇集、自卷和解簇集现象，以及自由基化学中的取代基自旋离域参数的建立和应用方面取得了杰出的成就。

经过几十年的努力探索，蒋锡夔院士带领他的课题组在物理有机化学和有机氟化学的研究工作中取得了重大成就，先后获得中国科学院重大成果奖(1978年)、中国科学院科技进步二等奖(1992年)、中国科学院自然科学一等奖(两次：1999年，2001年)、国防科委二等奖(1979年)、国家自然科学奖三等奖(两次：1982年，1992年)。在连续空缺四届之后，蒋锡夔院士的课题组关于物理有机化学前沿领域两个重要方面——有机分子簇集和自由基化学的研究成果，获得了2002年度国家自然科学奖一等奖。此外，他还获得过国务院授予的全国优秀归侨、侨眷知识分子称号(1989年)，何梁何利科技进步奖(2000年)，全国归侨优秀个人(2004年)，全国劳动模范(2005年)，上海市十大优秀归侨(2003年)和上海市劳动模范(2003年)，上海市科技功臣(2005年)等一系列荣誉。

蒋锡夔院士从小接受中国传统文化和西方科学文化思想的双重教育，在自己的科研生涯中，形成了独特的科学思想和科学方法。为此，他写过不少文章，分别发表在各类报纸杂志上。其中，比较重要的有：《介绍和建议一个促进研究工作的汇报制度》(1963年7月31日发表于《科学报》)，《谈谈研究生的培养》(1982年3月16日在中国科学院学位会议上的谈话)，《科学家的价值在于追求真理、追求科学》(上海市科协会刊《上海科坛》1996年第9期)，《关于科学的思想方法的一些认识》(中国科学院院刊1997年第1期)，《有机整体、动态多因素分析》(《院士思维》丛书1998年第1卷)。

在这些文章中，蒋锡夔院士提出了"有机整体、动态多因素分析"的科学思想。他认为，研究者必须运用全部已知的正确的基本概念和信息，对某一个问题或事实进行客观的综合分析，决不能主观地预先指定某一因素为"主要因素"。简单地说，就是要有"动态多因素的有机总体的概念"。他进一步指出，讨论或论述任何一个概念，包括"科学思想方法"的概念，首先要有明确而严格的定义，它必须建立在经科学证明的正确基本概念的基础之上。

在谈到科学研究工作的方法上，蒋锡夔院士提出了要始终坚持"三严"和"三敢"。所谓"三严"，即严肃的工作态度、严密的思想方法、严格的工作方法。所谓"三敢"，即敢想、敢做、敢于否定自己。为此他强调，一位一流的科学家既要有坚持真理的决心,也要有自我否定的勇气。对于科学研究中的新发现,固然需要寻找更多的支持与旁证,更重要的是不要忘记去怀疑它,看看能否设计一些实验去考验它,甚至去推翻它。

蒋锡夔院士始终认为,从历史发展的观点来看,任何重大的科学技术的创新和突破,一定要经过几十年甚至上百年的基础理论研究以后,才能够产生质的飞跃。科学本身是客观的,我们不能去歪曲它,而是要让它按其道而行之。因此,政府部门一定要长期坚持拿出一部分经费去扶植和支持这些基础理论的研究工作,特别是对那些中长期的基础理论研究项目,不能要求其在短期内产生经济效益。同时,建立一套公正的评审体系也是相当必要的,要真正能够做到支持有想法、有作为的年轻的科研人员以及颇有成就的科学家,让科学家的创造力真正发挥出来。

黄耀曾院士和戴立信院士在中国科学院上海有机化学研究所制作的"有机化学园地五十年之求索——祝蒋锡夔先生七十华诞"的纪念册里对蒋锡夔院士有一段这样的评价:"作为一个物理化学基础研究工作者,难能可贵的是要能综观全局,全面掌握事物的客观规律,不囿于文献框框,提出新的概念,最后以各种测试手段反复进行核实。蒋锡夔院士可以说是我国物理有机化学基础研究的带头人之一,在科学实验的严谨性上又是一个楷模。"

我们"老科学家学术成长资料采集工程"小组成员对蒋锡夔院士的学术成长经历进行了详细的考察,内容包括蒋锡夔院士的求学经历、教育背景,以及科研工作的经历等等。在此基础上,我们还原了蒋锡夔院士与他的研究生以及其他科学家之间的师承关系、协作关系,从中发掘出蒋锡夔院士在学术成长历程中的点点滴滴,探究其对科研工作、人才培养等方面所作出的贡献。通过对蒋锡夔院士学术成长过程中的学术成就、科学思想和科学方法等方面的探讨,我们可以对现代中国的科学教育与人才培养,以及科学研究政策的制定及其管理,乃至科学研究的评价与奖励制度,提供借鉴和启示。

在采集资料与解读分析方面,我们对蒋锡夔院士的学术经历进行了详细的研究,以找出其独到之处。正如我们在采访上海有机化学研究所所长丁奎岭研究员时他所总结的那样：在 20 世纪八九十年代，由蒋锡夔院士所领导的物理有机化学研究室是全国最有影响力的、最强的研究室之一。蒋锡夔院士本人具有很强的凝聚力，围绕在他周围的是一批物理有机化学专业领域的优秀人才。他们这个团队具有良好的学术气氛，大家互相学习，团结协作，因此才能取得丰硕的科研成果。蒋锡夔院士勇于创新、勇于挑战、不断追求，是我们当代青年科技工作者学习的楷模。

迄今为止，蒋锡夔院士共发表了论文近 300 篇、研究著作 2 部（章）。我们通读了这些论著，试图通过这些文字资料来了解蒋锡夔院士的学术传承、科研历程及科研方法，深刻解读其科学思想。

在研究方法上，我们尽可能地借鉴教育学、社会学和心理学等诸多领域的研究理论，引入全新的概念，结合多种科学技术手段来进行，包括访谈、档案查阅与采集、图片与视频收集分析、利用互联网查阅相关信息、对文本进行分析与解读等。值得一提的是，蒋锡夔院士本人保存了大量的信件、日记和照片等资料，还有中央电视台、上海电视台和东方电视台等拍摄的访谈记录的视频资料。这些珍贵的资料，为我们的研究工作提供了很大的帮助。

在研究报告的形成过程中，我们首先针对那些已知的信息和资料进行分析和考证，然后详细地还原了蒋锡夔院士的成长经历、教育背景以及科研工作经历等各个方面，最终用客观理性的态度去分析和解读蒋锡夔院士所取得的重大科研成果，及其经过长期的科学研究和科学探索的实践活动所总结出的科学思想和科学方法。

在研究报告的撰写过程中，我们试图从教育学、社会学和心理学的角度来观察、比较和分析蒋锡夔院士的学术成长经历。

首先，我们从教育学的角度来比较蒋锡夔院士早期所接受的中西方两种文化的教育，由此分析中西方教育思想在培养人才方面各自所具有的特点及相互之间的差异。蒋锡夔院士的父亲一贯以孔子的思想以及中国传统的道德观念影响儿子。其母亲是一名出色的教育工作者，她为子女挑选的学校在当时都是具有先进的教育思想理念的特色学校，比如新闸路小学、华童公学、圣约翰附中及大学。这些学校所开设的课程既保留了中国传统教育思想中最重要的部分，又引进了大量西方的科学文化知识。蒋锡夔院士从小在这样的学校里接受教育,他所吸收到的是兼有中西方两种教育思想的文化知识。西方教育思想中最大的特点就是注重对学生独立思考能力的培养,而中国式教育则更加注重对学生基础知识与基本技能的培养。

通过将个体科学家的成长与中西方两种教育思想的鲜明特质相联系可以看出,在教育全球化的发展进程中,融合中西方两种教育理念,相互取长补短,逐渐形成一套科学合理的教育体系,是现代教育学家的重大使命。需要说明的是,中西方教育思想之所以有如此差异,与它们各自的文化背景及其环境因素有着密切的关系。

第二,我们从社会学的角度来回顾、观察蒋锡夔院士及其物理有机化学研究室的科研工作的发展历程。回国后,蒋锡夔院士的科研工作经历:从1957年起研制军工产品氟橡胶,从1964年开始接受思想改造,经历"文革"期间的磨难,从1978年起潜心科学研究工作,撰写并发表论文,进行学术交流,一次次获得新的科研成果,等等。蒋锡夔院士及其物理有机化学研究室的科研工作的发展变化,与我国社会的发展历程及其科研政策和体制的发展变化紧密相连。

与此同时,我们还详细地分析了蒋锡夔院士作为主要领导者对物理有机化学研究室的创立、发展及其管理等。比如蒋锡夔院士成为优秀的博士生导师、模范的室主任,以及他提出并建立起的促进研究工作的汇报制度和培养研究生的思想方法,等等。然后,我们又进一步探讨了蒋锡夔院士作为一名科研工作者,其科学思想和科学方法的产生、发展及其与外界社会环境条件之间的关系。

第三,我们从心理学的角度来分析心理因素对蒋锡夔院士科学思想和科学方法形成的影响。近年来,人们越来越注意到,决定一个人能否有所成就,不只是依靠智商,更重要的是要依靠情商。情商高者往往具有较好的适应能力、应变能力,具有不断克服困难的能力;具有以理性战胜感情冲动的能力;具有远见,自信、乐观又可靠。蒋锡夔院士在一篇题为《关于科学的思想方法的一些认识》(《中国科学院院刊》1997年第1期)的文章中,在谈到"心理因素对科学思想方法的影响"时这样写道:人们几乎"本能地"喜欢听赞扬自己的话,并不知不觉地感到讲这话的人很不错……在这篇文章中,蒋锡夔院士着重介绍了情商的概念，其目的不仅是为了要让科研工作者注意到感情因素会直接干扰客观的推理和做出正确或明智的判断，而且他更希望大家能够注意到各种"高情商"因素在科研工作中所能起到的十分积极的作用，从而使我们的工作能更顺利地开展，并且获得成功。

基于这样的心理因素，蒋锡夔院士才会在科研工作中经常对他的研究生说：对待科学研究中的某一个新发现，不仅需要寻找更多的旁证去支持它，而且还需要去怀疑它，甚至设计一些实验去考验它、否定它。在进行科学的判断或分析时，要从"小我"中解放出来，避免把"小我"牵扯到科学研究和分析中去。这也正是蒋锡夔院士能够取得成功的重要因素。

在研究报告的结构上，我们以蒋锡夔院士的成长、受教育背景、科研工作经历及其在不同时期取得的工作成果为主线，以蒋锡夔院士学术成长的重要时间段作为章节划分的标准。同时，我们又进一步按照蒋锡夔院士的科学思想和科学方法的不断形成和发展作为研究报告的脉络，对蒋锡夔院士作为我国物理有机化学领域的开创者之一，培养专业人才、领导一个优秀的团队以及获得重大科研成果等主要贡献进行系统的叙述。整个研究报告分为引子、成长、留学美国、在北京工作、回到上海工作、潜心科学研究、科研成果新进展、培养年轻人、物理有机研究室、攀登科学高峰以及结语这 11 个章节。

蒋锡夔院士学术成长资料采集工程小组

2015 年 12 月

引 子

　　蒋家原籍安徽含山,后迁至江苏南京。到了蒋翰臣(1827~1897年,名春华,字翰臣,蒋锡夔的曾祖父)这一辈,蒋氏家族已经定居南京数代。蒋翰臣与弟弟蒋福基(1833~1885年,名春源,字福基)为蒋氏家族的创业者,他们通过艰苦创业而发家致富。此后,蒋家在南京城拥有大量的房产和土地,是当时南京城屈指可数的富豪。

　　蒋翰臣晚年,上海已经开始向国际化大都市的方向发展,资本主义工商业发展迅猛。于是,蒋翰臣从上海赴日本考察,反复思考家族未来的发展。临终之时,他嘱咐后人要从自身的经济实力出发,收缩经营行业,将资金投入到上海的房地产行业中去。值得一提的是,由于受回族所信仰的伊斯兰教义的影响,蒋翰臣与弟弟蒋福基都把施舍当做天职。在经商成功之后,无论是在自己的家乡或是在异地他乡,他们都常年赈贫救灾、散衣施药。

　　在19世纪末年,遵照父亲蒋翰臣的嘱咐,蒋氏家族迁往上海。他们在上海主要开发房地产,并且一直经营到20世纪30年代,这是整个蒋氏家族事业的顶峰。在日本帝国主义侵略中国,国内爆发了全面抗日战争之后,蒋氏家族的产业与当时中国民族资本主义工商业一样,逐渐趋于衰落。

　　蒋翰臣的后代出生在清朝末年,由于接受了中华传统文化的教育,因此他们都受到中国传统思想文化的影响。随着受教育程度的不断提高,蒋氏家族不仅经商办实业，而且还捐资办学、修建清真寺、救灾助贫，形成了"遗子以经不以金"和"安本分学吃亏"的祖训。

　　蒋翰臣有五子，以"长"字排名，依次为长城（字寿山）、长恩（蒋锡夔的祖父，字厚民）、长洛（字森书）、长松（字秀冬）和长泰（字星阶）。"长"字辈这一代，虽然没有父辈那样轰轰烈烈的业绩，但也都各自经营有方，能够使财富不断增长。在蒋翰臣的影响下，蒋家"长"字辈和"国"字辈两代都曾为救赈梓里、扶贫助教而一掷千金。

　　蒋翰臣有 11 个孙子女，男以"国"字排名，女以"静"字排名。由于蒋家"长"字辈的五门在上海都拥有大量房产，因此蒋家的"国"字辈从小就能在上海过上富裕的生活，并且都能受到良好的教育。从此，蒋氏家族逐渐成为书香门第。到了民国时期，在"国"字辈的婚姻对象中，开始出现了受过新式学校教育的知识女性。同辈的蒋家女儿们所选择的夫婿，也是以文化修养为首要条件的。如长洛之女静珠的夫婿傅统先（1910～1985 年）教授，1950 年获美国哥伦比亚大学（Columbia University）哲学博士学位。回国后，曾任山东师范大学教育系主任，并著有《渔求中的真宰》、《中国回教史》等。长松之女静凝的夫婿哈雄文（1907～1981 年）先生，毕业于美国宾夕法尼亚大学（University of Pennsylvania）建筑系。新中国成立后，他参加了北京人民英雄纪念碑方案的设计，曾任北京十大建筑艺术委员会委员等职；1949～1951 年，哈雄文曾任中国建筑师学会及上海建筑技师大会理事长等职，并先后被聘为复旦大学、上海交通大学、同济大学、哈尔滨工业大学建筑系教授。在蒋家的"国"字辈中，培养出了一位在国学上颇具造诣的文人，他就是蒋锡夔的父亲蒋国榜先生。

图 0-1　蒋国榜（左）和他的恩师马一浮（右）先生在蒋庄

蒋国榜早年曾师从国学名家郑鼎臣、冯煦、李详、李瑞清(清道人)、曾熙等人,晚年则师从国学宗师马一浮①先生。他曾经编撰过《金陵丛书》四集、《简斋集》三十四卷、《清道人遗集》、《嵩庵随笔》、《学制斋骈文集》、《躬庵文集》、《苍虬阁诗集》,并著有《苏盦诗稿》等。蒋国榜既是一位忧国忧民的爱国文人,又是一位典型的文人雅士、学者和诗人。

蒋国榜的母亲马氏是福建漳州知府的小姐,有文化、识大体。蒋国榜的父母亲感情甚笃。蒋国榜出生后,母亲不恋富贵,愿与夫君隐居田园,终日相夫教子。然而,蒋长恩不幸早逝,留下马氏一人带着4岁的国榜和3岁的国平(另有长子国樑幼夭)。

坚强的母亲不久就从丧夫之痛中振作起来,开始独自承担起养育幼子的重任。到了孩子们的入学年龄,母亲不仅为儿子请师家教,而且自己每日相伴,督促他们的学习,历时数十载。在此期间,弟弟国平(字平叔)十八岁不幸早逝,哥哥蒋国榜则学业有成。母亲虽然中年丧夫,却立志抚孤。大灾之年,她又毅然捐千金来赈灾。多年来,母亲的痛苦和坚强,慷慨和大度,儿子蒋国榜都看在眼里,记在心上。因此,蒋国榜与母亲的感情无比深厚。

清宣统三年(1911年)五月,成年后的蒋国榜上奏筹赈大臣盛宣怀、查赈大臣冯煦请为其母建坊旌表,被批准。后于民国三年(1914年)在南京建成石牌坊一座。此时,蒋母年仅53岁。蒋国榜在牌坊建成后作《母氏节孝坊后记》,以孝子之情历叙其母之"节"。清道人为此牌坊题联"一代礼宗光典荣,廿年冰雪长芝兰"。在那个年代,蒋国榜为其母请建牌坊虽然也具有"礼宗光典荣"之含义,但是一位女性为抚育幼子而宁愿牺牲自己的青春,真正体现了母爱之伟大。成年后,蒋国榜对母亲马氏无比孝顺,他花费巨资在杭州著名的西湖十景之一的花港观鱼旁购买了一处私宅并进行改建,主要是供母亲从上海到杭州休养时居住。蒋国榜把这幢园林住宅命名为"兰陔别墅",后人称为"蒋庄"。

蒋国榜的女儿蒋燕玉女士,在她所写的回忆录《蒋庄轶事》中这样描述:

---

① 马一浮,国学大师,一生著述宏富,有"儒释哲一代宗师"之称;梁漱溟先生赞其为"千年国粹、一代儒宗"。

蒋庄于一九二三年建成,前身为廉庄(小万柳堂),为无锡廉泉(号南湖)所建,廉好诗词书画,曾四度东游日本,结交社会贤达和有志之士,赞助反清活动,著有《廉南湖先生东游草》、《南湖梦还集》、《南湖诗意》等。廉泉夫人吴芝瑛为清末著名才女,尤擅书法,善写瘦金体,她是秋瑾挚友,鉴湖女侠被害后,协同徐自华安葬烈士遗体,建悲秋阁、风雨亭,印秋瑾遗作,一时义声震全国。廉氏夫妇为各地忠义之士排忧解危,不惜变卖家产,一九一六年决定舍去小万柳堂去支持难友。基于他们与蒋国榜(字苏庵)有共同的爱国情怀,又有感于蒋能慷慨解囊,以二万九千两银子捐助孙中山先生的同盟会,决以湖堂转让于他。廉谓:"汝我交情一取一与不同俗子……南湖别墅只求得贤主人为湖山生色不负当年卜筑之苦心……不计较价值之多寡……不谓当今之世尚有主持风雅如吾苏庵也。"一九一七年六月,他欣然"宝剑赠壮士"。蒋也说:"余得庄子不拟时下人银钱交割,写收条、文字据,我与南湖诗词唱和数次,事情就办妥了。"蒋为孝奉老母,置得湖堂后即将年久失修原砖木结构的小万柳堂重新翻造为钢筋水泥的建筑,亭台位置一仍其旧,正楼与纵向西楼有小天桥相连,取名"兰陔别墅",后又扩建东楼(原自然居),取名"乌榜新邨",世人合称蒋庄。

蒋庄的主体结构是中西合璧的两层楼房,游廊里是水泥柱子,朱红色的木头门窗雕着中式图案。四周回栏、挂落和走马廊,东楼正面重檐,南北观音兜山墙。蒋庄的建筑形式融汇了传统和现代,独具一格。

蒋庄位于花港观鱼公园的东南端,东依苏堤的"映波"与"锁澜"二桥之间,南接南湖,面邻西山,北枕西里湖。蒋庄的布局清新雅致,在其东南角外湖边建有一个亭子,以长桥与苏堤相接,取其"长桥卧波,不霁何虹"之意境。对面则是著名的雷峰夕照,当时的雷峰塔尚未倒塌,因此园中景物与园外景象融为一体,取所谓"远山含苍水,近水入楼台"之意境。蒋庄把园中景物和园外大千世界融为一体,"借得山水秀,添来气象新",从而得到了"两面长堤三面柳,一园山色一园湖"的佳境。被誉为中国最后一位古典诗人的陈三立先生(史学大师陈寅恪先生之父)曾作有《蒋庄楼居一首》:听雨宜宵寐,看云得晓晴。残荷犹出涨,丛竹自飞声。塔势惊雄直,山光已满盈。一楼谁主宾,题壁护芝瑛。

西湖边这个中西合璧、秀丽古朴的庄园里,曾经有不少文人雅士留下过足迹,其中有马一浮、李叔同、刘海粟、谢海燕、丰子恺、陈从周等人。1950年,蒋国榜邀请老师马一浮来蒋庄居住,时间长达 16 年。后来,马先生担任浙江省文史馆馆长,又是全国政协特邀代表,他和蒋国榜在这里曾经一起商议过建立"智林图书馆"之事。

1954 年,陈毅副总理来蒋庄访晤马一浮老先生。当时,蒋国榜随侍在侧,并主动提出,愿意把蒋庄捐献给国家。陈副总理回答道:"国家无此政策,不能接受民房。"此后,蒋家同意园林局安排拆除围墙,让蒋庄与花港观鱼景区融为一体。

1957 年,周恩来总理陪同苏联最高苏维埃主席团主席伏罗西洛夫元帅来蒋庄拜访马一浮先生,蒋国榜陪同在侧。周总理在与蒋国榜聊家常时,特别提到了蒋国榜在波兰留学的女儿蒋冠玉。他说,到波兰访问时,在火车站接受了蒋冠玉的鲜花。周总理平易近人、和蔼可亲的形象,给蒋国榜留下了深刻的印象。当时,周总理与来访者一起与马一浮、蒋国榜等人在蒋庄合影留念。此事,已经成为蒋氏家族的最高荣誉。

1966 年,"文革"开始了。

图 0-2 1957 年,周恩来总理陪同苏联元帅伏罗西洛夫访问蒋庄(前排:左二周恩来、左三蒋国榜、左四马一浮、左五伏罗西洛夫)

杭州市第七中学的造反派来到蒋庄"破四旧",许多书籍被焚、许多文物被毁。84岁高龄的马老先生也被迫迁出蒋庄,第二年就不幸病逝了。后来,蒋庄又多次被窃、被占。在上海,蒋氏家族也被造反派抄家,蒋国榜集数十年心血所著的诗文稿不及付印,就与其他书画、文物、衣服和家具等一起被洗劫一空。此后,蒋国榜一直在抑郁之中度日,于1970年不幸病逝。蒋国榜之妻冯乌孝女士(蒋锡夔的母亲)根据蒋国榜的遗愿,于1980年将蒋庄正式捐献给国家。1990年12月28日,杭州市政府在蒋庄成立了马一浮纪念馆。1997年8月29日,浙江省政府正式批准蒋庄为浙江省近代优秀建筑文物保护单位,并在介绍景点的石碑上标注"蒋庄"二字。

蒋国榜夫妇深受中国传统思想文化的影响,拿出钱财修缮清真寺、资办义学;为了能够让子女及蒋家其他后代去国外求学深造,更是竭尽所能,全力支持。父母的言传身教对蒋家的子女产生了很大的影响,蒋锡夔这一辈人在青年时代都努力学习、奋发图强,因此,蒋家的后代成为各行各业的专业人才,为国家的建设和社会的发展作出了自己的贡献。虽然蒋锡夔的大姐蒋韫玉和二姐蒋怀玉是在私塾里接受的教育,但是,她们后来都嫁给了读书人。大姐夫孙祖荫是赴美留学生,回国后,在南京农学院担任经济学教授;二姐夫冯咸复是赴美留学生,回国后,在复旦大学担任经济学教授;三姐蒋振玉曾经担任新加坡国立大学中文图书馆主任,三姐夫贺光中曾经担任香港大学中文系代主任、新加坡国立大学中文系第一位系主任,主编《东方学报》;四姐蒋群玉是延安中学的高级教师,四姐夫蔡润生为中国科学院上海药物研究所研究员,曾经做过瑞士访问学者;五妹蒋燕玉是中国科学院《植物生理学报》副编审,五妹夫宋鸿遇是中国科学院植物生理研究所研究员、博士生导师,曾留学苏联;六妹蒋冠玉是上海船舶研究设计院高级工程师,曾留学波兰,六妹夫王务献是上海交通大学材料科学与工程学院教授,曾做过美国访问学者;七妹蒋炜玉是上海市长宁区妇幼保健院主任医师,七妹夫杨昆明是上海市青浦区传染病医院院长、主任医师。

本传记的主人翁,则是蒋氏家族的杰出代表、中国科学院院士、国家自然科学一等奖获得者蒋锡夔先生。

第一章
成 长

生活在大家庭里

　　蒋锡夔的父亲蒋国榜与原配夫人仇氏共生育了二男三女,即蒋锡虎、蒋蕴玉、蒋锡熊、蒋怀玉和蒋振玉。仇氏不幸早逝,蒋国榜又续娶冯乌孝女士(字奕慈,1897~1983 年)为妻。他们共生育了一男四女,即蒋群玉、蒋锡夔、蒋燕玉、蒋冠玉和蒋炜玉。当时,蒋家是一个拥有 10 个子女的大家庭。

　　蒋锡夔的母亲冯乌孝女士祖籍浙江杭州,其父为杭州有名的商人、实业家,曾经开办公司,还参与沪杭甬(即上海—杭州—宁波)铁路的建设。冯乌孝女士的父亲不仅是一位成功的实业家,而且还相当重视子女的教育。冯乌孝从浙江省女子师范学校毕业时,考试成绩名列第一。由于成绩优秀,冯乌孝女士被母校留下来担任教师,主要教授国文和数学。在浙江省女子师范学校,冯乌孝女士教书的时间长达 7 年。在 20 世纪一二十年代,冯乌孝女士应该称得上是一位新时代的知识女性了。

　　蒋国榜先生与冯乌孝女士是在双方介绍人的引荐下相识、相恋的。当时,蒋国榜 31 岁,夫人早逝,还有 5 个孩子;冯乌孝 27 岁,仍待字闺中。因此,蒋国榜对冯乌孝愿意嫁给自己,甘愿做孩子们的继母很是感激。婚后,他们真正能够在一起享受新婚生活的时间是十分短暂的。冯乌孝女士嫁到蒋家这个大家庭后,就把自己的全部精力都投入养育子女、孝敬婆婆上。更难能可贵的是,她对待继子女一向视同己出,在他们年幼时期,把他们一个个送入学校读书,并时时督促他们的学习,就像对待亲生子女一样地教育和培养他们。最终,将他们一一抚育成人。除了尽心尽力地教育子女以外,冯乌孝女士还要从繁忙的家务管理中抽出时间,与蒋国榜一起切磋学问。她一直在为蒋国榜的诗文誊稿。这项工作,冯乌孝女士坚持做了长达 40 多年。

图 1-1 蒋锡夔的父母蒋国榜先生和冯乌孝女士

冯乌孝女士含辛茹苦地养育蒋家的继子女们,虽然在这当中总会遇到一些磕磕碰碰的小事情,但是当蒋家的这些孩子长大以后,还是从心底里对冯乌孝这样一位尽心尽责的继母充满感激之情。蒋锡夔的三姐蒋振玉(现定居美国),1976 年 5 月曾经回上海探亲。当她见到冯乌孝女士时,激动得泪流满面。她情不自禁地跪下双膝,叩谢继母的养育之恩。蒋振玉的这一举动,让在场的所有亲戚都无不为之动容,也让年迈的冯乌孝深受感动!

蒋锡夔的五妹蒋燕玉女士在回忆中这样写道:

我们的母亲嫁到蒋家这个大家庭后,上有婆婆,下有 5 个继子女,后来她自己又生了 5 个子女,再后来蒋家又有了第三代。这么大一家子人生活在一起,母亲作为家里的女主人,要让全家人长期和睦相处,其中的艰辛真是难以想象。父母亲去世以后,我们这一辈人也都已经步入了晚年。一直到现在,我们蒋家的晚辈之间还能相互关怀,这种手足之情的延续,实属难能可贵!这一切,与我们父母亲的身教言传直接相关。

20世纪20年代中期,国共两党联合北伐,打垮了军阀的主力,革命势力从广东迅速扩展到长江流域。北伐军占领了半个中国,打击了帝国主义和封建军阀在中国的统治,显示出了国共合作和革命统一战线的巨大威力。正当中国内地炮火连天之时,在十里洋场的上海,却是一片繁华景象。

1926年9月5日,蒋锡夔在上海出生。当时,蒋家住在老靶子路(今虹口区武进路)的一条弄堂里。按照蒋家起名的辈分排列,蒋锡夔属"锡"字辈,他的两个同父异母哥哥已经分别起名为锡虎、锡熊。父亲蒋国榜给刚出生的小儿子取名"锡夔",字"舜牧"。夔是尧舜时的乐官,联系蒋锡夔的字"舜牧",父亲的意思是希望小儿子"谨慎乐观、仁慈有为"。

在蒋家这个大家庭里,蒋锡夔的祖母马氏把毕生的精力都花在教育子孙读书识理上。因此,年幼时期的蒋锡夔就一直受到祖母的严格教育。而母亲冯乌孝女士则要求子女们都必须努力学习,自强自立,将来成为国家和社会有用的人才。

蒋家是一个富裕的大家庭。在蒋锡夔出生之前,家里已经拥有了1辆马车。到了他5岁的时候,家里又买了1辆美国产的12座加长豪华型别克轿车,这是当时全上海第二辆由家庭拥有的豪华型轿车。后来,父亲蒋国榜又先后买过1辆轿车和1辆跑车,并雇有专职的司机。由于家里雇了管家和不少佣人,因此蒋锡夔小时候还是会有一些小少爷的脾气。

为了培养子女从小养成良好的生活习惯,在全家人围坐在一起吃饭时,蒋国榜夫妇总是要求每个孩子都要坐在自己固定的座位上。姐姐蒋群玉的位子被安排在母亲身边,而蒋锡夔的位子则被安排在父亲身边。不过,这种安排让年幼的蒋锡夔感到很不开心。依恋母亲是幼儿的天性,因此他非常想坐在母亲身边,但是他的这个愿望却总是不能实现。每到吃饭的时间,蒋锡夔心里总是想要坐到母亲身边去,却又怕父亲会责怪自己。有一天,蒋锡夔实在忍不住了,在全家人一起吃饭的时候,他鼓足勇气,坐到了姐姐蒋群玉的座位上。不出所料,蒋锡夔立刻就受到了父母亲的阻止。于是,他只得

图 1-2　1930 年,蒋锡夔与哥哥姐姐在家里(右起:蒋锡夔、蒋锡熊、蒋锡虎、蒋蕴玉、蒋怀玉、蒋振玉,前左二蒋群玉)

流着眼泪,默默地坐回到自己的座位上。

母亲冯乌孝虽然生了 5 个孩子,但是却只生了蒋锡夔这么一个儿子。在她的心里,当然是非常疼爱自己的儿子。不过,她更清楚的是,生活在蒋家这样一个大家庭里,她必须在所有的子女面前做出好榜样,要让他们从心里感受到她是蒋家所有孩子的母亲,因此她决不能在孩子们面前偏袒和溺爱任何一个孩子。同样的,父亲蒋国榜也要顾及他与原配夫人仉氏所生子女们的心理感受。因此,蒋国榜和冯乌孝夫妇的确是很少在众多子女面前流露出他们对幼子蒋锡夔的喜爱。

蒋锡夔的六妹蒋冠玉女士在回忆中写道:

　　我们小时候在家吃饭,如果不小心把米饭掉在桌子上了,父母亲是一定要我们把桌子上的米饭用筷子夹起来吃掉的。平时,我们一大家子人围坐在一起吃饭,就是每人一碗米饭,外加简单的 4 个菜。由于我们家里的孩子多,因此年纪小一些的孩子穿的家常衣服,经常是年纪稍大的孩子穿过的半新的衣服，或者是把年纪稍大孩子穿过的半新衣服改制一下，如将大孩子穿过的半新的裤子翻一个面，改制成年纪小的孩子可以穿的裤子。父亲虽然一生慷慨兴学、救灾、编印诗文等，但是在生活上他却是比较节俭的，一般很少在外应酬。我们的父母亲为人正直真诚，善待他人，而且还尊师孝母，他们的这些优良品质对我们这些做子女的影响是很大的。

在蒋锡夔进小学前后的那段日子里，他很喜欢画画。有一次，蒋锡夔跟随父亲蒋国榜在杭州西湖的蒋庄度假。一天，家里来了几位客人，他们是一些当时颇有名气的画家。蒋锡夔正好也在自己的房间里画画，他很认真地画了一只大老虎，又画了几张山水画。画完后，他把这些画都交给父亲看。父亲看了这些画后连声称好，他把小儿子大大地夸赞了一番。得到了父亲的夸奖，蒋锡夔心里自然是十分高兴的。这是留存在蒋锡夔记忆中，自己在幼年时期少数几次受到父亲称赞的事情之一。

蒋燕玉女士在回忆中写道：

在我们小时候，家里来来往往的客人很多，这些客人多数是在各自的研究领域里颇有造诣的文人，他们主要是来与父亲切磋和交流的，他们的言语谈吐都很高雅、文化素养也相当高。蒋家的子女从小就生活在这样的环境之中，耳濡目染，不断熏陶。我们的父亲毕生致力于国学研究，早年就编印巨著《金陵丛书》及《简斋集》等7～8种诗文集，后来又一直搜集文稿，与师友谈诗论文，并将其中的诗词和信件逐一装裱、编次，准备以后出版。父亲这种执著的追求和孜孜不倦的钻研精神，以及他所取得的成就，都深深地烙印在我们这些子女的心中。

1931年九·一八事变后，日本帝国主义企图侵占上海，他们把上海作为侵略中国的基地。1932年1月28日夜间，日本侵略军由租界向华界闸北一带进攻。当时，驻守在上海的19路军奋起抵抗。从第二天开始，上海市民纷纷参加抗日义勇军、运输队、救护队等，积极支援19路军。

中国驻军与日本侵略军的交战最初发生在闸北区和虹口区一带,当时的蒋家正好居住在那里,因此他们那里的枪声彻夜不停。天亮以后,蒋家不得不临时搬家,到公共租界居住。后来,战事越来越紧。父母亲只得带着全家人一起去杭州,投奔舅舅家。一直到战事渐渐平息下来,全家人才又回到上海。回来后,他们不敢住回老房子了,临时租了哈同路上的一套房子。后来,蒋国榜买下了公共租界爱文义路(今北京西路)的一处三层楼的花园洋房,一家人总算有了住处。这次经历,给蒋锡夔幼小的心灵蒙上了一层阴影。在投奔杭州舅舅家的一路上,他看到了中国老百姓颠沛流离的真实生活;回到上海,又居住在公共租界,他又亲眼目睹了外国人在中国土地上趾高气扬的嘴脸。这一切,让蒋锡夔深切地感受到什么是国破家亡。

在新闸路小学学习

在姐姐蒋群玉和弟弟蒋锡夔入学之前,父亲为他们请来了家庭教师,教他们学习一些简单的国文知识,主要是为姐弟俩上小学做一些学前准备。母亲还让一位正好住在蒋家的表姐来教他们一些简单的英语会话和英语单词。1933 年秋,蒋锡夔进入上海工部局办的新闸路小学(现为上海市静安区第一中心小学)读书。

新闸路小学在当时是上海最好的小学之一,由著名儿童教育家陈鹤琴①先生创办。陈鹤琴先生 1914 年 8 月毕业于清华大学,同年考取公费(庚子赔款)赴美留学,就读于约翰·霍普金斯大学、哥伦比亚大学,1918 年获哥伦比亚大学师范学院教育学硕士学位。学成回国以后,陈鹤琴先生主要从事一系列开创性的儿童教育研究与实践工作,编写了幼稚园、小学课本,撰写了

---

① 陈鹤琴(1892~1982 年),1918 年获哥伦比亚大学教育学硕士学位。中国著名儿童教育家、儿童心理学家,南京师范学院院长、教授。

儿童课外读物数十种，设计与推广了儿童玩具、教学用具等。他一贯重视科学实验，主张中国儿童教育的发展要适合国情、符合儿童的身心发展规律，呼吁建立儿童教育师资培训体系。陈鹤琴先生用科学的眼光客观地观察孩子，用科学的方法灵活地教育孩子，这在我国还是首创的教育理念和教育方法。

当时，陈鹤琴先生在如何教育儿童方面明确提出："做人，做中国人，做现代中国人"。其中的"做现代中国人"包含了5个方面的条件：第一，要有健全的身体；第二，要有建设的能力；第三，要有创造的能力；第四，要能够合作；第五，要乐于为社会服务，为人民服务。这五方面的条件，充分体现了德、智、体全面发展的要求。陈鹤琴先生一贯强调，儿童要在与自然和社会的接触中、在亲自观察和活动中获得经验和知识，他主张把书本知识与儿童的直接经验相结合。只有这样，儿童所获得的知识才真实和亲切，才能激发儿童的学习兴趣和研究精神。

图 1-3　1932 年，蒋锡夔与姐姐蒋群玉
（摄于上小学之前）

在当时，新闸路小学的校长和老师们一直强调，学校教育一定要以学生为中心，要为学生的身心健康着想。比如，学校在每个学生的课桌上配备了一个倾斜的支架，上课时学生可以把书本放在支架上面阅读。这样做，既可以端正学生的坐姿又可以保护学生的视力。几十年过去了，蒋锡夔在自己的办公桌上仍然放着一个硬质塑料架子，在家里的书桌上则放着一个棕色的硬木书架。在阅读时，他总是把文件和书籍放在架子上。这说明，一个良好习惯的养成，可以影响一个人的一生。

新闸路小学为一年级的学生开设了国文、算术和英文等课程。那时候，学校里的学习并不十分紧张，老师也没有布置很多家庭作业。因此，蒋锡夔的学习生活安排得井然有序。他喜欢看书，父母亲也非常支持，允许他买来

图 1-4　1935 年,读小学时期的蒋锡夔(在新闸路小学读书)

自己喜爱的书籍阅读。20 世纪 30 年代,上海的商务印书馆出版过一套很著名的小学生文库丛书,其中有《水浒转》、《三国演义》、《西游记》等古典名著,以及各种文史地理专辑。蒋锡夔非常喜欢这套丛书,他让父母亲帮他买来,放在自己房间的书橱里,每天都要拿一本出来阅读。

到了三四年级,受到母亲的言传身教,蒋锡夔的学习成绩有了很大的提高。在这个时期,蒋锡夔已经逐渐显露出自己的个性,他喜欢按照自己的意愿去做事。

蒋燕玉女士在回忆中写道:

蒋锡夔小的时候与其他男孩子一样,非常顽皮。等他稍微大一点后,又有了一些叛逆。如果蒋锡夔做错了事情,母亲对他最严厉的惩罚就是让他跪下,进行自我反省。然后,母亲就会对他讲道理,教育他要奋发图强,长大了要有出息,做一个对社会有用之人。因此蒋锡夔一直都认为,在他童年的时候,母亲在为人处事上对他的教育要多于父亲。在我的记忆中,母亲总是能敏锐地观察到子女们一言一行中的细微变化,及时地提醒和点拨我们。在教育子女时,母亲从不严词苛责,她对我们总是循循善诱、以理服人,说话的语气柔中有刚。

在读四年级的时候,蒋锡夔被老师选送到当时上海的商务印书馆参加了一次小学生智商测试比赛。这次比赛让蒋锡夔获得了一些奖励,奖品是商务印书馆出版的《儿童世界》期刊一年,这是他上小学以来获得的第一份奖品。回家后,他兴奋地把此事告诉了母亲,母亲听了当然非常高兴。不过,母亲还是告诫蒋锡夔,不要因此而心生骄傲,要继续努力,好好学习。

1937 年 7 月 7 日,卢沟桥事变发生,中日军队在华北地区断续交火。同年 8 月 13 日,从全国各地调赴上海的中国军队与日本军队交火,悲壮的淞沪战役就此打响了。19 路军英勇抗击日本侵略者。此时,上海市区的日租界路口已经堆起了沙包路障,中国军队攻入日租界。此后,一场旷日持久的中国人民英勇抗击日本帝国主义的战争整整经历了 8 年时间,最终,中国人民赢得了反击侵略者的伟大胜利。

那时候,蒋锡夔正在读小学四年级。由于在上海地区发生了"八·一三"抗战事件,蒋锡夔不得不在四年级下半学期转学到了离家很近的荆州路小学读五年级。

从五年级起,蒋锡夔开始表现出善于思考的特点,下面,是蒋锡夔在五年级时写的一篇作文,标题为《孙中山先生》。

> 大家知道,中山先生是我国【们】的国父。他在幼年时期住在广东省香山县翠亨村,中山先生便生长在这个村庄里。他小时候的名字叫德明,到了他革命的时期才改了名字。中山先生的爸爸是个勤俭的农人,他还有一个哥哥,名叫德彰,也是一个很有用的人。中山先生小时候身体非常强健,常常和许多小孩一同玩耍,并且本领也很好【大】。
>
> 中山先生有一次和许多小朋友到北帝庙去玩,他看见许多人在烧香拜菩萨。他想这样一个泥人拜他有什么用,便大胆走上前去,把它的手折了下来。和他同去的人都吓得逃走【了】,他却一点不怕。中山先生十四岁跟着哥哥到檀香山去读书,到十六岁才回来……

这篇蒋锡夔少年时期的习作,反映出他当时喜欢阅读课外书籍,不相信封建迷信的旧观念。这为他成年后崇尚科学,走科学救国之路打下了坚实的思想基础。

在整个小学阶段,蒋锡夔不仅一直对国文比较感兴趣,而且他还特别喜欢学习英文。于是,父母亲就在家里为他聘请了一位英文老师,帮助他提高英文水平。到了五年级下半学期,蒋锡夔通过考试跳级升入华童公学。

在华童公学学习

华童公学创立于 1904 年，是一所由英租界工部局开办的中学，也是一所著名的男校。1938 年，因校舍在抗日战争中被毁而迁往薛家花园，即新会路25 号。华童公学是现在的上海晋元高级中学的前身。华童公学一贯以英国式的传统教学方法来教育学生，其教学特点是既保守又严格。该学校的教师素质很好，英籍教师都有学位，中国教师也都有著作。

华童公学的文科开设有国文、英文、代数、中国史和世界史等课程，理科开设有物理、化学和生理学等课程，其中的代数和世界史课程，使用的都是英文原版的教材。在华童公学，除了国文和中国史外，其他的课程都使用中英文双语教学，这在当时的上海中学当中是独一无二的。因此，进入华童公学的学生，经过一段时间的学习以后，都能熟练地阅读英文原版书籍。华童公学的这种教学方法，也为蒋锡夔日后的专业发展奠定了坚实的基础。

1938 年夏，蒋锡夔正式进入华童公学学习。在华童公学读一年级时，蒋锡夔学习非常努力。第一学期期末考试，蒋锡夔的成绩名列全班第二，接下来的第二学期以及二年级的两次期末考试，蒋锡夔都获得了全班第一名的好成绩。对此，父母亲非常高兴。

图 1-5　1938 年夏，蒋锡夔与父亲蒋国榜

蒋燕玉女士在回忆中写道：

那时候,蒋锡夔与表哥冯咸萃①两人经常喜欢在家里做一些小实验。有一次,为了验证 1 份氧气和 2 份氢气相结合能够形成水,他们按照一本科学杂志上的介绍,尝试在家里的卫生间做了这个实验。他们把氧气和氢气按比例放入玻璃瓶内,然后加入明火,玻璃瓶内立刻发生了燃烧,即制成了水。然而,剧烈的化学反应却把玻璃瓶给炸碎了。幸亏他们事先按照杂志上的提醒,用毛巾把玻璃瓶包了起来,才没有惹出更大的麻烦。

在华童公学学习期间,蒋锡夔的英文水平相当好,他已经有能力阅读英文版的小说了。他特别喜欢阅读英国作家罗伯特·路易斯·史蒂文森(Robert Louis Stevenson)的原版探险小说《金银岛》。

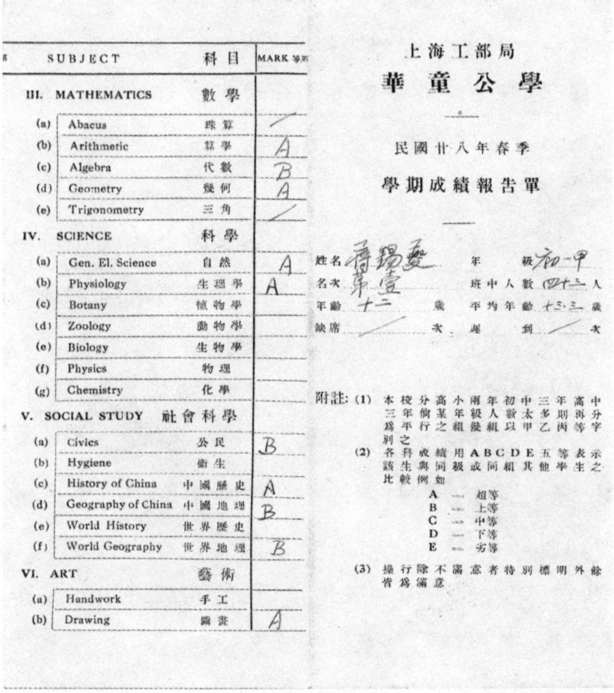

SUBJECT	科目	MARK 等第
III. MATHEMATICS	數學	
(a) Abacus	珠算	/
(b) Arithmetic	算學	A
(c) Algebra	代數	B
(d) Geometry	幾何	A
(e) Trigonometry	三角	/
IV. SCIENCE	科學	
(a) Gen. El. Science	自然	A
(b) Physiology	生理學	A
(c) Botany	植物學	
(d) Zoology	動物學	
(e) Biology	生物學	
(f) Physics	物理	
(g) Chemistry	化學	
V. SOCIAL STUDY	社會科學	
(a) Civics	公民	B
(b) Hygiene	衛生	
(c) History of China	中國歷史	A
(d) Geography of China	中國地理	B
(e) World History	世界歷史	
(f) World Geography	世界地理	B
VI. ART	藝術	
(a) Handwork	手工	
(b) Drawing	圖畫	A

上海工部局

華童公學

民國廿八年春季

學期成績報告單

姓名 蔣錫夔　年級 初一甲

名次 第壹　班中人數 四十二 人

年齡 十二 歲　平均年齡 十三·三 歲

缺席 / 次　遲到 / 次

附註:(1) 本校分高小兩年初中三年高中三年倘某年級人數太多則再分為平行之組幾組以甲乙丙等字別之

(2) 各科成績用 A B C D E 五等表示該生與同級或同組其他學生之比較例如

A — 超等

B — 上等

C — 中等

D — 下等

E — 劣等

(3) 操行除不滿意者特別標明外餘皆為滿意

图 1-6　蒋锡夔初一下学期的成绩报告单

---

① 冯咸萃,在圣约翰大学读书时加入了中国共产党。新中国成立后一直在北京工作。

在采访蒋锡夔的夫人康月莉女士时,她说道:

> 蒋先生的姐妹们曾经和我谈起蒋先生小时候的一些事情,她们告诉我,蒋先生上小学的时候英文就已经很好了,父母亲一直给他请校外的英文辅导老师,帮助他提高英文水平。当然,他自己也很用功。后来,他进入华童公学、圣约翰大学附中以及圣约翰大学学习,英文水平的提高就更快了。由于他从小打好了扎实的英文基础,所以到了美国华盛顿大学后,很快就适应了学校的学习和生活。回国工作以后,蒋先生在听、说、写三方面的英文水平都非常高,这绝非偶然之事。

蒋锡夔在1958年的《自传》中这样写道:

> 在华童公学读书时,人人必须穿蓝布大褂(就好像是今天中小学校里的统一校服一样),这有利于培养在校读书的学生树立人人平等的思想观念。因此,我逐渐养成了不过分讲究衣着的好习惯,平时交友也从不以其家庭出身贫富贵贱为标准,而总是与志趣相投者结为好友。

在华童公学读三年级时,蒋锡夔得了胃溃疡。这次生病,让他逐渐改变了学习方法。他清醒地意识到,自己在一二年级时的学习成绩虽然很好,但主要是依靠死记硬背取得的。于是,蒋锡夔开始尝试各种学习方法,试图从课外阅读中掌握大量的知识。在这段时间里,蒋锡夔的学习看似不如以前努力,但是他的学习成绩仍然名列前茅。

经过华童公学三年的学习,蒋锡夔在学业上取得了很大的进步,家里人也明显感觉到他已经改掉了小时候时常发作的小少爷脾气。此时的蒋锡夔,开始学习独立思考,他变得越来越自信,他的视野也越来越开阔,逐渐形成了自己的人生观、道德观和科学思想观。

带着对未来世界的无限向往和追求,蒋锡夔走进了圣约翰大学的附属中学。

考入圣约翰附中

1941年秋,15岁的蒋锡夔从华童公学考入了
圣约翰大学的附属中学(简称圣约翰附中)。这所
中学是专门为将来有意向进入圣约翰大学学习的
学生而开办的。在附中读两年高中后,成绩合格
的学生可以直接升入圣约翰大学除医学院以外的
其他学院。如果要想进入圣约翰大学的医学院,
则还要通过入学考试。在一般情况下,在圣约翰
大学附中读书的学生,大部分都会进入圣约翰大
学学习。

新生入学后,圣约翰附中根据考试成绩,分别
把学生编入 A 班和 B 班。当时,蒋锡夔因成绩优
秀而被编入 A 班。

图 1-7 1941 年,蒋锡夔考入
圣约翰大学附中

在圣约翰附中,除了中文和中国历史课程外,其他所有的课程都是用英
文授课的。这一点,对于英文基础非常扎实的蒋锡夔来说并没有什么大的
困难。在高中阶段,蒋锡夔的学习成绩总体保持在中等偏上。曾经有一段
时间,蒋锡夔因学习成绩下降而被编入 B 班。经过一段时间的努力,他又重
新回到 A 班。

在高中阶段,蒋锡夔的确没有把全部精力都放在课堂学习上,他对自己
的学习成绩也没有十分看重,而是花了大量的时间去阅读自己喜欢的课外
书籍。比如,他阅读了不少有关生物学、生理学以及化学方面的杂志;他还
把威尔士(H. G. Wells)的《生命的科学》买回家来时常翻阅。此时的蒋锡
夔,已经显露出对理科的偏爱。

在《中国科学院院士自述》(上海教育出版社 1996 年出版)一书中,蒋锡
夔这样写道:

　　我年轻时常常追求美的东西，但我只会听听音乐、看看家中父亲收藏的书画或文学著作，却不能用文字来描绘人世间令人惊叹的美，不能用语言来表达自己的感情，因为我根本没有我父亲对文学的天分，他是一个了不起的诗人，是学界泰斗马一浮先生的学生和至交。但我也许继承了母亲适合于科学思考的能力，加上我又有十分强烈的好奇心，在我念初中时就常常和表哥一起自己动手做化学实验，惊叹许许多多瞬间的变化，同时，对当时靠死读书的教育制度已经有了批判性的见解。

在高中一年级时，蒋锡夔曾经写过一篇作文，题目为《自述本学期对国文之心得》：

　　国文这门功课与其他各门功课比较起来，很有他【它】特异和不同的地方，这对于我们学生应该是【感】觉到了。别的功课我们学到一点便得到一点，而国文却没有这样简单，又好像逆水行舟，不进则退；更必须彻底明了他【它】深藏着的道理，不然不惟无功，而且有害。所以国文既然是那样复杂的功课，要说对于他【它】的心得，实在不是一件容易的事。

　　本学期总算到高中，而我们的国文书也由语体文言相间而变成一律文言的了。文言自然有他【它】的好处，而且我们读了当然也有很多好处。但是文言是须要读的，不然便得益很少。对于我这相当懒惰的学生，自然心得很少。更有许多要转弯去想的句子，字典里查不着，先生的话又不甚懂，虽然可以去问却不肯每个不懂的地方都去问，一次虽是一个小小损失，但积多了起来，那损失便大了。所以除了多认得了几个字，多知道了几个典故，多【知晓】了几个作者，多知道了点文中所述的事外，其他也许很少有心得。至于文章的派别，还有什么文气的怎样叫豪放、枯瘦，更莫名其妙了。

蒋锡夔写的这篇文章颇有自己的心得，他觉得学好国文必须"彻底明了他【它】深藏着的道理",且"又好像逆水行舟,不进则退"。这说明到了高中阶段,蒋锡夔对学习国文有了更深层次的理解。因此,国文老师给了他这样的批语:颇有见解。

另外,蒋锡夔还写过一篇作文,同样也受到了国文老师的褒奖,题目为《读书偶感》:

今天课余没有事,就拿《老残游记》接着看下去。其中有许多见解,都有独到之处,细细地看了,就自然会悟出一种道理来。所以看了,便对他【它】不由得起了一种钦佩之心。今天看到第十四章中有几句话道:"……天下大事,坏于奸臣者十之三四,坏于不通世故之君子者,倒有十分之六七也。"不觉有些诧异,因为奸臣是有利己之心的,他们只要自己快活,人民的苦痛根本不关他们的事。而不通世故的君子又没有利己之心,怎样十分之六七的事倒坏在他们的手里呢?后来细细想想,他的话却的确不错。孟子有句话叫做"尽信书,则不如无书",又记得第九章里玙姑所说"……只是儒教可惜失传已久,……"那么这般不通世故的君子们,读书只会死读,不会"举一反三",所读的又是曲解的道理,况且这般人最喜自大自信,曲解了诗书还要随口诗云、子曰的。叫他们做官,天下大事,十之六七是要坏在他们手里了。因此我想读书不可死读,更不可曲解,更不可完全相信书上说的,读书贵疑就是这个意思。

这篇文章写出了蒋锡夔的读书心得,那就是"读书不可死读,更不可曲解,更不可完全相信书上说的,读书贵疑",要学会把所学的知识"举一反三"。这说明,高中时代的蒋锡夔已经开始学习运用自己所学到的知识来观察问题、思考问题了。因此,国文老师给了这篇文章一个高分。

从1942年元旦起,蒋锡夔开始写日记。当时,他刚满16岁。起初,蒋锡夔在日记中只是记录了一些具体的事情。父亲看了日记后告诉他,写日记"第一在于自省一日之行为,第二才是一日之心得和事务记录。这样的日记才得其用而不虚其说。"听了父亲的这番话,蒋锡夔深受启发。在以后的日记中,他不仅记录了某些事件,而且还写下了自己对发生某些事件的思考和反省,这对于他日后世界观的形成起到了相当大的作用。在蒋锡夔坚持写日记一年多后,母亲才知道此事,她很是惊讶!得知儿子能够在一年的时间里坚持天天写日记,并且还要一直坚持下去,这让母亲非常高兴。

蒋燕玉女士在回忆中写道:

> 蒋锡夔从高中阶段就开始坚持写日记。写日记就是在记录生活,学会用理性的思想感悟生活、思考人生。青年时代的蒋锡夔,通过每天坚持写日记来不断地进行自我反省,并且按照日记中所总结出来的经验教训督促自己的一言一行。这对于他自身的人生观和世界观的形成、对于他后来树立远大的志向都有密切的联系。

树立一辈子追求真善美的人生观,是青年时代蒋锡夔的思想境界得到进一步升华的重要标志。从此,他的一生,无论是在校学习阶段还是在研究所工作阶段,无论是在美国还是在中国,无论是身处逆境还是身处顺境,他都在持之以恒地追求真善美,不说假话,不做"恶"事。正因为如此,如今的蒋锡夔才能成为受人尊敬的科学大师。

蒋锡夔在《有机整体、动态多因素分析》(摘自《院士思维》丛书)一文中这样写道:

> 高中时代,在圣约翰附中,又对生物学产生了强烈的兴趣。例如,自己读了威尔士(H. G. Wells)的《生命科学》……
>
> 我在中学时就喜欢听音乐,父亲又教我如何欣赏书法和绘画。上述各方面的培养和熏陶,使我自十七八岁时就形成了明确的理想。换而言之,童年时强烈的爱憎分明的感情,好幻想的好奇心,加上对美和艺术的欣赏,便集中转化为追求真善美的理想或人生观。我自觉内心充满着浩然正气!

高中阶段的学习很快就过去了。1943年秋,蒋锡夔年满17岁,他顺利地从圣约翰大学附中毕业,进入圣约翰大学学习。当时,进入圣约翰大学的学生需要自己选择专业。在中学阶段学习到的化学知识,让蒋锡夔对化学专业很感兴趣。化学理论知识丰富多彩,各种化学实验又极具挑战性⋯⋯于是,他选择了化学专业。蒋锡夔在日记里曾经这样写道:

> 我的能量似乎只允许我走一条路,我将走向科学研究之路,它已抓住了我的理想⋯⋯于是在寒假里,相当用功地阅读化学⋯⋯

进入圣约翰大学

1879 年,美国圣公会上海主教施约瑟(Samuel Isaac Joseph Schereschewskv)将圣公会在上海开办的两所学校培雅书院和度恩书院合并,取名圣约翰书院(Saint John's College)。1905 年,圣约翰书院正式成为圣约翰大学(Saint John's University),并在美国华盛顿州注册。在上海的圣约翰大学设立了文学院、理学院、医学院、神学院四所大学学院,并附设研究院和附属高中,成为获得美国政府认可的在华教会学校。1913 年,圣约翰大学开始招收研究生,1936 年开始招收女生,后来发展成为一所拥有 5 个学院(后来又成立了农学院)、16 个系的综合性教会大学,它是当时中国最优秀的大学之一。施若瑟为圣约翰大学首任校长,其继位者为卜舫济,他的任期长达 53 年,他还一直从事教会的教育事业。学校最初几届学生均为免费生。圣约翰大学的校训最初为"光与真理",后来又加上了孔子的名言"学而不思则罔,思而不学则殆",体现了该大学由福音传布者变成了教育者。

圣约翰大学的入学者多是政商名流的后代或富家子弟,许多人毕业后曾对中国 20 世纪的历史进程起到过重大的影响,比如,外交家施肇基、顾维钧;政治家宋子文、俞鸿钧、严家淦、钟士元、鲁平;教育家张伯苓、张建邦;作家林语堂、刘以鬯;作曲家瞿希贤;企业家刘鸿生、荣毅仁、吴舜文,等等。从中可以看到,圣约翰大学的校友在 20 世纪中国社会的政治、文化和科技等各界都留下了印记。因此,开设在中国上海的这所美国教会学校,培养了许多学者和名人。

1952 年,圣约翰大学与中国的其他教会大学一样,被人民政府拆分并入其他高校。其主要部分圣约翰大学的文、理两个学院,并入华东师范大学和复旦大学;圣约翰医学院与震旦大学医学院、同德医学院合并后成立上海第二医学院,后改名为上海第二医科大学,2005 年又改名为上海交通大学医学院。

圣约翰大学的校园位于上海市区西部苏州河的一个河湾半岛,其建筑设计结合了中国和西方的元素。许多年过去了,圣约翰大学的校园已经成为华东政法大学的校区。

虽然考入圣约翰大学的学生多为富家子弟,但是学校也为贫苦学生和优等生设立了奖学金和优惠制度。成绩优异的贫苦考生被录取后,学校会给予一定的补助或者减免学费。学校重视学生的课外活动,曾经组织过中国第一个学生体育组织——射箭俱乐部。圣约翰大学的学生每周都要上哑铃操和军事操。校长卜舫济要求教师要与学生紧密联系,要与学生促膝谈心,还可以邀请学生到家中做客。在卜舫济与广大师生的共同努力下,圣约翰大学培养出了许多杰出的中国学生。他们中的很多人都出国留学深造,学成后又回来报效祖国。

1943 年,日本侵略军已经占领上海,中国老百姓背井离乡,四处逃难。在这国难当头的日子里,中国各大专院校的大学生们满腔悲愤,一心想要为拯救自己的祖国尽一份力。大家都有一个共同的目标——从学校毕业之后,要成为保卫祖国、建设祖国的栋梁之材。

圣约翰大学各系的课程设置基本按照美国模式,其课程分为必修课和选修课两类,学生修完学分即可毕业。蒋锡夔攻读的化学系除了数学和物理学为非专业必修课外,主要开设了无机化学、物理化学、分析化学和有机化学等专业课程。在圣约翰大学,老师授课都用英语。对此,蒋锡夔已经习以为常。在大学里,学生的学习方法主要是以理解为主,这一点蒋锡夔也相当容易接受。课余时间,他喜欢阅读有关的专业书籍,主要是按照自己的兴趣爱好阅读了生物学、心理学、历史学、哲学等方面的著作。

在大学期间,蒋锡夔阅读了著名的英文原版书籍威尔士(H. G. Wells)

的《生命的科学》，杜兰特（Durant）的《哲学大纲》、威尔士（H. G. Wells）的《历史大纲》，杜威（John Dewey）的《思维方法》、鲁宾逊（Robinson）的《如何独立思考》等，以丰富自己的知识。

当时，英国作家狄更斯的小说《大卫·科波菲尔》正好是圣约翰大学的英语文学课教材，蒋锡夔非常喜欢狄更斯的这部作品，因此这门课他学得特别好。查尔斯·狄更斯（Charles Dickens, 1812～1870）是著名的英国小说家。《大卫·科波菲尔》在很大程度上是查尔斯·狄更斯的一部自传。作者通过大卫悲欢离合的一生，多层次地刻画了一个善良纯洁、奋发向上的人物形象。在经历了人生一系列的艰难困苦之后，大卫成为一名作家，最终实现了他的人生目标，达到了精神层面上的幸福。查尔斯·狄更斯借用大卫的成长经历，从多方面回顾和总结了自己的生活道路，表达了他的人生哲学观和道德理想观。

此外，蒋锡夔对法国作家罗曼·罗兰（Romain Rolland, 1866～1944）的小说《约翰·克里斯多夫》也非常喜欢。在课余时间，他津津有味地阅读英文版的这部"长篇叙事诗"。罗曼·罗兰是 19 世纪末 20 世纪初法国著名的批判现实主义作家、音乐史学家、社会活动家。他的代表作《约翰·克利斯朵夫》被誉为 20 世纪最伟大的小说。这部巨著共 10 卷，以主人公约翰·克利斯朵夫的生平为主线，描述了这位音乐天才成长、奋斗以及最终失败的人生历程。同时，对欧洲各国的社会现实作了不同程度的真实描述。全书犹如一部庞大的交响乐，每一卷都是一个独立拥有乐思、情绪和节奏的乐章。该巨著获得 1913 年法兰西学士院文学奖和 1915 年诺贝尔文学奖。

在大学时代，蒋锡夔如饥似渴地阅读各种课外书籍。他从这些中外名著和科学专著中吸收到了各种人生哲学、道德、理想以及科学知识。这一切，对于他世界观的形成起到了非常重要的作用。当时，蒋锡夔非常喜爱体育运动，比如打网球、划船等，因此他拥有强健的体魄。

蒋锡夔的夫人康月莉女士在接受采访中说道：

蒋先生曾经告诉过我，年轻时，他的兴趣爱好广泛，喜欢体育运动、看电影等等，尤其喜欢阅读各种中外名著，比如看英雄人物的传记。从青年时代起,蒋先生就认为,凡做事情就要做到最好,比如学习外语,就要尽可能学到最好;在杭州西湖上划船,就要成为最好的划桨手……

1944 年 7 月 21 日,蒋锡夔记满了自己的第一本日记本。在换用第二本日记本时,他这样写道:

> 今日之日记有数目标:一为自省,一记已往,一记我以 4 月 15 日为起点所思得学得之思想、信仰及人生观。一则立力行之决心。
>
> 思而不学则怠,学而不思则罔,我今能学能思,故我阅读一书,无论其种类,于我气质、思想、信仰以至于人生观皆有所贡献、改变、增进。以我能如此,故我对自立之人生观有绝对之信仰,同时我之人生观亦将随学术之渐长,阅书之日博,而无时不在改变进化中。人生必有目标,吾始自问此目标何在,其答为快乐。我考之于诸哲学家宗教家,则我见其终极目标亦为快乐。儒家之终结目标为能为圣人,惟圣仰不愧天,俯不愧地,其思也乐……
>
> ……我乃建立我之人生哲学,此或助今日人类应有之人生哲学。我之所求快乐也,快乐何在? 曰在真在善在美。此种精神之追求,为我进化之人类所独有,吾当以空间三轴表示之,交接点即为快乐。然快乐追求之原动力何在? 曰爱,曰恶。我恶伪、我恶恶、我恶丑,我爱真、我爱善、我爱美,于是一爱一恶,一推一拉,我无时不乐矣。何以爱真? 曰爱真理而研究而学习而求知而思想而写作而流传。何以爱善? 曰我爱己爱人爱物爱国爱亲爱友。何曰爱美? 曰艺术之欣赏、艺术之创造。
>
> ……
>
> 然最重要者,则今日所下之决心。我以今后为快乐力行期有莫大之意义。我无苦行刻苦主义,我有快乐力行主义。故我决心循我之人生哲学,快乐力行。譬如我决心不复使双亲有怒于我。虽或我有理,我亦不使怒。盖我有爱有恕,加以量大如洋也。

从日记中可以看到,在大学期间大量地阅读课外书籍,让年轻的蒋锡夔逐渐形成了自己的道德、理想和信念,形成了自己从事科学研究的思维和方法。在圣约翰大学化学专业的学习,为蒋锡夔后来从事化学理论研究工作打下了扎实的基础。

在即将进入大学三年级的那个暑假里,化学系开设了一门《有机化学简论》的课程。在两个月的时间里,蒋锡夔第一次学习并了解了关于有机化学的一般知识。在大学三年级,化学系又开设了一门有机化学的课程。通过一学年的学习,蒋锡夔逐渐对有机化学专业产生了兴趣。后来,蒋锡夔又阅读了鲍林[①]的《共振论》等有机化学专业书籍。随着蒋锡夔对有机化学理论知识、反应机理及物理化学知识的深入了解,他对有机化学的理论问题产生了浓厚的兴趣,从而也产生了要把物理有机化学当作自己未来研究方向的想法。

进入大学三年级以后,蒋锡夔所学的各科成绩都很优秀。当时,有机化学是一门富有挑战性的专业课程,而化学热力学课程对很多学生来说更是一门难度很大的专业课。不过,蒋锡夔在这两门课程的学习过程中,成绩一直都很好。

在大学四年级时,按照教学大纲的要求,每个学生都要作一个专题报告。于是,蒋锡夔选择了著名化学家鲍林的"共振论"作为报告内容。共振论是由鲍林在20世纪30年代初所提出的一种分子结构理论,适用于讨论一些不能用经典价键结构表示的分子结构,如苯一类的芳香烃。鲍林认为,分子的真实结构是由两种或两种以上的经典价键结构式共振而成的,共振论包括离域键、键长、键能等概念。共振式的优点是可以利用电子式对电子离域化系统中电荷的分配位置等进行定性的描述。共振论应用起来相当方便,且实用性强。不过,在当时的化学界中,有很多专家学者并不认同此观点,他们认为鲍林的"共振论"是唯心主义和形而上学的,主观任意性太大。蒋锡夔曾经读过鲍林的《共振论》一书,对其理论很感兴趣。因此在专题报告中,他主要根据鲍林发表的最新理论来解释苯环的结构。

[①] 鲍林(Linus Carl Pauling, 1901～1994年)是美国著名化学家,在化学的多个领域都有过重大贡献。两次荣获诺贝尔奖(1954年化学奖、1962年和平奖),有很高的国际声誉。

然而，专题报告的主持老师陶桐①教授却并不认同鲍林的新理论，他仍然坚持旧的"结构不可知"理论。尽管蒋锡夔的专题报告论点鲜明、论据确凿、论证严密，但是陶桐教授还是不肯认同这些理论，因此给了蒋锡夔一个"B"等的成绩。后来，蒋锡夔曾经说过，"我爱我师，我更爱真理"，他一直坚持自己的观点，认为鲍林所发表的最新理论是正确的。

在蒋锡夔留校做了助教以后，陶桐教授曾经与他提到过那次专题报告之事。陶桐教授半开玩笑半认真地说："你当然应该得 A，你是最棒的了！"其实，蒋锡夔并不太看重分数。他也没有因为此事而对陶桐教授怀有怨心，而是一直与陶桐教授相处得很好。

大学四年级第一学期结束时，蒋锡夔已经修完了大学四年的全部学分。由于学习成绩优异，蒋锡夔、余志英和陆绶观被化学系选中，他们共同选修了一门高等分析化学课程。还有一位叫杨念祖的学生，他比蒋锡夔低一届，因为成绩优秀也被选中学习高等分析化学课程。他们四人如果能够通过这门课程的考试，就可以被学校授予特等荣誉学士学位。也就是说，蒋锡夔他们可以以优秀生的身份从圣约翰大学毕业。这对于一个大学生来说，是一种很高的荣誉。通过努力学习，他们四人都通过了高等分析化学课程的考试，并于 1947 年夏天同时被授予特等荣誉学士学位。

蒋锡夔在圣约翰大学的学士论文的前言部分内容如下：

> 一九四六年孟秋，我和陆绶观同学讨论毕业论文的选题，我们共同的兴趣是相律研究。经与物理化学陈联盤教授商议后，我们做出了一个决定。鉴于相律的研究领域很广泛，陈教授建议我俩合作。不久后我们决定由陆绶观负责单相、双相和三相系统，我则负责相律研究的衍生、解释和实验方法，还有多相系统及它们的图像表述。
>
> 经大力钻研相关文献后，我觉得关于相律的学士论文只能是一篇

---

① 陶桐，圣约翰大学化学系教授，早年在美国伊利诺伊大学（University of Illinois）获得硕士学位。解放后，他曾经与化学家高济宇先生一起把著名的英文丛书《有机合成》第一卷翻译为中文书籍出版。在新中国建立初期的"三反、五反"运动中，不幸被迫害致死。

知识总结，所以我们没尝试原创性研究，相反我尽力写一篇全面性综述，希望被证明是对其他同学有用和有帮助的参考，此篇论文的提交即基于以上目的。

最后，我希望表达对陈教授由衷的谢意，他随时的指导和顾问让我难忘，并感谢物理讲师唐先生的有益建议。

蒋锡夔

圣约翰大学，一九四七年六月

1943～1947 年，蒋锡夔正在上海的圣约翰大学学习。学习最初两年，为日伪占领时期。抗日战争胜利后，中国国内各个大学反内战、争取和平的学生运动日益高涨。受此影响，圣约翰大学校园内的学生运动也是风起云涌。蒋锡夔的同班同学如余志英、朱琴珊、陆如山和吴冠芸①等都是中国共产党的地下党员。他们是一群热爱祖国、忧国忧民的热血青年，因此他们多次参加反内战、争取和平的游行活动。蒋锡夔在爱文义路的家成为了同学们聚会的场所。圣约翰大学的这些大学生虽然各自的信仰及人生追求有所不同，但是他们相互之间都能和睦相处。

1947 年 6 月 23 日，圣约翰大学、东吴大学和之江大学这三所大学一起在大光明电影院联合举行毕业典礼。在典礼上，蒋锡夔从校长手中接过圣约翰大学颁发的特等荣誉学士证书，心情无比激动。这是他大学四年努力学习专业知识、不断提高和完善自己的世界观后带来的最大

图 1-8 1947 年夏，蒋锡夔毕业于圣约翰大学化学系（摄于 8 月 30 日）

---

① 陆如山，留学苏联，回国后任中国医学科学院医学信息研究所研究员、名誉所长等职务。吴冠芸，解放后曾在中国驻联合国日内瓦办事处工作，后任中国科学院基础医学研究所研究员。陆如山和吴冠芸后来结为夫妇。

收获,这也是引导他走向新的人生目标的一个起点。当晚,蒋锡夔在日记中这样写道:

> 毕业了,我没有想到我的毕业能给爹爹姆妈这样的欢欣与满足。我也感到一种满足,然而我感到这不过是一个开始。爹爹拥抱了我,姆妈吻了我。爹爹对我说,假如祖母还在世的话,她将多么开心。祖父一生苦学,可惜早逝了。爹爹也是带着这一股正气在诗文中发扬的人。爹爹谦虚了,他说自己四十而无闻名,而儿子在学业上尚有所成就,他感到满意。他听陈先生(陈联盤教授)说我品行好,更感到满足,又看我所交的皆是有为益友,于是他放心我了。姆妈说她只觉得说不出的欢欣。

临近毕业,蒋锡夔最大的愿望就是去美国留学,以实现自己从事科学研究的理想。因此,他当时最好的工作选择就是留在圣约翰大学化学系担任助教。这样的选择,一方面能让蒋锡夔继续学习专业知识,另一方面也有利于他联系美国的大学,争取留学的机会。化学系的教授都非常欣赏蒋锡夔,希望他能留下来工作。因此,学校方面很快就同意了蒋锡夔的申请。

图1-9 1947年9月,蒋锡夔与部分大学同班同学合影(前排右起:吴冠芸、朱琴珊、孙克明、周科衍、余志英,后排右起:任治、蒋锡夔、陆绥观、钦士业、钟志祥、袁万钟、梁英豪)

在圣约翰大学化学系任助教,主要是协助教授指导学生做实验。在一般情况下,助教是不能授课的。当时,化学系的主任正在美国进修,代主任陈联盤教授非常欣赏蒋锡夔的才华,就破格让他代自己为大学三年级的学生讲授了大半学期的物理化学课程。此外,蒋锡夔还要负责指导学生学习物理化学和有机化学这两门专业课程中的实验课。在这一年里,蒋锡夔一方面阅读专业文献、认真完成授课工作,另一方面写信联系美国的大学准备出国留学。为了备好课,蒋锡夔在暑假期间特意到蒋庄去精心准备物理化学讲义、设计物理化学和有机化学实验等。由于准备工作做得充分,蒋锡夔的讲课效果很好,不但让学生感到满意,而且还得到陈联盤代主任和化学系其他教授的认可。学生们课后都非常愿意向蒋锡夔请教专业问题,还与他一起讨论时局。蒋锡夔与大学生们建立起了良好又融洽的师生关系。

图 1-10 1947 年 7 月,蒋锡夔大学毕业时与家人在蒋庄(后排左起:父亲蒋国榜、母亲冯乌孝、蒋锡夔、五妹蒋燕玉、四姐蒋群玉,前排左起:六妹蒋冠玉、七妹蒋炜玉、侄子蒋有仁)

1948 年 5 月 19 日,蒋锡夔在日记里这样写道:

理性是惊觉的,四方是排山倒海的波【洪】流,我已懂得我的思想体系已开始改组，我是一个不容分离的整体。在历史前进的步伐里，我是不容自己落后的。有一个问题至今未解决，出国后研究工业化学，还是纯学术化学。我懂得将来的中国是怎样的需要工业人才，然而也懂得自身气质是适合于怎样一种生活方式。无论如何，他日为祖国人民服务，是已下了决心了。

这篇日记的字里行间，充分表达出了当时 22 岁的蒋锡夔的最大心愿，那就是出国留学后准备献身科学事业，回来后要为祖国人民服务。

到了 1948 年的夏秋之时，蒋锡夔先后收到了几所美国大学的录取通知书。7 月 31 日，他又收到了华盛顿大学（西雅图）同意提供给他奖学金（Foreign Ex-change Scholarship）的信函。于是，怀着出国深造、报效祖国的理想和信念，蒋锡夔决定前往美国华盛顿大学化学系攻读博士学位。

第二章
留学美国

初到美国

1948 年秋, 正值国民党政权垮台的前夕。上海物价飞涨, 民不聊生。蒋家虽然很富有, 但是蒋锡夔的父母亲同样感受到了生活上的压力, 因此, 他们只得依靠卖掉房产来维持大家庭的生活。尽管如此, 父母亲还是非常支持蒋锡夔去美国留学, 他们真诚地希望儿子学成后回来报效祖国, 建设祖国。为了准备蒋锡夔去美国留学的费用, 母亲把自己的股票拿出去卖掉换成美元。经过一番周折, 蒋锡夔终于在 8 月 12 日取得了美国领事馆的签证。

图 2-1 1948 年 8 月 18 日, 蒋锡夔赴美留学前与家人合影(左一蒋燕玉、左二蒋国榜、左四冯乌孝, 右一蒋群玉、右三蒋锡夔。摄于上海公和祥码头)

　　1948 年 8 月 18 日下午 3 时,蒋锡夔乘坐的美国远洋客轮"梅吉斯将军号"离开码头,驶向吴淞口,开始了他前往美国留学的海上之旅。在"梅吉斯将军号"上,与蒋锡夔同住一个头等舱的还有另外三人:蒋锡夔圣约翰大学的校友杨念祖,蒋锡夔的姑父傅统先①教授,以及曾任上海交通大学数学系主任的汤彦颐②教授。杨念祖到美国后,将要前往芝加哥大学化学系攻读博士学位。汤彦颐是一位热心宽厚的长者,在旅途中他给了蒋锡夔和杨念祖不少的帮助。因此,蒋锡夔和杨念祖亲切地称他汤伯伯。

　　经过十几天的海上旅程,9 月 4 日,"梅吉斯将军号"终于抵达美国西海岸城市旧金山。蒋锡夔他们在旧金山停留了几天,参观了著名的金门大桥、加利福尼亚州科学院、文学艺术院,还有非常有名的旧金山唐人街等。然后,蒋锡夔与杨念祖告别,他们两人分别前往华盛顿大学和芝加哥大学。

　　9 月 13 日,蒋锡夔与汤彦颐教授一起乘坐火车抵达西雅图。西雅图是美国太平洋西北地区最大的城市,它位于华盛顿州普吉特海湾和华盛顿湖之间的金县,距离美加边境约 174 千米。西雅图市建于 1869 年,是美国太平洋沿岸西北部地区商业、文化和科技的中心,也是贯穿太平洋、通往加拿大的主要旅游及贸易港口城市。

　　刚刚来到一座陌生的城市,蒋锡夔的心里充满着兴奋和好奇,等一切安定下来了,他又不免产生了深深的思乡之情……1948 年的圣诞节,是蒋锡夔离开祖国、离别家人在美国西雅图度过的第一个节日。那天,他在日记中写道:

　　　　离家至今,差不多已四个半月了。来西雅图,居此斗室,已逾三月有半矣。没有好好记过日记,没有对自己长长地深谈。至今自【自己】心灵已能在这环境里安静下来了。是心志的软弱,还是感性之深厚,浓浓的乡愁,苦苦的回忆……心神绝望地躺在沙滩里【上】,渴望着一线阳光,一丝温暖。虽曾作一大声疾呼,再不能觉到那热热的火,常烧在心

---

① 傅统先,圣约翰大学教育系主任、哲学教授,1950 年在美国哥伦比亚大学著名哲学家、教育家约翰·杜威(John Dewey)的指导下获得博士学位。

② 汤彦颐,原上海交通大学数学系主任。1948 年前往西雅图华盛顿大学任教。

头。我没有变得老些,我知道我还是会流泪、会哭泣,只是有些软弱,孤寂中的软弱。须要着心灵之宁谧,静静沉默的信心,我知道,我已把它找回来了。

到达西雅图之后,蒋锡夔便前往华盛顿大学办理了入学手续,与他一同入学的还有来自北京大学的中国留学生周同惠①。在此之前,毕业于重庆中央大学的中国留学生梁晓天②已经在夏季入学了。后来,他们三人成了非常要好的朋友。1954 年 9 月,梁晓天首先回国,并于 1980 年被增补为中国科学院学部委员(后改称中国科学院院士)。1955 年,蒋锡夔和周同惠回国,他们两人在 1991 年同时当选为中国科学院学部委员。

梁晓天在华盛顿大学获得博士学位后,转入美国哈佛大学化学系做博士后研究工作。为了能够回到祖国,他给美国总统写抗议信,给新中国的总理周恩来写求助信。后来,梁晓天成为新中国政府用 11 名在朝鲜战场上俘虏的美军飞行员交换回来的第一批归国留学生之一。几十年来,梁晓天先后发表了 300 多篇学术论文。他对曾经获得国家三等发明奖的驱虫特效药鹤草酚,以及获得国家各级奖励的川楝素、创新霉素、鹰爪甲素、海南粗榧、杜鹃素等数十种主要新药进行了天然产物化学结构的测定,成为我国将核磁共振、波谱、光谱等技术引进和应用于测定化学结构的先驱者,为填补我国新的波谱学理论及其应用和推广工作作出了重大贡献。为此,梁晓天获得了 1994 年首届中国医学科学奖,以及 1995 年何梁何利基金科学与技术进步奖化学奖。

由梁晓天编译的《核磁共振解析简论》及其编著的《核磁共振高分辨氢谱的解析和应用》,是我国在核磁共振方面较早的中文专著。这两本书的出

---

① 周同惠,中国著名的仪器分析和色谱学专家。1952 年获华盛顿大学分析化学博士学位,1955 年回国。1991 年当选为中国科学院学部委员,1992～1994 年任中国科学院化学部常委,1994～1998 年任化学部副主任。

② 梁晓天,中国著名有机化学家和药物化学家。1952 年获华盛顿大学化学系博士学位。曾任美国哈佛大学博士后研究员,1954 年回国。1980 年当选为中国科学院化学学部委员,后任常务委员兼化学部副主任。

图 2-2　1950 年 5 月，蒋锡夔与同学在西雅图翠湖（Green Lake）附近（左起：周同惠、林正仙、梁晓天、蒋锡夔）

图 2-3　1950 年，在西雅图的蒋锡夔（左）、周同惠（中）和梁晓天（右）

版，为在中国推广应用核磁共振这项新技术起到了积极的作用，因此获得了 1978 年科学大会著作奖。

　　周同惠 1952 年在西雅图华盛顿大学获得分析化学博士学位后，前往德克萨斯大学任助理教授。1955 年 7 月，周同惠回国，被安排在中国医学科学院药物研究所药物学系工作。几十年来，周同惠不断引进国内外的新技术、新方法,把它们应用于我国的药物分析领域,以及色谱分析和电化学分析领域。他还将多种色谱方法、极谱方法,以及库仑分析、离子选择电极等新方法应用于有机药物与中草药的分析领域。在周同惠的领导下,经过两年多的努力,我国建立起了五大类100种兴奋剂药物的检测方法,通过了国际奥委会的资格考试,并于1989年建成了我国第一个兴奋剂检测中心,填补了我国体育运动禁用药物检测工作的空白,为第十一届亚运会在我国的顺利召开作出了重要贡献。此项研究成果,获得了1991年国家体委科技进步奖特等奖、1992年国家科技进步奖一等奖以及1993年中国分析测试协会特等奖。

近年来,周同惠主要从事药物代谢的研究工作。在他的带领下,研究课题组完成了丁苯酞类化合物的体内外代谢及代谢产物的研究工作,阐明了其氨基衍生物活性异常的原因。由于周同惠在发展我国科技事业中取得的这些重要成绩,因此在1997年荣获了光华科技基金一等奖。

在同一所大学、同一届毕业的研究生中出现了3位中国科学院院士,这在美国各大学中也是前所未有的,因此华盛顿大学化学系曾经与他们三人联系,请他们提供各自回国后的简历和研究工作成就,并发表在化学系定期出版的《新闻报道》上。

在华盛顿大学攻读博士学位

华盛顿大学(University of Washington)位于美国华盛顿州西雅图市,它是一所建于1861年的公立综合研究型大学,是美国西海岸历史最悠久的公立大学,也是美国太平洋西北地区最大的一所大学。学校每年分春、秋、冬3个学期,每个学期为一个季度。夏天有一到两个月的长假,华盛顿大学还利用这个长假开设了夏日学校课程。

在华盛顿大学化学系,一年级的研究生需要确定自己的导师。为了达到研究生和导师双向选择的目的,每个研究生在确定导师之前都要与几位

图2-4 1949年5月，蒋锡夔在华盛顿大学寓所里

教授进行面谈。在圣约翰大学学习期间，蒋锡夔就对物理有机化学、有机化学的理论问题等非常感兴趣。因此，进入华盛顿大学以后，他选择了攻读有机化学专业的博士学位。

蒋锡夔在1993年撰写的《自传》中这样写道：

> 大学前三年，我大部分时间是在啃那些心理学和不太好懂的哲学。直到四年级，我在图书馆查到了鲍林的共振论，才开始对化学产生了自己的兴趣，所以虽然在1947年秋天，我还为我的恩师陈联盤教授代课教物理化学的热力学部分，但我去华盛顿大学时却选择了有机化学，因为我对反应机理和结构—性能关系有强烈的兴趣，这就"预定"了30年后我会投身于物理有机化学研究领域的命运。

当时，在华盛顿大学化学系有一位著名的物理有机化学家道本（Hyp J. Dauben, Jr.）教授。蒋锡夔主动找到道本教授，表示希望到他的实验室来完成博士论文。面谈之后，道本教授很快就接受了蒋锡夔的申请，并且同意指导他开展研究工作。

华盛顿大学化学系研究生的必修课程包括高等无机化学、高等有机化学和高等物理化学。在高等物理化学中，又分为化学热力学和化学动力学两部分。蒋锡夔在第一学年除了学习这几门必修课外，还选修了微量分析、合成方法这两门实验课以及德语课。这些都是研究生阶段的必修课，每个研究生可以根据自己的能力安排时间修完这些课程。蒋锡夔则是主动给自己加压，第一年就选了这么多的课程。

在化学系研究生课程中，分析专业的罗宾森（Robinsen）教授开设了一门微量分析的选修课，这门课程对研究生的要求非常严格。当时，只有周同惠和蒋锡夔两人选修了这门课。罗宾森教授是周同惠的导师,所以周同惠理所当然地需要学习这门课程。而蒋锡夔则是希望通过学习微量分析这门课程来提高自己有机化学的分析水平,因此他花了很多精力在这门课程的学习上,最终通过了考试。

蒋锡夔在圣约翰大学学习期间,已经打下了扎实的专业基础,再加上自身的英文功底非常好,因此他在华盛顿大学化学系的学习成绩一直名列前茅。高等物理化学和高等有机化学是学习难度最大的两门课,而蒋锡夔的考试成绩一直都是"A",其他课程的考试成绩当然就更不用说了。当时,蒋锡夔和班里另一位中国留学生梁晓天的考试成绩总是轮流第一或第二名。

在华盛顿大学化学系学习了两个月以后,由于蒋锡夔的出色表现,道本教授推荐他做化学系的助教(teaching assistant,简称 T. A.)。从第二学期开始,蒋锡夔负责协助道本教授指导本科生做实验,为此他每月可以拿到 120～130 美元的津贴。到第二学年,蒋锡夔修完了高等有机化学这门课。在为研究生主讲高等有机化学时,道本教授每周讲课 3 次,安排研究生考试 1 次,在此期间,他让蒋锡夔批改研究生的试卷。从此以后,蒋锡夔就不用再指导本科生的实验课了。

蒋锡夔在 1958 年的《自传》中这样写道:

> 在美国留学的最初两年,我在专业学习上非常用功,心里想的就是身在国外一定要为中国人争气,学习成绩也一定要超过美国学生。由于我的学习成绩好,很快,教授就推荐我做了化学系的助教。

进入道本教授的实验室工作后,蒋锡夔发现这里的实验条件与圣约翰大学化学系的实验条件相比有了质的提高。同时他还了解到,化学系的助理教授和副教授等根据美国其他大学的教学经验,提出了研究生要参加累积(cumulative,简称 CUM)考试。而 CUM 考试的题目都是直接从当时最新发表的研究论文中挑选出来的,这对刚刚进入实验室工作的研究生来说难度非常大。因此,蒋锡夔认为这种考试不切实际。与梁晓天商量以后,他们两人决定直接向道本教授提出降低 CUM 考试难度的要求。在道本教授

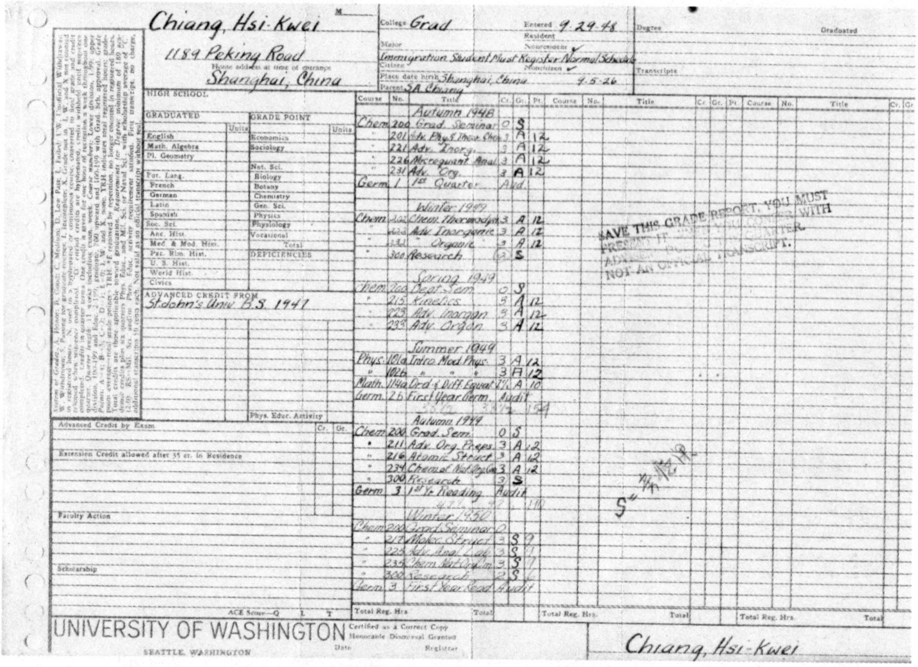

图 2-5　蒋锡夔在华盛顿大学学习期间的成绩单

等人面前,他们充分地陈述了降低 CUM 考试难度的理由,并进一步指出,如果教授们不降低 CUM 考试的难度,他们两人将考虑转到物理化学专业去学习。过了一段时间,有机化学专业的导师果然把 CUM 考试的命题难度降了下来。

在道本教授的实验室工作期间,蒋锡夔和梁晓天结下了深厚的友谊。他们在各自的研究工作中都展露出了超人的才华。因此,道本教授分别给了他们助理研究员的待遇。这样一来,他们既可以拿到研究津贴又可以不用代课了,只要专心致志地做研究工作就行了。

在美国大学攻读博士学位一般需要 5 年时间才能完成博士论文。蒋锡夔在攻读博士学位期间,勤奋努力,再加上他天资聪颖,仅仅用了 4 年的时间就获得了博士学位。同样地,梁晓天和周同惠,也都只用了 4 年的时间就完成了自己的博士论文。

蒋锡夔的博士论文是研究特殊结构有机分子的芳香性,其研究重点集中在二环辛四烯及其衍生物的合成与性质,主要研究这些化合物是否遵循

"休克尔定律(Hückel's Rule)"具有芳香性等。在 20 世纪 30 年代初,休克尔[①]提出了一种分子轨道的近似计算法(又称为休克尔分子轨道法),主要用于 π 电子体系。休克尔对芳香烃的电子特性在理论上做出了解释,并总结出"休克尔定律",即环内 π 电子数为 $4n + 2$ (n 为整数)时分子具有芳香性,而电子数为 $4n$ 时分子具有反芳香性。二环辛四烯为双环分子,带有 8 个 π 电子,理论上可以通过电子离域形成一个具有芳香性的 $6 + 2$ 电子结构。因此,它是一个物理有机化学家很感兴趣的分子。

在研究过程中,蒋锡夔首先与道本教授进行理论上的探讨,并设计出从环戊二烯二聚体出发,合成二环辛四烯目标分子的路线。这一路线经过单烯羟基化,然后还原另一个双键形成饱和二环醇,再进一步转化为二溴中间体。在实验过程中,蒋锡夔发现二溴环二辛烷具有不稳定性,因此只得放弃这条已经设计好的路线。

早年,德国化学家鲍尔(Paul)的研究已经证明了二环辛四烯本身很难合成。因此,蒋锡夔与道本教授进行讨论后决定,合成另一种化合物二环辛二烯二酮。这种化合物与二环辛二烯具有相同的结构骨架。他们推想,如果该体系具有一定程度的芳香性,其烯酮结构应该全部或部分转化为其烯醇异构体。有关二环辛烯二酮的合成工作,英国化学家林斯特德(Linstead)曾经尝试用另外一条路线进行合成,可惜实验并没有成功。于是,蒋锡夔仔细查阅了各种文献资料,在道本教授的指导下,精心设计出了一条合成该化合物的新路线。这条合成路线涉及一种关键中间体四氢并环戊二烯二酮的合成。其合成过程从环戊二烯出发,经过 7 步反应,才能顺利地合成出这个中间体,且总产率由不足 10％提高到 19％～36％。然后,蒋锡夔又将二酮中间体二氯化,羰基经保护后脱去氯化氢形成烯键,再去保护合成出目标分子二环辛二烯二酮。接着,蒋锡夔通过红外光谱和紫外光谱证明了该二烯二酮具有一种与双键共轭的环戊烯酮结构,而且,并没有一个与双键共轭的环戊

① 休克尔(Hückel),德国物理化学家。1921 年在 P. 德拜的指导下获得博士学位,在哥廷根大学工作两年,曾任物理学家 M. 玻恩的助手。1922 年在苏黎世工业大学再度与 P. 德拜合作,1930 年在斯图加特工业大学任教,1937 年任马尔堡大学理论物理学教授。

图 2-6　1950 年 6 月,蒋锡夔在华盛顿大学寓所前

羰基存在。

　　为了进一步证明上述结论的可靠性,蒋锡夔又将烯酮与三氯化铁作用,实验结果同样没有检测到烯醇羟基的特征颜色反应。

　　通过详细周密的实验,蒋锡夔证明了二环辛二烯二酮不能变化为烯醇异构体,从而推断出二环辛四烯体系具有芳香性的可能性是很小的。这一合成路线的设计,从今天的研究者来看也是相当巧妙的。整条合成路线从第三步开始合成的化合物都是顺反异构体的混合物,却并不影响目标化合物的合成。尽管目标化合物也可能存在顺反异构现象,但其互变异构体却不涉及顺反异构现象。因此,该实验可以用这一分子来验证环辛双烯是否具有芳香性。从有机合成的角度来分析,反应中生成了难以分离的互变异构体,这给中间体的鉴定带来了难度。在当时,还没有现如今在有机合成中广泛应用的核磁共振、质谱及气相和液相色谱等检测和分析分离仪器,因此蒋锡夔能在较短的时间内完成这项研究工作,充分显示出他已经掌握了高超的有机化学理论能力和实验技术。

　　1952 年 4 月,蒋锡夔完成了博士论文的实验工作。5 月初,蒋锡夔完成了博士论文的初稿,他把自己的博士论文初稿交给了道本教授。过了一个星期,道本教授找蒋锡夔面谈,指出了其论文的引言和讨论部分需要修改和补充之处。根据道本教授的建议,蒋锡夔对论文进行了修改。到了 5 月底,蒋锡夔的博士论文正式定稿。道本教授不仅对他的博士论文及其研究工作评价很高,而且还对他的英文写作水平相当满意。他曾经拿着蒋锡夔的博士论文对他的美国学生说:"一个中国留学生能够写出如此优秀的论文,很了不起!"

蒋锡夔博士论文的题目是《二环[3.3.0]辛烷和二环[3.3.0]辛四烯类似物的合成与性质研究》。在对论文作介绍时,蒋锡夔是这样写的:

芳香性的概念起源于一大类已知的有机化合物,如苯、呋喃、甘菊环等。这类化合物具有带有不饱和电子、环状共轭等共同的结构和特征。在这些化合物中,芳香性在化学性质上体现在它们主要是发生取代反应而不是加成反应,在物理性质上则表现出它们具有一定的共振能和缩短的键长。

随着现代量子力学的出现,化学家们见证了从广为熟知的经典芳香六偶体概念到有关芳香性的更为精确的物理理论的发展。在芳香性的现代理论中,尤其要提及一个特别的假设,这个假设与原子轨道存在一个能量上的稳定结构的概念相类似,把芳香分子作为一个整体来看待,认为它们具有与原子轨道同样的情况。这个假设认为 π-分子轨道的稳定结构必须对应于连续的全部 $(4n+2)/2$ 个能级被 $4n+2(n=1,2,3,\cdots\cdots)$ 个 π 电子完全占据。基于这一假定,芳香性只存在于具有 $6,10,14,\cdots\cdots$ 个 π 电子的环状平面分子中。无可否认,这一假设的表观有效性已被所有满足这一结构要求的有机化合物表现出来的性质所体现。但是,很显然只有带有 $4,8,12\cdots\cdots$ 个 π 电子的完全共轭的平面环状化合物被合成出来并被证实它们不具备芳香性,证明这一假设正确性的充分和必要条件才能够得以满足。二环[3.3.0]辛四烯就是具备这类结构的化合物中的一种。

作为最为简单的带有 8 个 π 电子的全共轭不饱和双环平面碳氢化合物,二环[3.3.0]辛四烯长期以来引起了有机和物理化学家的兴趣。一些理论计算研究已对它的性质作了预测,一些研究组也开展了对它以及它的衍生物的合成尝试,本论文研究仅仅只是众多二环[3.3.0]辛四烯及其衍生物的合成尝试之一。

这一研究的远景目标是最终合成二环[3.3.0]辛四烯以及它的一些衍生物，但当前目标是合成一些有用的中间体，比如带有二环[3.3.0]辛烷环体系的化合物，在适当位置带有官能团的化合物，以及一些经过几步已知的化学反应可进一步转化为二环[3.3.0]辛四烯及其衍生物的化合物。

在本研究中，我们提出并探究了几种方法，通过其中一种方法可以合成得到二环[3.3.0]3,7-辛二烯-2,6-二酮，该化合物是1,4二羟基二环[3.3.0]辛四烯的烯醇式互变异构体，其结构不但有重要的理论意义，也同时具有独特而有趣的性质。

1952年7月，蒋锡夔顺利地通过了博士论文的答辩，获得了华盛顿大学的博士学位。1953年，道本教授曾经在洛杉矶美国化学会年会上介绍了蒋锡夔的研究工作。当时，加利福尼亚大学伯克利分校著名的物理有机化学家斯特莱维舍尔(Streitwieser)对蒋锡夔的博士论文研究工作高度重视。

1990年，戴立信[①]院士和计国桢[②]研究员在为《科学家传记大辞典》[③]撰稿时这样写道：

蒋锡夔在大学学习期间，对有机化学中的结构和反应机理问题产生了浓厚的兴趣。在华盛顿大学做博士论文工作时，即选择了验证Hückel芳香烃$4n+2$规则的理论性课题，其中包括了大量的合成及有

---

① 戴立信，有机化学家。1947年毕业于浙江大学化学系。现仟中国科学院上海有机化学研究所研究员。1993年当选为中国科学院院士。

② 计国桢，1965年毕业于北京中国科技大学高分子化学及高分子物理系。曾任中国科学院上海分院副院长、上海市学位委员会副主任。2002年在蒋锡夔院士带领下，以《物理有机化学前沿领域两个重要方面——有机分子簇集和自由基化学的研究》为题获得了空缺4年的国家自然科学奖一等奖(排名第二位)。

③ 此书稿正式出版后，书名为《中国现代科学家传记》(第一集)，由科学出版社1991年出版。

关结构问题。蒋锡夔的这一工作，即：[3,3,0]二环辛二烯二酮的合成，曾被著名的理论及物理有机化学家斯特莱维舍尔（A. Streitwieser gr.）在他的专著《为化学家所用的分子轨道理论》（Molecular Orbital Theory for Organic Chemists）中作为"具有特别重要性"的工作而提及。

1957 年，蒋锡夔回国后整理了自己的博士论文，并把它发表在中国《化学学报》上。

临近毕业时，蒋锡夔一直在考虑毕业后自己的去向问题。在出国留学之前，他曾经下定决心，在学成之后一定要回来报效祖国。然而，由于美国政府的阻挠，他的这一愿望一时还无法实现。当时美国国会通过了法案，禁止在美国学习理、工、农、医专业的中国留学生回国，就连加拿大也不能去。不过，他们可以留在美国工作。对此，蒋锡夔心里很是苦恼。

此时，梁晓天已经前往哈佛大学化学系，在著名的有机化学家巴特勒（Bartlett）教授实验室做博士后研究工作。杨念祖也即将从芝加哥大学毕业，并且已经申请去麻省理工学院做博士后研究工作。周同惠则申请到了德克萨斯大学助理教授的职位。蒋锡夔也得到了伊利诺伊大学化学系科汀（D. Curtin）教授提供的职位，可以继续做博士后研究工作。然而，经过慎重的考虑之后，蒋锡夔认为，如果能在美国的大公司找到一个职位，可能对自己将来回到祖国发展事业更为有利。

1952 年的春末夏初时期，美国凯劳格（The M. W. Kellog Company）公司到华盛顿大学招聘，蒋锡夔立刻递交了简历。不久，凯劳格公司通知他到公司在纽约的办事处和研发部门去面试。1952 年 5 月 14 日，蒋锡夔乘美国西北航空公司的航班从西雅图飞往纽约，到凯劳格公司去面试。由于道本教授在为蒋锡夔写的推荐信中对他的工作能力评价很高，再加上蒋锡夔在面谈过程中的出色表现，凯劳格公司招聘人员当即决定聘用蒋锡夔为公司的研究员。蒋锡夔对凯劳格公司提供的条件和待遇也很满意，于是便同意毕业后到凯劳格公司去工作。

蒋锡夔在 1958 年的《自传》中这样写道：

毕业前的大半年，美国政府即颁布了扣留中国理工农医科留学生归国的公文，一部分爱国心重的留学生便感到不安、苦闷、忧虑、气愤。由于思国思亲，我也曾半夜枕湿……

在无可奈何之下，我应聘前往纽约对岸凡尔赛城的凯劳格公司工作。从工作机会来说，这是一件"好差事"，凯劳格公司提出的起薪也比较高。当时，有不少与我同时申请这个职位的美国人和中国留学生皆未被聘用。

我之所以选择了一个工业研究所而未选择继续在大学里做博士后研究工作，首先是因为我觉得在大学里待的时间够长的了，应该出去闯一闯，开阔一下自己的眼界；第二是因为我觉得自己非常需要有一个丰富且多样化的生活，到大公司去工作，还可以多赚一些钱；第三是最重要的一点，在我的内心深处一直想着要回到祖国，我觉得在公司上班只要一有回国的机会，我【就】可以马上辞职，立刻回国。

1952 年 5 月 18 日，蒋锡夔从纽约回华盛顿大学途中经过芝加哥。于是，他去芝加哥大学，与自己的老校友杨念祖见面。此时，杨念祖已经决定留在美国了。杨念祖从芝加哥大学毕业后，先后到麻省理工学院、哈佛大学做博士后研究工作。之后，他又回到了芝加哥大学化学系任教。经过多年的努力，杨念祖后来成为了一名著名的化学家，他是现代光化学的开创者之一，也是台湾中央研究院院士。

在凯劳格公司工作

1952 年 8 月，蒋锡夔进入凯劳格公司。凯劳格公司是一家规模很大的跨国化工公司，公司积极鼓励研发人员开展探索性的研究工作，在研发部门，除了设有几个与生产密切相关的实验室外，还专门设立了一个开展探索性研究的实验室。当时，蒋锡夔就在这个实验室做研究工作。

进入凯劳格公司的研发部门，蒋锡夔首先开始研究三氟氯乙烯合成方法的改进工作。三氟氯乙烯是制备特种聚合物的原料，这种原料当时是凯劳格公司的重要产品。三氟氯乙烯的合成方法多种多样，可以用甲醇作为溶剂，通过 1，1，2 -三氟三氯乙烷与金属锌反应脱氯后产生；也可以在气相条件下，通过高温裂解而得到；当然，还可以通过其他化学反应过程来获得。这里所说的第一种方法产率较高，选择性也高，但是，甲醇的回收成本也很高，这个问题是工业生产中的最大难题。第一种方法虽然不需要使用溶剂，但是反应过程则需要 400～500℃的高温，而且反应的选择性不高，会产生较多的副产物，因此对其反应出的产品的纯化过程比较困难。

经过多次探索性实验，蒋锡夔等研究人员发现，在水中加入少量的水溶性添加剂——硬脂酸聚乙氧酯（polyglycol ethther stearate），可以代替甲醇来作为溶剂，从 1，1，2 -三氟三氯乙烷和金属锌的反应中制备出三氟氯乙烯。后来，蒋锡夔继续进行试验，改用多种阳离子型和阴离子型添加剂，都取得了很好的效果。这种方法既保留了以甲醇为溶剂的制备方法中的优点，又把它改进为以水作为溶剂。这样一来，工业生产的成本降低了很多，还减少了环境污染。因此，这是一种典型的工业优化的生产过程。由于蒋锡夔这一优异的研究成果，凯劳格公司立即申请了美国专利。

图 2 - 7　1954 年，蒋锡夔在美国凯劳格公司实验室里

蒋锡夔开展的另一项研究工作，是合成用于特种聚合物生产的单体——苯并对二次甲基环己二烯。蒋锡夔在查阅资料时，发现了某专利文献的报导，可以从对-二甲苯衍生物中通过高温热解来制备类似的单体。据此，蒋锡夔设计了一条类似的路线来合成原料，他希望在高温条件下能够热解并制备出自己所需要的单体。这条路线涉及从萘合成出一个中间体，杜

邦公司的沃克(Walker)等研究人员在早期的《美国化学会会志》上曾两度报导了这个反应。沃克在报导中提出,该反应得到的产物的熔点是229℃。但是蒋锡夔在试验中却发现,该反应所得到的产物在180℃时就开始熔化了。通过多次重复试验,蒋锡夔得到的始终是不同于沃克的反应结果。因此蒋锡夔认为,沃克得到的产物可能并不是他提出的结构,而是该产物的异构体。后来,蒋锡夔通过反复多次的实验证明了自己的这种假设。

回国后,蒋锡夔将这一结果发表在《化学学报》上。这项研究工作,让蒋锡夔坚定了自己的科学思想观,那就是对前人所做的工作,我们要认真地去了解和掌握,但是决不能盲目地相信。

1953年,凯劳格公司研发部邀请当时著名的有机氟化学家、康奈尔大学化学系的米勒(William T. Miller)教授到实验室作学术报告。米勒教授发明了氟氯烃聚合物,因此美国能够顺利地提纯出浓缩铀,从而于1945年研制出原子弹。

在20世纪40年代,美国启动了著名的制造原子弹的"曼哈顿计划"[①](Manhattan Project),负责这一工程的陆军工程兵建筑部副主任莱斯利·格罗夫斯将军声称,米勒教授是"在曼哈顿计划中起到关键作用的科学家之一"。当时,米勒教授也是凯劳格公司的科学顾问。在凯劳格公司作报告时,米勒教授提出,缺电性的全氟或多氟烯烃(如四氟乙烯)只能与亲核试剂反应。听了米勒教授的报告,年轻的蒋锡夔对于大名鼎鼎的学术权威——米勒教授所提出的这一论断表示怀疑。

蒋锡夔认为,这一论断在大多数情况下是正确的,但是,如果用一个亲电性更强的试剂去进攻全氟或多氟烯烃,就有可能发生亲电加成反应。

于是,他详细地设计了实验方案,并且向公司研究主管提出了发明申请。在得到上级部门同意的情况下,蒋锡夔立即展开实验。当时,凯劳格公

---

① 曼哈顿计划,1942年8月,美国陆军部开始实施利用核裂变反应来研制原子弹的计划。该计划集中了当时西方最优秀的核科学家,历时3年,耗资25亿美元,于1945年7月16日成功地进行了世界上第一次核爆炸,还按计划制造出两颗实用的原子弹。1942年8月11日,美国决定将所有分散在军队、大学和各实验室研制原子弹的单位联合起来,于8月13日将统一的研制工作以"曼哈顿计划"为保密代号。

司没有四氟乙烯，蒋锡夔就用强亲电性的三氧化硫与三氟氯乙烯反应，很快就得到加成产物——三氟氯乙烯磺内酯。而且，这个结果与他在设计方案中预期的结构完全一致。凯劳格公司再一次将蒋锡夔的发明申请了美国专利，并于1965年正式获得授权。

1990年，戴立信院士和计国桢研究员在为《科学家传记大辞典》撰稿时这样写道：

> 早在美国凯劳格公司工作期间，基于对加成反应机理的扎实概念，蒋锡夔对全氟或多氟型烯烃的反应做出了大胆的设想。当时一般认为，氟烯烃只与亲核试剂反应，不与亲电试剂反应。而蒋锡夔则提出，如果用特强的亲电试剂，比如三氧化硫（SO_3），则有可能与此类烯烃发生反应。为此，他特意写了发明申请书在公司归档。然后，他用实验证明了全氟和多氟烯烃与三氧化硫可以发生一种新的反应，得到"稳定"的（可分馏的）新型化合物——β-磺内酯。

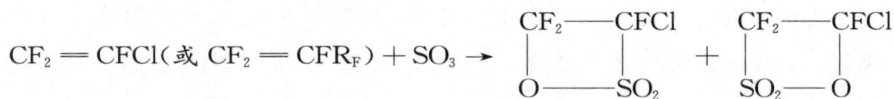

$$CF_2 = CFCl (或\ CF_2 = CFR_F) + SO_3 \rightarrow \begin{array}{ccc} CF_2 & \!\!\!\!\!-\!\!\!\!\! & CFCl \\ | & & | \\ O & \!\!\!\!\!-\!\!\!\!\! & SO_2 \end{array} + \begin{array}{ccc} CF_2 & \!\!\!\!\!-\!\!\!\!\! & CFCl \\ | & & | \\ SO_2 & \!\!\!\!\!-\!\!\!\!\! & O \end{array}$$

> 这是从反应机理的概念出发，"发明"一个反应的典型例子，并且具有美国专利。这一类β-磺内酯化合物目前已发展成为离子交换膜的重要单体，在氯碱工业、军事工业等方面具有重要的应用价值。这一工作，被著名的权威性有机化学丛书：何本·韦尔（Houben Weyl）的《有机化学方法》（Methoden der Organische Chemiesuo）所引用。

戴立信院士和计国桢研究员在文章中进一步指出：

> 蒋锡夔在研究工作中不墨守成规，不受已有文献或他人工作的约束，从对有机化学规律性的了解以及从反应机理的概念出发，创造性地提出一系列的研究课题，这一特点为他以后在科学事业中所取得的一个又一个成就所证明。

1990 年,在国家自然科学基金资助项目研究工作总结材料中,计国桢研究员等人在文章中这样写道:

……1955 年,蒋锡夔大胆地试图否定当时权威的有机氟化学家米勒教授的观点,向凯劳格公司提出"发明设想":

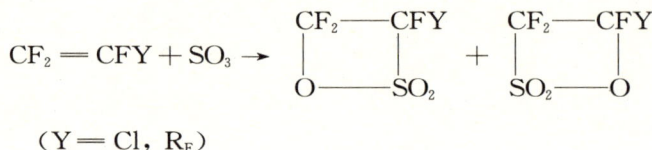

$$CF_2 = CFY + SO_3 \rightarrow \underset{O \quad\quad SO_2}{\overset{CF_2 \quad\quad CFY}{|\quad\quad\quad|}} + \underset{SO_2 \quad\quad O}{\overset{CF_2 \quad\quad CFY}{|\quad\quad\quad|}}$$

$$(Y = Cl, R_F)$$

蒋锡夔指出,上述新型反应能形成新型四元环化合物 β-磺内酯。然后,他用实验证明了这一反应。回国后,蒋锡夔在 1957 年把他的这一发明专利结果发表在《化学学报》上。这一反应是第一个由中国学者发明的有机化学反应。若干年后,这一反应已经成为工业上有用的反应。

蒋锡夔的这一发明专利报道后不久,苏联科学院元素有机化学研究所的著名氟化学家克鲁尼亚茨院士,用同样的方法从四氟乙烯与三氧化硫的反应中制备出四氟乙烯磺内酯,并在他的论文中引用了蒋锡夔的论文。这一反应,后来被收入当时世界知名的何本·韦尔(Houben Weyl)工具书《有机化学方法》(Methoden den Organischen Chemie)中。

这是一个用理论来指导实践、用基础研究来推动生产技术发展的典型事例。利用三氟氯乙烯和三氧化硫的反应制备出三氟氯乙烯磺内酯,这个反应本身是一个标准的基础研究成果,在当时,人们并没有发现它的具体用途。后来,美国的杜邦公司利用这种方法合成的四氟乙烯磺内酯,发展出新的聚全氟磺酸膜,并且广泛地应用于汽车和氯碱化工行业。同样地,在上海有机化学研究所,陈庆云[①]等研究人员利用这一反应合成出用于电镀行业的铬雾抑制剂 F-55 等产品,并且广泛应用于工业生产中。

---

① 陈庆云,有机化学家,1960 年获得苏联科学院元素有机化合物研究所的副博士学位。现为中国科学院上海有机化学研究所研究员,1993 年当选为中国科学院院士。

1988 年 6 月,上海有机化学研究所提供的关于蒋锡夔在美国凯劳格公司工作期间的简历是这样描述的:

　　蒋锡夔在出国前就决定念完学位后即回国为祖国事业献身,但在1955 年,由于抗美援朝战争的【爆发】,美国政府不允许中国理工科学者返回祖国。于是,蒋锡夔想趁滞留美国之际,到工业研究部门工作一段时期,以便了解美国企业界的科研特色,开阔眼界,积累知识,为争取日后回国能更好地为祖国事业作出贡献。因此当他在 1952 年获得博士学位后,就应聘去东海岸凯劳格公司研究所的探新研究室(Scouting Lab)做了近三年半的基础和应用基础性的研究工作。1955 年春,蒋锡夔曾在反应机理概念的基础上作了大胆的设想,先写了"发明计划",再用实验证明了全氟和多氟型烯烃和三氧化硫生成新型化合物 β-磺内酯,这是中国人发明的一个新的化学反应。当时,蒋锡夔共获得(美国)专利两个①,同时被列入 1956 年版的美国科学家名人录。

艰难的回国之路

　　从抗日战争末期到 1949 年的夏天,中国各地出现了一次海外留学潮,一批批有志青年纷纷踏上了海外留学之路。在国外,他们如饥似渴地汲取知识,期盼着有朝一日能用自己学到的国外先进的科学技术知识去改造和建设自己的祖国。

　　1949 年 10 月 1 日,毛泽东在北京天安门城楼上庄严地宣告:"中华人民共和国成立了"。新中国的成立,使得这些海外学子看到了民族振兴的曙光。这些滞留在海外的高级知识分子毅然放弃在国外获得的舒适的生活待

① 两个专利:一个是三氟氯乙烯合成方法的改进工作,是一个典型的工业优化过程;另一个是用实验证明了全氟和多氟烯烃与三氧化硫生成新型化合物 β-磺内酯。

遇和优越的工作环境,纷纷要求回到祖国,想用自己所学到的科学文化知识来报效祖国,改变祖国近百年来贫穷落后的局面。刚刚成立的新中国正处于百废待兴的时期,国防、经济、科技和文化等各个方面迫切需要大量的高级人才,这进一步加强了新中国政府想方设法争取海外留学人员早日回国的决心。

1949年底,新中国政府组织成立了"办理留学生回国事务委员会"。该委员会对海外留学生采取"在自愿的基础上早日学成回国为人民服务"的原则,想方设法满足他们的回国愿望。在他们回国之后,又帮助他们解决工作问题。在此期间,美国等一些国家的政府千方百计阻挠中国留学生的回国之路。然而,在新中国政府的多方努力和争取之下,至20世纪60年代中期,旅居海外的中国专家、学者以及一大批优秀的海外留学生,共计2 500多人终于回到了祖国的怀抱。

在这些人当中,有钱学森、钱三强、李四光、邓稼先、华罗庚等,他们历经了重重阻碍,放弃了国外优越的工作和生活条件回国定居,投入到新中国的发展和建设中。很多年过去了,这批20世纪五六十年代归国的留学生,成为了我国高科技领域的开创者和奠基人,为新中国的教育事业、科研工作以及国防建设的发展作出了重大的贡献。

1948～1952年,蒋锡夔正在美国华盛顿大学化学系攻读博士学位。这段时期,中国社会正处于新旧政权的交替阶段,国内的形势发生了翻天覆地的变化。1949年新中国的成立和1950年朝鲜战争的爆发,使得中国与以美国为首的西方国家的关系日趋敌对。美国政府出于自身利益的考虑,对这些已经掌握了专业科技知识的中国留学生采取了阻挠、限制乃至禁止离境的措施,因此大批已经完成或即将完成学业的中国留学生被迫羁留海外,无法回到祖国。当时,滞留在美国境内的中国留学生达5 000多人,他们中的大多数人是在抗日战争结束前后,公费或自费出国留学的,这其中也有少数的访问学者和实习生。

此后,美国国会通过了一个所谓的ECA法案(出口管制法),为在美国的中国理、工、农、医类留学生提供特别资助,条件是中国留学生必须签字答应以后留在美国服务,这样每月可以领取一百多美元的特别津贴。这笔资助,对于很多经济困难的中国留学生来说,的确是一笔数目不小的收入。但蒋锡夔却不愿接受这一资助,他的好友梁晓天和周同惠也都没有接受资助。他们三人凭借自己的实力,得到教授的资助,最终都顺利地完成了各自的学业。然而,蒋锡夔、梁晓天和周同惠等同学从华盛顿大学毕业后,都因美国政府的阻拦而不能回国。

早在1949年的夏天,中国人民解放军就已经解放了上海。当时,蒋锡夔的家人并不了解中国共产党的政策,他们也不知该如何安排今后的生活。蒋锡夔给家里写信时总是让妹妹们多讲些国内解放战争的进展情况。凭借他在圣约翰大学学习时与进步青年和地下党员的接触和了解,他相信在中国共产党的领导下,新中国的未来将会越来越光明。于是,他写信劝慰家人要团结和睦、共度难关。当蒋锡夔从收音机里听到解放军解放上海的消息后,他给家人打了在美国学习工作七年半期间的唯一一次越洋电话。在通话期间,母亲告诉他家里人都很好,请他放心。短短几分钟与家人的通话,让蒋锡夔激动不已,他感受到了"说不出的快乐"(蒋锡夔1949年5月2日的日记记载)。

蒋冠玉在回忆中写道:

> 我哥哥在美国读书时看上去一帆风顺,然而其中的酸甜苦辣只有他自己心里明白。正像宋朝宰相王安石诗里所说的"看似平常最奇崛,成如容易却艰辛"。受到当时的条件限制,蒋锡夔在美国学习和工作期间,只能靠书信与家人联系。在美国期间,他给家里人写了100多封信("文革"时期被抄走了不少)。为了不让国内的亲人担忧,他每次写信从不提及在美国遇到的困难。我记得,当时父母亲曾经打算卖掉家里的房子来维持他在美国的生活费用。我哥哥在回信中向父母亲表示,自己一定要实现出国前的诺言"自食其力",坚决不同意父母亲卖掉房子来接济他的生活。由于他学习努力,所以很快就得到了导师的认可,推荐他做了化学系的助教,实现了他一心想要依靠自己的能力养活自己的愿望。在凯劳格公司实验室工作的3年多时间里,我哥哥的能力得到了充分的发挥,他的工资也从最初的每月525美元涨到760美元。然

而，我哥哥还是一直铭记着出国前的理想：学成后一是奉献祖国，二是孝敬父母。

回国之事，对于像我哥哥那个年代的青年知识分子来说，是毋庸置疑的。他们从小就生活在日本帝国主义侵略中国的环境下，亲眼目睹了国破家亡的悲惨景象，因此具有强烈的爱国主义思想。留学之前，他们所受到的教育就是要热爱祖国的文化，热爱美丽的家园，孝顺父母，爱护同胞手足，因此我哥哥觉得，学成回国后建设祖国，成为国家的栋梁之才，这是自己应尽的责任。

当时，被迫滞留在美国的中国留学生，并没有在美国政府的威胁、诱惑面前屈服，他们纷纷写信给当时的美国总统艾森豪威尔、联合国秘书长哈马舍尔德以及中国政府总理周恩来，陈述他们迫切要求返回祖国的愿望。他们还通过《纽约时报》等新闻媒体，公开披露自己被无理扣留的境遇，对美国政府所实行的阻挠政策进行了不屈的斗争。此外，中国留学生还联名写信给当时的联合国秘书长哈马舍尔德，要求联合国呼吁尊重中国留学生的人权和回国与亲人团聚的自由。在这封信中，大家共同签名，并托人把这份名单转交给中国驻日内瓦外交机构，以寻求新中国政府的帮助。中国留学生所表现出的民族气节和爱国主义情操赢得了全世界人民的同情和尊敬。

在 1954 年召开日内瓦会议期间，新中国政府首次登上世界舞台，以五大国之一（除中国以外，还有美国、苏联、英国和法国）的身份参加并讨论了国际问题。在历时 3 个月的漫长会议期间，中国在解决朝鲜问题和恢复印度支那和平这两个主要议题上，都体现出了大国的地位及其重要作用。

1955 年 8 月 1 日，中美两国在日内瓦举行了大使级会谈，就两国侨民问题进行了具体的商谈。中国方面以释放在朝鲜战场上被俘的 11 名美国飞行员为条件，要求美国政府方面不再阻挠钱学森等中国留美人员的回国申请。后来，中美双方经过 8 月至 9 月的多次会谈，最终达成协议。至此，被迫滞留海外的中国留学生终于可以返回到自己的祖国了。

1955 年初，蒋锡夔向美国移民局提出了回国申请。美国移民局在接到他的申请后仍然不死心，他们还想说服蒋锡夔，希望这位已经在凯劳格公司展露才华的年轻研究员放弃回国的念头。

蒋锡夔在 1958 年撰写的《自传》中这样写道：

图 2-8　1955 年夏，蒋锡夔回国之前拍摄的护照照片

1952～1954 年，一部分居住在纽约、波士顿地区坚决要求回国的中国留学生常常会聚在一起。1954 年夏天，我们借夏令营生活为名聚会了 1～2 个星期，共同商量如何争取回国之事。讨论后我们决定，一方面把我们这里的情况通过中国驻日内瓦外交机构继续反映给新中国政府，另一方面大家联名给美国总统写抗议书。我们还约定，职业情况允许的人都在抗议书上签名，职业情况不允许的人可以不在抗议书上签名。

在美国，化学工业界的各大公司之间的竞争十分激烈，而我在凯劳格公司所做的研究工作属于商业机密。当时，凯劳格公司对于不愿长期留下来工作的研究人员一律不能继续聘用（其中包括美国人）。因此，从长远考虑（那时候，究竟我们可以在几年内争取到回国的机会还是个未知数），我就不能在这份抗议书上签名。

由于美国移民局的官员曾经对我表示，要争取让我自愿留在美国做美国人。为了达到这个目的，他们必须设法保证我自己选择的好职业，因此他们就不能告诉凯劳格公司我有回国的愿望。在这期间，我曾多次亲自跑到移民局或是写信到移民局坚决要求申请回国。

到了 1955 年 4 月，由于新中国政府的不断努力，美国政府不得不同意批准曾经申请回国的中国留学生可以回国，并且向各地区移民局下发了申请回国中国留学生的名单。于是，滞留在美国各地的中国留学生开始分批回国了。在这种情况下，我工作和居住的纽屋克地区的政府官员居然还大耍手段，几次三番当面对我说，在纽屋克地区的这份回国留学生的名单里没有我的名字（回国后我才知道，当时我的确是属于纽屋克地区的），因此他们不允许我走。然而，我继续"钉住"他不放。

直到 1955 年夏末,我终于得到了自由(被允许回国)。

1955 年 12 月初,蒋锡夔辞去凯劳格公司的工作,从美国旧金山登上驶往香港的远洋客轮"威尔逊总统号",踏上了回国的旅程。航行途中,美国政府规定,这几个中国留学生不准单独行动,船靠岸后,他们也不能登上陆地观光游览。

在"威尔逊总统号"远洋客轮上,蒋锡夔和一起回国的应崇福[①]、潘良儒[②]等人畅谈各自回国后的打算,大家心情舒畅、踌躇满志,一心想要为建设新中国作出自己的贡献。

对此,在《自传》中蒋锡夔继续写道:

由于当时香港政府对归国留学生采取强迫侮辱性的"集体通过"行为,而且回国只有少数定期船班可以乘坐,因此 9 月份的一班船没有赶上,至 11 月份方得知后一班可乘之船,12 月中旬抵达深圳。

---

① 应崇福,在中国科学院声学研究所工作,为中国超声学研究和检测超声等诸多超声应用的开创者之一。1952 年获美国布朗大学物理系博士学位。1993 年当选为中国科学院院士。
② 潘良儒,我国著名的力学专家,等离子体物理学家。1955 年获美国康奈尔大学航空学院应用力学系空气动力学博士学位,中国科学院力学研究所研究员。

第三章
在北京工作

去化学研究所工作

20 世纪 50 年代,新中国建设急需各方面的人才。为此,国务院在北京专门成立了留学生接待处,由人民政府为他们统一安排工作。

1955 年底,蒋锡夔终于回到了阔别七年半的上海,见到了朝思暮想的家人。看到父母亲已经变老,几个妹妹都长大成人,蒋锡夔心里真是感慨万千。同样地,看到阔别七年半的儿子终于学成归国,父母亲的欣喜之情也是难以言表……

在回家休息的那段日子里,蒋锡夔做了一件非常重要的事情,他走访了中国科学院有机化学研究所(1970 年更名为中国科学院上海有机化学研究所)。在所里,负责接待蒋锡夔的是非常著名的生物有机化学家汪猷[①]研究

[①] 汪猷(1910~1997 年),1937 年获德国慕尼黑大学博士学位。1962~1984 年任中国科学院上海有机化学研究所代理所长、所长,1984~1997 年任名誉所长。中国抗生素研究的奠基人之一。参与组织和领导了我国人工合成结晶牛胰岛素的研究。1955 年当选为中国科学院学部委员。1984年当选为法国科学院外籍院士,1988 年当选为德国巴伐利亚科学院通讯院士。

图 3-1 1955 年,蒋锡夔与父母在天安门广场

员,他向蒋锡夔介绍了有机化学研究所的一些研究工作。当时,蒋锡夔并没有意识到,这里将成为他以后几十年开展科学研究工作的最大舞台。

在上海家中休息了 3 个星期之后,蒋锡夔前往北京留学生接待处报到,他被分配到中国科学院化学研究所工作。

中国科学院化学研究所是中国科学院于 1953 年决定筹建并成立的唯一一个化学类综合研究所。它由原有机化学研究所的高分子化学部门、北平化学研究院的分析化学和有机化学部门、长春应用化学研究所的部分无机化学部门、北京大学黄子卿和傅鹰两位教授兼任的物理化学部门以及张青莲教授兼任的同位素化学等部门共同组建,并于 1956 年正式成立。化学研究所的第一任所长由曾昭抡①研究员兼任。

化学研究所(简称化学所)坐落在北京市海淀区中关村地区,这里是中国科学院的大本营。1956 年初,蒋锡夔到化学所报到时,曾昭抡所长亲自接见了他。蒋锡夔向曾昭抡所长详细地汇报了自己在美国的学习和工作情况。曾昭抡所长也向蒋锡夔介绍了研究所的研究工作以及未来的发展方向,并详细询问了蒋锡夔对今后工作的打算。之后,曾昭抡所长就与化学所

① 曾昭抡(1899~1967 年),我国近代化学研究的开拓者之一。1920 年在美国麻省理工学院攻读化学工程,1926 年获博士学位。1955 年中国科学院首批学部委员。民盟中央常委和教育部副部长、全国高分子化学委员会主任委员。

内其他领导商量决定,安排蒋锡夔到有机
化学研究室工作。当时,有机化学研究室
的主任是蒋明谦①研究员。在化学研究所
筹建之时,蒋明谦从原有机化学研究所调
到这里,主要从事药物化学的研究工作。

图3-2 1956年1月,蒋锡夔在北京的
化学研究所住处

蒋锡夔进入有机化学研究室之后,所
领导决定由蒋锡夔负责专门成立一个氟
化学研究小组,主要开展有机氟化学方面
的研究工作。当时,化学所虽然分给氟化
学研究小组一间实验室,但是与氟化学研
究相关的含氟原料及其仪器设备等都不
具备,因此蒋锡夔他们并没有开展氟化学
研究的工作条件。在最初的一年多时间
里,蒋锡夔一边组建实验室,开展一些简单易行的研究工作,一边仔细地阅
读了有机氟化学方面的各种文献资料,以便及时跟踪世界各国关于氟化学
研究的最新进展,为以后开展有机氟化学的研究做好前期的准备工作。

结婚成家

到北京工作以后,蒋锡夔要做的第一件重要的事情就是积极筹备和开
展有机氟化学的研究工作;第二件重要的事情就是不断地给远在上海的刘
姍迪女士写信,热情主动地追求她。只要一有到上海出差的机会,蒋锡夔就
会频繁地联系刘姍迪,想方设法约她出来见面。很快地,刘姍迪就感觉到蒋
锡夔是真心实意爱慕自己的,而且,她也非常看重蒋锡夔的人品与才华,因

---

① 蒋明谦(1910～1995年),1944年在美国伊利诺伊大学化学系获得博士学位。他是中国著名的物
理有机化学家,1980年当选为中国科学院学部委员。

此她同意与蒋锡夔正式确立恋爱关系。这一年,化学所把蒋锡夔的职称定为五级副研究员。

早在蒋锡夔回国之前,家里人就在为他考虑终身大事了。回国那年,蒋锡夔 29 岁,已经是个大龄未婚青年了。他的父母亲认为,目前最要紧的事情是给他介绍对象。

刘姵迪女士是蒋锡夔的六妹蒋冠玉在同济大学建筑系的同班同学。她的父亲刘子奇(字锦心)是湖南人,毕业于黄埔军校二期,抗击过日本侵略军。后来,刘子奇担任蒋介石嫡系胡宗南部队的中将参谋长。解放战争时期,刘子奇在西北战场上加入彭德怀领导的第一野战军。新中国成立后,刘子奇担任上海市人民政府参事。刘姵迪的母亲是小学教员,妹妹刘豫阳后来成为上海医科大学附属儿科医院的主任医师(教授),曾经担任全国人大代表和政协委员等职。刘姵迪姐妹俩自幼得到父母亲的宠爱,是在良好的家庭环境中长大的。

作为刘姵迪大学里的好朋友,蒋冠玉想介绍她与哥哥蒋锡夔认识。于是,她就邀请刘姵迪周末到家里来玩。见面后,蒋锡夔对刘姵迪女士一见钟情。接下来,他就开始主动邀请刘姵迪一起去看电影、看文艺演出等。因此,他们俩的感情持续升温。

1956 年夏,刘姵迪即将从同济大学毕业。于是,蒋锡夔就让她向学校提出申请,希望学校分配她到北京工作。当时,归国留学人员在国内还是非常少的,所以国家对他们的工作和生活的安排也相当重视。不久,同济大学接受了刘姵迪的申请,分配她到水利部北京建筑设计研究院工作。

1957 年 4 月 14 日,蒋锡夔和刘姵迪在上海举行了婚礼。然后,他们就一起来到北京。化学所在中关村分给蒋锡夔夫妇一小套房子,共有两个房间,还有独用的厨房和卫生间。他们的家离化学所很近,只需要步行六七分钟便到了。与蒋锡夔同船回国的留学生应崇福和潘良儒都在中国科学院的研究所里工作,并且都住在蒋锡夔家附近,因此大家很快就成了好朋友。

然而,蒋锡夔夫妇的新家离刘姵迪工作的单位却很远。每天,刘姵迪都要花费很多时间在上班的路上。后来,蒋锡夔就向中国科学院申请调动刘姵迪的工作单位。一年之后,中国科学院与水利部北京建筑设计院协商,把

图3-3　1957年春,蒋锡夔与刘嬹迪
的结婚照

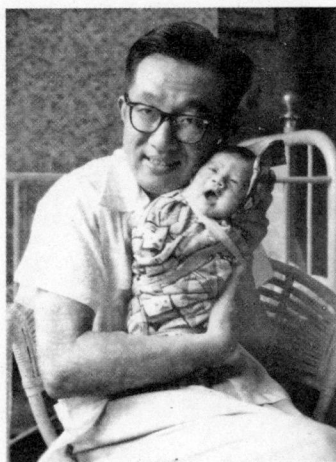

图3-4　1959年9月6日,蒋锡夔
怀抱出生9天的长子蒋有衡

刘嬹迪调到了化学所的仪器设计室工作。为了支持蒋锡夔的工作,尽管专业不对口,刘嬹迪还是同意调到化学所工作。

刘嬹迪调到化学所工作之后,蒋锡夔就把一些自己在美国凯劳格公司曾经使用过的、在当时也是非常先进的做化学实验的小装置描述出来,让刘嬹迪把它们绘成图纸。按照刘嬹迪画出的图纸,经生产车间技术人员的加工,他们成功地做出了这些小巧的实验室专用装置。后来,他们还进一步加工生产出了一批可以用于有机实验使用的升降架,以及裸露油浴加热丝等实验器材。

1959年8月29日,刘嬹迪在上海生下了他们的大儿子蒋有衡。在上海度完产假,刘嬹迪就把儿子有衡托付给公公婆婆抚养,自己则回到北京继续工作。

研制氟橡胶产品

在20世纪50年代中期,面对严峻的国际形势,党和政府审时度势,果断地做出决定,为了保卫祖国,防御外来入侵,增强新中国的国防实力,需要重点突破国防尖端技术,自行研制原子弹、导弹和人造地球卫星(合称"两弹一星")。因此,20世纪六七十年代研制成功的"两弹一星",对新中国的经济建设和国防建设具有重大的战略意义。当时,我国的国防尖端科技领域贯彻执行以"自力更生为主,争取外援为辅"的方针。通过中国科技人员自行探索和研究,逐渐掌握了一系列尖端技术,培养了一大批科技精英,为国防科技的发展起到了重大的推动作用。

当时的化工部专门成立了为国防工业服务的机构,由时任副部长的李苏同志主管,其主要任务就是为"两弹一星"研制生产出新型的化工材料——氟橡胶和氟树脂。这些材料具有特殊的性能,可以耐高温、耐强氧化剂、耐油,还能在苛刻的环境条件下使用。当时在美国对中国的禁运货物中,氟橡胶和氟树脂属于第一禁运物品。因此,中国必须走"独立自主、自力更生"的道路。

氟橡胶是一种由不同的含氟烯烃单体聚合而成的高分子化合物。由于碳—氟键比碳—氢键具有更加高的稳定性,因此氟橡胶材料就比一般橡胶材料具有更加明显的耐高温、耐低温、抗化学腐蚀、高绝缘、难燃、耐候性好、低摩擦系数和不粘等优良性能。由于制造每一种新型飞行器都需要上百种的氟橡胶配件,因此氟橡胶材料是制造"两弹一星"必不可少的新型材料。

自1956年起,蒋锡夔就已经在有机氟化学方面开展了一些基础理论的研究工作。由于种种原因,他们的研究工作并没有获得重要的进展。然而,蒋锡夔一直没有中断过对有机氟的研究。他一方面积极参加当时的政治学习,另一方面仍然坚持阅读国内外的文献资料,及时跟踪和分析国外关于有机化学反应机理研究的新进展。当时,化学所订的《美国化学会志》、美国《有机化学杂志》、英国皇家化学会的期刊,以及苏联出版的化学期刊等,蒋锡夔都是每期必看的。1957年,化学所根据上级指示,决定开展有机氟橡胶的研制工作。

当时,化学所的曾昭抡因为被批判已经不再担任所长了,代所长柳大纲①经过深思熟虑之后找蒋锡夔谈话,他十分认真地听取了蒋锡夔对研制氟橡胶工作的意见和建议。此时,蒋锡夔已经事先了解到一些情况,也明白了领导找他谈话的意图。于是,蒋锡夔进一步向柳大纲代所长提出了自己的一些观点。他认为,氟橡胶研制的关键问题之一是含氟烯烃单体的制备,自己在美国凯劳格公司工作时曾经开展过这方面的研究工作,具有相当的经验;回国后,自己一直在跟踪和分析世界各国关于有机氟化学研究方面的最新进展,也具备较强的组织能力。因此,蒋锡夔表示自己对于完成这项任务还是很有信心的。紧接着,蒋锡夔又向柳大纲代所长提出了开展氟橡胶研制的一些具体设想等。听了蒋锡夔的这番话,柳大纲非常高兴,他很欣赏蒋锡夔的坦率和自信。事实上,经过一年多时间的接触,柳大纲也比较了解蒋锡夔的为人和能力,他相信蒋锡夔是负责完成这项任务的最佳人选。不久,柳大纲代所长就与化学所党组织及有关领导、有机化学研究室主任蒋明谦等人,就氟橡胶课题组组长人选进行讨论。最终所领导决定,任命蒋锡夔为新成立的氟橡胶课题组组长。

新组建的氟橡胶课题组从有机化学研究室独立出来,直接归所领导管理。由于该课题组承担的任务相当重要,因此在人员的配备上并不少于一些研究室。当时,蒋锡夔虽然只是一名副研究员,但他却是唯一一名参加所务会议的项目组长。在氟橡胶课题组里,领导除了任命蒋锡夔为组长外,还任命了一位副组长,那就是胡亚东②,他是从苏联留学回来的。课题组设有 3 个科研小组,由蒋锡夔、路之康和赵瑞年负责 2 个单体合成小组,胡亚东则负责 1 个聚合小组。

不久,蒋丽金③博士也加入进来,她专门负责偏氟乙烯的研制工作。后

---

① 柳大纲(1904~1991年),1948年在美国罗彻斯特大学获博士学位,1955年当选为中国科学院学部委员,为我国的光谱化学和无机化工的发展作出了卓越贡献。

② 胡亚东,高分子化学家,1955年在苏联列宁格勒化工学院获副博士学位,1956年回国后一直在中国科学院化学研究所工作,后来曾担任化学所所长和中国化学会的理事长。

③ 蒋丽金,中国科学院化学研究所研究员。1951年在美国明尼苏达大学获得博士学位,后在堪萨斯大学和麻省理工学院做博士后研究。长期从事有机光化学方面的科研工作,1980年当选为中国科学院学部委员。

来,从南开大学毕业的大学生马振中被分配到氟橡胶课题组工作,蒋锡夔就安排他担任秘书。路之康和赵瑞年原来都在有机化学研究所从事高分子化学的研究工作,他们后来调入化学所工作。1963 年,路之康又与蒋锡夔等一起迁往有机化学研究所。

1958 年,化工部集中有关科研生产单位,与中国科学院、各大高等院校等通力合作,进行国防化工产品的试制和生产。中国科学院化学研究所、有机化学研究所、长春应用化学研究所,以及复旦大学等的有关专家和学者汇聚上海,就氟橡胶的研究展开了热烈的讨论。与会的科研人员各抒己见,尽献良策,大家分别归纳出 4 种不同的氟橡胶合成方案。为了做到稳妥与可靠,大会决定,4 家单位分别采取一种合成途径,各自用半年时间进行试验。半年之后,再带着各自的工作进展和合成方案在上海会面。

去上海开会之前,蒋锡夔他们已经系统地查阅了合成氟代单体的各种文献资料及专利情况。氟橡胶是一种由不同的全氟或多氟烯烃共聚而成的高分子化合物,因此课题组反复讨论后决定,选择单体作为合成目标。这就是说,蒋锡夔课题组首先要合成出全氟丙烯和偏氟乙烯(1,2 - 二氟乙烯)作为单体。虽然这两种化合物的合成方法在文献资料中有很多,但是究竟哪一种方法最合理,大家都没有经验,国外的公司究竟是使用什么样的合成路线来合成的谁也不清楚。于是,蒋锡夔根据自己对有机反应机理的理解,分别确立了两条合成路线,并且还大胆地提出以其中的某一条路线作为重点加以试验。

方案确定下来后,课题组立即开始试验。首先,他们进行单体的合成试验,也就是合成全氟丙烯和偏氟乙烯,这是整个项目能否成功的前提条件。在那段日子里,课题组的全体成员整天泡在实验室里,反复进行实验。由于实验条件相当简陋,许多含氟原料的供应常常跟不上,再加上他们的经验不足,因此在一开始的试验中他们不断地失败。但是,大家并不气馁,相反,每一次试验失败,他们都认真地总结经验。这样一来,在下一次的试验中他们就变得更加聪明,真所谓"失败是成功之母"。因为,蒋锡夔与课题组的成员坚信,自己的合成方法是合理的,坚持下去就一定会成功。

经过全体课题组成员的共同努力,经历了无数次的失败,他们终于在 5

个月内合成出了单体原料——全氟丙烯和偏氟乙烯。紧接着,他们开始进行聚合反应的试验工作。终于,在半年的时间里,他们获得了一块白色的氟橡胶。当时,大家高兴极了。翻一翻日历,已经到了去上海汇报的日子了。

1959 年 5 月初,蒋锡夔和胡亚东等一行人,带着试管中的氟橡胶样品乘火车前往上海。到了上海,有关氟橡胶研究的第二次会议正式开始,各研究单位分别汇报了自己的工作进展情况。当轮到化学研究所发言时,课题组成员小心翼翼地取出那个放着氟橡胶样品的试管,与会者们的眼前顿时一亮,大家看到了试管中的透明液体里浸泡着一块白色固体,那就是新研制出的氟橡胶样品。会场上立刻响起了一片掌声。紧接着,与会者开始相互传看这块由中国人自己合成的氟橡胶。大会主持者兴奋地告诉蒋锡夔和他的同事们:"我们决定,就用你们的合成方法。"后来,由这个氟橡胶样品研制出的军工产品被命名为氟橡胶 1 号。

然而,要把放在试管中的氟橡胶样品真正转变成国防建设中急需的氟橡胶军工产品,并不是一件简单的事情。从 1959 年 7 月起,化学研究所、有机化学研究所、北京化工设计院、北京化工研究院、复旦大学等科研单位,分别派遣科研人员,与上海有机氟化工厂的生产技术人员一起,集中力量在上海进行攻关试验,他们必须克服一切困难,尽快地研制成功氟橡胶产品。

紧接着,化学研究所派遣蒋锡夔和胡亚东等人来到上海有机氟化工厂,双方合作,共同研制氟橡胶产品。在大家的共同努力下,到 1959 年 9 月底,终于研制成功了军工产品氟橡胶 1 号,他们为中华人民共和国成立十周年献上了一份厚礼。

1981 年,中国科学家辞典编委会在介绍蒋锡夔个人简历时这样写道:

> 蒋锡夔回国后的前十年,主要致力于 3 种氟橡胶实验室阶段的研究工作,并且取得了满意的成果,在国内具有一定的影响。因此,1966 年获得国家科委授予的发明证书。此外,他还对氟塑料 FS - 40 和 FS - 46 进行了研究,其中的耐开裂氟塑料 FS - 46 的研究获得 1979 年国防科委颁发的二等奖……

> (参见 1966 年《化学学报》和《中国科学》)

　　1960 年秋,陈庆云来到化学研究所,加入了蒋锡夔的氟橡胶课题组。陈庆云的导师克鲁尼亚茨是苏联科学院院士、国际著名的有机氟化学家,因此,陈庆云在苏联一直在做有机氟化学方面的研究工作。当时,陈庆云的一部分研究工作已经发表在苏联科学院院刊上,化学研究所的蒋锡夔、有机化学研究所的黄维垣等人都阅读过他的论文,并对他留下了深刻的印象。陈庆云的到来,进一步加强了化学所氟橡胶课题组的科研力量。在氟橡胶的研制过程中,蒋锡夔和陈庆云经常在一起讨论相关问题,彼此结下了深厚的友谊。

在采访陈庆云院士时,他说:

　　我们在化学研究所工作时,有机氟化学实验室的主任是一位党政干部,蒋先生是副主任,另一位副主任是胡亚东先生。当时的有机氟化学实验室是一幢两层楼的房子。我们是一个很大的组,由几十个人组成。除了我们这些研究人员以外,还有很多复员军人。我是在蒋先生领导的小组里工作,主要任务是研制氟橡胶。当时,氟橡胶是国防急需的军工产品,美国的杜邦公司已经获得了产品专利,但是他们对合成过程是相当保密的。

陈庆云院士继续回忆道:

　　蒋先生在美国凯劳格公司工作期间,就是研究氟化学的。因此他回国以后,就在化学所领导我们小组研制氟橡胶。当时,我们的工作条件很差,仪器设备缺乏,什么都要靠自己一点一点积累起来。由于缺乏应有的设备,好多活儿都要自己干。比如我们缺乏低温分流的设备,只能通过其他合成途径来代替。我们组里的那些复员军人每天要干很多又脏又累的体力活,他们的工作就是协助我们搞试验,但是为了国防建设需要,他们都毫无怨言。

陈庆云院士最后总结道:

　　我认为,蒋先生的特点就是别人觉得不行,可能做不了的事情,他偏要去尝试一下,并且还想方设法要把这件事情做出来。当时,国防建设急需氟橡胶制品,虽然大家从没有做过,但是蒋先生就是想要努力一下,把氟橡胶研制出来。带着这样的信念,他带领我们氟橡胶课题组的全体成员日日夜夜做实验,经过无数次的失败,我们终于在半年的时间里把氟橡胶制品研制出来了。

1961年夏,吴成九[①]从北京大学毕业后分配到化学研究所蒋锡夔的氟橡胶课题组工作,他是高分子化学专业的大学毕业生。在工作中,吴成九勤于思考,而且思维活跃。由于吴成九在做实验时的动手能力相当强,因此他很快就成为蒋锡夔课题组的骨干人员。

解决了氟橡胶的聚合反应之后,原料制备放大工作就成为扩大生产的关键。当时,四氟乙烯的研制工作主要由有机化学研究所的项目组承担,并且已经在有机所的实验工厂内形成了一定的生产规模。

虽然偏氟乙烯的生产相对容易,但是全氟丙烯的制备却一直难以放大,这一难题已经成为制约氟橡胶规模化生产的一个"瓶颈"。

蒋锡夔和陈庆云等在研究F22(也即三氟氯甲烷高温裂解制备四氟乙烯)的过程中曾经发现,当裂解时间延长时,会有少量的全氟丙烯生成。于是他们设想,如果对条件优化有可能得到更多的全氟丙烯的话,就可以实现从F22到全氟丙烯的"一步合成"。然而,蒋锡夔和陈庆云等真正完成对这一路线的优化工作则花费了相当长的一段时间。直到化学研究所的氟橡胶课题组迁往上海有机化学研究所之后,他们对这一路线的优化工作,仍然进行了很长一段时间的研究和探索。经过无数次的实验,蒋锡夔课题组最终取得了成功。由他们研制出的氟橡胶军工产品,终于在生产实践中得到了应用。

通过对全氟丙烯、偏氟乙烯和四氟乙烯的调聚,蒋锡夔他们课题组研

---

① 吴成九,1961年毕业于北京大学。由于家庭出身问题,在"文革"期间受到打击。1980年8月,吴成九赴美留学,在美国德克萨斯农机大学获得博士学位。后来,他到美国联信公司工作,直至退休。

制成功了氟橡胶 2 号和氟橡胶 3 号等军工产品,为国防建设作出了重要贡献。

重组与调整

　　研制氟橡胶的最基本原料叫氟化氢,但是,北京地区却没有氟化氢原料,只有上海鸿源化工厂生产氟化氢。氟化氢是一种高危险化学品,它的运输和储藏都很不方便。因此,在化学研究所研制氟橡胶时,蒋锡夔和陈庆云等课题组成员常常受到原料供应上的限制。

　　1960 年,上海市化工局成立了上海特种橡胶研究所,后改名为上海氟材料研究所①,专门开展有机氟材料的研制与开发工作。根据国家军工产品生产的需要,有机化学研究所已经成立了有机氟化学研究室,该研究室以黄耀曾②、黄维垣③、戴立信等作为带头人,组织大批科研人员从事特种有机氟材料的研制工作。很显然,化学研究所的氟橡胶课题组在工作性质上与有机化学研究所的有机氟化学研究室所研究的项目有所重叠。

　　1963 年,中国科学院领导已经认识到各化学所的研究方向互有重复这个问题,因此有意对此作些调整。于是,中国科学院领导邀请各研究所的党委书记和部分科学工作者前往各个研究所巡回视察。视察结束后,由杜润生副秘书长在成都召开会议,专门讨论调整方案。

　　根据有机化学研究所的戴立信院士后来讲述,当时,他和黄耀曾副所长

---

① 上海氟材料研究所,在改革开放以后改制成企业,即为现在的上市公司上海三爱富新材料股份有限公司。

② 黄耀曾(1912～2002),1934 年毕业于国立中央大学化学系。中国有机氟化学及金属有机化学学科的奠基人之一。1980 年当选为中国科学院学部委员。

③ 黄维垣(1921～2015),1952 年获美国哈佛大学化学系有机化学哲学博士。1952～1955 年在美国哈佛大学化学系做博士后研究工作。1984～1987 年担任中国科学院上海有机化学研究所所长。1980 年当选为中国科学院学部委员。

一起参加了巡回视察，还参加了成都的会议。这次会议的结论之一，就是要把蒋锡夔领导的氟橡胶课题组调入有机化学研究所。蒋锡夔与课题组成员商量后，大家都欣然接受了这一调整方案。为了让吴成九能够顺利地迁往有机化学研究所，蒋锡夔还专门到吴成九妻子的工作单位北京大学做协调工作，请求北京大学的领导同意让她与丈夫一起调往上海工作。

化学研究所的代所长柳大纲从国家大局利益出发，最终同意让蒋锡夔课题组迁往上海。上海有机化学研究所的副所长黄耀曾等则对蒋锡夔课题组成员来到他们所里工作，表示热烈的欢迎。

1963年7月，化学研究所氟橡胶组的蒋锡夔、陈庆云、路之康、吴成九、马振中以及技术工人刘连星等一批人，一起调入有机化学研究所。不过，胡亚东和蒋丽金，这两位主要成员则因故留在化学研究所开展其他工作。

迁往上海有机化学研究所之后，陈庆云与蒋锡夔一起在有机氟化学的基础研究项目中长期合作，他们俩还分别取得了重要的研究成果。在此期间，吴成九在有机化学研究所的工作中也越来越展露出自己的才华。

研究基础理论

在化学研究所工作的7年多时间里，蒋锡夔除了把主要精力集中在氟橡胶的研制与开发工作上之外，还在基础理论方面开展了一些研究工作。在此期间，他不但通过负责氟橡胶课题组的重大项目向有机化学界的专家学者展示了自己的才能，而且在有机化学的基础理论研究中也逐渐确立了自己的地位。

刚进研究所不久，蒋锡夔就详细地查阅了有关卡宾的文献，并且总结出一些规律性的结论。卡宾(Carbene)，又称碳烯、碳宾，是含二价碳的电中性化合物。"卡宾"这个英文译名就是由蒋锡夔首先提出来的。卡宾代表了一类新的反应中间体类型，最初是由哈佛大学的海因(Hine)教授发现的。后来,经过哈佛大学著名物理有机化学家都令(W. Von E. Doering)①通过与烯烃形成环丙烷而证实的。从 20 世纪 50 年代后期开始,卡宾越来越引起科学家的重视,目前已经成为物理有机化学和高等有机化学教科书中的必有章节。

当时,蒋锡夔曾经写过一篇关于卡宾的综述文章,并且发表在 1962 年的《化学通报》上。在文章中,蒋锡夔详细介绍了卡宾的发现过程及其产生、性质特征和典型反应等,并提出了一些值得关注和有待进一步研究的问题,这也是国际上第一篇有关卡宾研究的系统性的综述文章。

1962 年,中国科学院开始规模化地招收研究生。刚刚从西北大学化学系毕业的赵成学考入了化学研究所,成为蒋锡夔的第一位研究生。由于办学条件艰苦,赵成学除了听一些专业课外,就是做一些基础实验。

在采访赵成学教授时,他回忆道:

> 1962 年 10 月,我来到化学研究所,成为蒋先生的研究生。蒋先生第一次找我谈话时就说:"做研究生首先要学会做人,要做一个正直的人。第二,做学问要严肃、要严密、要严格。第三,你的俄文很好,不过我们这里的文献资料都是英文的,所以你要赶快把英文学好。"于是,我就去英语进修班学习。当时,我非常努力地学习英文。通过一个多月的突击进修,我的英语水平提高了不少,查阅英文版的文献资料也顺利多了。

1961 年,蒋锡夔和陈庆云在研究从 F22 热解产生全氟乙烯的过程中,发现有少量的全氟异丁烯生成。于是,他们把这一副产物分离出来,并根据"Krespan 法"从全氟异丁烯与氟化钾和碘或溴的反应中首次合成出全氟叔丁基碘Ⅰ和全氟叔丁基溴Ⅱ。通过研究亲核试剂与Ⅰ和Ⅱ的类 S_N2 反应,

---

① 都令(W. von E. Doering, 1917～2011 年),美国哈佛大学教授,世界著名物理有机化学家和有机合成化学家。曾于 20 世纪 80 年代开创中美化学研究生计划(GPC),为中美化学交流作出杰出贡献。

他们发现，全氟烷基的吸电子效应大小顺序为：$(CF_3)_3C > (CF_3)_2CF >$ $CF_3CF_2 > CF_3$。

早在 1957 年，美国化学家穆勒(Muller)就在《美国化学会志》上报道了氟核磁共振中有一个令人困惑的现象，即全氟异丁烷分子中三氟甲基的电子屏蔽大于全氟叔戊烷分子中的相应屏蔽。不过，根据蒋锡夔和陈庆云的研究，就可以解释穆勒不能理解的实验现象了，那就是由于全氟叔丁基的吸电子诱导效应比全氟异丙基大。这一研究结果，后来被他们发表在 1966 年的《化学学报》上。

蒋锡夔认为，这一阶段自己在基础理论研究工作中所取得的最重要的成果是：总结出了有机氟化合物反应中一些共性的概念和反应规律。由于氟具有最大的电负性，其原子半径又与氢接近，因此有机氟化合物常常表现出与其结构相似的碳氢化合物不同的独特性质。这种独特性质其实在很早以前就被各国化学家揭示了，但对于如何来解释有机氟化合物的这种"异常"反应现象，各国化学家却并没有提出很好的机理。

1957～1962 年，蒋锡夔查阅了当时报导的几类有机氟化合物的典型反应文章，经过系统的研究和归纳，总结出这些反应的规律性结果，并且利用有机化学的极性效应、共轭效应、π电子反馈和排斥效应等理论依据，对这些反应规律做出了比较系统的解释。

许多教科书中都会提到关于氟原子的电子效应。氟的特点是其极性电子效应(polar electronic effect)的双重性或两面性，即：①源于其极大电负性而产生的吸电子场或诱导效应；②源于其 p-未共享电子对产生的共轭性给电子效应。然而，蒋锡夔经过研究后发现，对于后者实际上又可以一分为二：第一，p-电子对对空轨道的反馈，如二氟卡宾中氟原子的 p-电子对反馈到碳原子的空的 p-轨道上；第二，氟的 p-电子对与 $\alpha, \beta - \pi$-电子对之间的排斥作用，这种情况就可以发生在三氟氯乙烯上。

在有机氟化学中还有一个非常重要和基本的概念，那就是 α-氟代效应。一般来说，一根 C—F 键能使其 α-位 C—Y 键更强(Y 主要是氟、氧、氯等原子)，两根 α-C—F 键的作用更大一些，三根 α-C—F 键就是最大的了。因此蒋锡夔认为，这一概念可以用来"组织、联系和理解大量涉及有机氟化合物的实验事实"。比如,四氟化碳是热稳定性最高的有机分子之一;四氯化碳和氯仿不是做自由基反应或聚合反应的合适溶剂,因为它们的 C—Cl 键会受到自由基的进攻,即发生攫氯反应,从而使反应复杂化;F-113 即 1,1,2-三氟三氯乙烷是一种很好的做自由基反应的溶剂,原因就是 F-113 中存在的 α-氟能使 C—Cl 键的稳定性有所增强。

通过大量阅读当时有关全氟和多氟有机化合物的 C—F 键非自由基反应的文献,蒋锡夔大胆地提出了一个一般性规律,这个规律在后来的 30 多年中得到了实验的验证。他指出:在一般条件下,全氟或多氟型脂肪族化合物的 C—F 键既不参加单分子亲核取代反应(S_N1),也不参加双分子亲核取代反应(S_N2)。但是,当一个强的亲电试剂从前面进攻或多中心进攻时(第一种情况),或是 β-位上电子对从后面"进攻"时,该 C—F 键就能较容易地断裂。

在当时国内的实验室条件下,蒋锡夔根本无法证明这些假设。不过,这个规律后来被扩展应用至全氟型 C—F 键的反应,以及多氟化合物的亲卤反应和电子转移反应中。

1962 年,蒋锡夔把自己归纳、总结的关于有机氟化合物的这些规律性的现象和解释写成了一篇论文,并且把这篇论文投到《化学学报》上。然而,《化学学报》编辑部却来信通知他此稿件不能被接受,理由是该论文是在他人工作的基础上总结出的一些规律和解释,而这些规律和解释并没有经过实验证明。对此,蒋锡夔并不认同。他认为,编辑部退稿的这个理由不能成立。于是,他又写信给编辑部,说明这篇论文所论述的观点都是他查阅大量文献资料后,按照有机化学的极性效应、共轭效应、π 电子反馈和排斥效应等,对这些反应规律所作出的比较系统的总结。而且,这些观点在国内外的文献中从未有过报导。因此,这篇论文的内容包含他自己的新的理论和新的发现,所以《化学学报》应该接受此论文并且予以发表。与此同时,蒋锡夔还举出实例来说明同样性质的稿件在国际学术杂志上曾经被接受并发表过。然而,《化学学报》编辑部还是没有发表这篇论文。

后来,蒋锡夔一直坚持归纳和总结关于有机氟化合物反应方面的文献资料,并且在 20 世纪 80 年代通过实验验证了他在五六十年代就已经发现的这些规律及其解释。这些研究成果，后来被他写成一个章节的内容，收录在1996年由黄维垣主编、上海科技出版社出版的《中国有机氟化学研究》中。

然而，蒋锡夔自己归纳、总结的关于有机氟化合物的一些规律性的现象和解释并写成的论文，在20世纪60年代未能被正式发表，他认为这是他科研生涯中的一件遗憾之事。

通过7年的努力，蒋锡夔在化学研究所逐渐展露出自己的才华。这段时间，他曾经受南开大学化学系何炳林[①]教授的邀请，到南开大学作关于有机自由基聚合的学术报告；又在南京大学召开的中国化学会年会上，作有机氟化学的专题报告。1962年9月，他曾经在有机化学研究所作关于卡宾化学研究进展的报告。1963年，在上海召开的第一届中国氟化学会议上，蒋锡夔接受邀请，作了题目为《有机氟化合物反应中一些有用的规律性概念和非自由基型反应的反应规律》的报告。1964年，在武汉大学召开的全国高等学校校际元素有机化学学术讨论会上，蒋锡夔又作了关于卡宾化学的专题报告。

在这些学术交流活动中，蒋锡夔所表现出的对物理有机化学的机理和理论的把握，以及对有机氟化合物性质的特殊规律的认识及其总结等，所有这一切都在向国内的同行们表明，他是一个将要取得重大科学成就的年轻学者。

1981年，中国科学家辞典编委会在介绍蒋锡夔个人简历时这样写道：

> 从20世纪60年代初开始，蒋锡夔对全氟及多氟型有机化合物的化学特性进行了深入的研究，提出了非自由基型碳氟键反应的一般规律假设，较好地阐明了文献中一些解释不当或难以解释的事实。1963年，蒋锡夔在全国有机氟化学会议上作了大会报告，近20年以来的科研实践证明，此规律基本上是正确的。蒋锡夔与他的共同工作者们根据自己的推理及光谱数据，首次提出与一般公认顺序相反的全氟烷基吸电

---

① 何炳林，高分子化学家，南开大学教授。1952年在美国印第安纳大学(Indiana University)获博士学位，1980年当选为中国科学院学部委员。

诱导效应顺序。

（参见 1966 年《化学学报》和《中国科学》）

1990 年，戴立信院士和计国桢研究员在为《科学家传记大辞典》撰稿时这样写道：

> 蒋锡夔在回国后的初期，主要从事军工任务的研制工作。与此同时，他仍注意发现、探索、归纳有机化学中的客观规律，即用物理有机化学的概念和对反应机理的分析来考察或研究有机化学反应。
>
> 60 年代初，在对大量全氟及多氟有机化合物研究的基础上，蒋锡夔提出了"非自由基型 C—F 键反应的一般性规律"，并指出，在一般条件下，全氟或多氟型 C—F 键不参与 S_N1 或 S_N2 型反应。但当反应物、反应中间体或反应过渡态三者中任何一个在 C—F 键的 β 位原子上具有或出现电子对或部分电子对时，则该 C—F 键较易异裂。这一规律性的认识，为一二十年后有机氟化学反应的研究及发展所全部证实。

提出月报制方案

在化学研究所工作期间，蒋锡夔参照自己在美国大学实验室以及大公司研究室的工作经验，深切地感觉到中国的研究所在科研汇报方面缺乏一个简单而有效的机制。于是，他参照国外研究机构的工作经验，写出了一份完整的研究所工作汇报方案——月报制，并递交给了当时中国科学院副秘书长杜润生同志。杜润生同志看了这篇工作汇报方案后，非常重视。他让蒋锡夔进一步修改和完善这篇文章，并将此发表在 1963 年 7 月 31 日的《科学报》上，文章的标题为《介绍和建议一个促进研究工作的汇报制度》。蒋锡夔在文章中十分详细地解释了月报制的具体方案，非常中肯地指出实施月报制对科研工作的进展所带来的十数点优点，其中的第一、二、三点优点如下所述：

1. 月报是保证和促进工作效率的有效措施之一。对每个实验都学会事先仔细考虑，事后仔细分析，做到"不打无准备之仗"，不做无明确目的性的实验，个个实验严格操作、仔细观察。

2. 每月整理数据、分析结果，会更快地发现工作中的缺点，特别是工作和数据中的漏洞，随即可以"补漏"或改进，使整个研究过程少走弯路，更快地得到完整结果。稍有工作经验者大都有这样的体会，工作中有些大、小漏洞往往到写总结时才发现，这时已经晚了，甚至因为有些装置已经拆除或其他原因，便难再重复或"补漏"了。

3. 写月报时的资料整理、思索、分析、推敲、联系、解释、想象、下笔修辞等的过程，是提高研究工作者工作能力的有效措施之一。（目前我国青年一代，正急需这方面的锻炼培养。）

在采访赵成学教授时，他说，蒋先生所提出的月报制在科学研究工作过程中是非常重要的。对此，赵成学教授回忆道：

当我开始跟随蒋先生做研究时，蒋先生就根据自己在美国大学的实验室以及大公司研究室的工作经验，要求我每个月写一份完整的研究工作报告，即月报制（后来，蒋先生把它改成了双月报制）。当时，我用英文很认真地写报告。写完后，蒋先生也非常认真地帮我修改了报告。由于长期坚持这样做，使得我的英文水平进步很快。

赵成学教授接着回忆道：

20世纪80年代初，我去美国犹他大学学习进修，我的导师沃林（Walling）教授是国际物理有机化学界的权威。在美国进修期间，沃林教授也是用这种定期工作汇报的形式来要求我们的。我的体会是，对一名研究生来说，这是一个行之有效的记录实验数据、汇总文献资料的好方法。通过实行月报制，研究生可以及时地对实验数据进行系统化的整理,并加以归纳和分析。每个月总结一次自己的实验工作,等到整个研究工作完成之后,就可以把全部的月报资料综合在一起,进行前后对比,再一次对数据进行分析和整理,这样就很容易寻找出规律性的东西。因此说,月报制的方法有利于研究生积累第一手资料和信息,便于研究生最终撰写论文。

赵成学教授最后总结道:

我认为,月报制的这套方法同样适合某一个科研单位对其内部各类科研项目的综合管理。对一个科研单位来说,每一年、每一个研究室的工作总结,都可以通过对这些平时撰写的报告进行系统地归纳和分析,再写出详细的研究工作总结来。另外,月报制的管理方法对科研单位内部各类科研项目进行存档和备案也有相当大的作用。

第四章
回到上海工作

到有机化学研究所工作

中国科学院有机化学研究所创建于 1950 年,是中国科学院首批成立的 15 个研究所之一,它的前身是 1928 年 7 月建立的前中央研究院化学研究所。1950 年 5 月,在前中央研究院化学研究所、前北平研究院化学研究所和药物研究所的基础上合并成立了中国科学院有机化学研究所。1952 年,中国科学院生理生化研究所的有机化学组并入有机化学研究所;1953 年,有机化学研究所的药物研究室分出,组建成上海药物研究所;1956 年,有机化学研究所的高分子化学组和物理组调迁北京,成为化学研究所的一部分;1970 年,易名为中国科学院上海有机化学研究所。

在有机化学研究所成立初期,只有庄长恭(1894～1962 年)、黄耀曾、刘亮、陆仁荣和王有槐五名职工。

庄长恭是中国有机化学研究的先驱者、有机微量分析的奠基人。1924 年,庄长恭在美国芝加哥大学化学系获博士学位。后来,他又留学德国,在哥廷根大学及慕尼黑大学开展有机化学的研究工作。1948 年,庄长恭任台湾大学校长。同年年底,他辞去校长职务,返回祖国大陆。中华人民共和国成立之后,庄长恭被任命为中国科学院有机化学研究所的第一任所长。1955 年,庄长恭当选为中国科学院学部委员。庄长恭既是原中央研究院的院士,又是新中国成立之后的中国科学院学部委员。

黄耀曾是有机化学研究所刚成立时的另一位著名科学家,也是中国有机氟化学及金属有机化学的先驱和开拓者之一。1934 年,黄耀曾于国立中央大学化学系毕业,主要从事甾体化学的研究工作,在我国开创了有机微量分析方法。1980 年,黄耀曾当选为中国科学院学部委员。

在此之后来到有机所工作的还有黄鸣龙①、汪猷、黄维垣等人,他们都是具有国际声望的中国著名有机化学家。

有机化学研究所自成立以来,就一直是中国有机化学界科技精英最集中的地方。黄鸣龙和汪猷于 1955 年当选为中国科学院学部委员,黄耀曾和黄维垣在 1980 年当选为中国科学院学部委员。蒋锡夔、周维善和陆熙炎三人在 1991 年当选为中国科学院学部委员,陈庆云和戴立信于 1993 年当选为中国科

图 4-1　1988 年,在有机所冬季学位证书颁发仪式上的合影(前排左起:周维善、刘铸晋、黄耀曾、汪猷、黄维垣、蒋锡夔、戴立信、陈庆云、陆熙炎、惠永正,后排右二:麻生明)

① 黄鸣龙(1898～1979 年),1924 年获德国柏林大学哲学博士学位。致力于有机化学特别是甾体化合物的合成研究。1955 年当选为中国科学院学部委员。

学院院士(学部委员于 1993 年 10 月更名为院士)，袁承业、林国强、麻生明、丁奎岭和唐勇分别于 1997 年、2001 年、2005 年、2013 年和 2015 年当选为中国科学院院士。

有机化学研究所在有机化学的基础研究、有机化学的交叉学科研究，工业生产关键过程和关键技术的研究，以及化学工业、特种材料、药物工业等方面的研究领域都作出了重要贡献。特别是在我国"两弹一星"的研制、人工合成结晶牛胰岛素、人工合成酵母丙氨酸转移核糖核酸，以及物理有机化学中的两个基本问题(即自由基化学中取代基自旋离域参数和有机分子簇集和自卷概念)等一批攀登科技高峰的重要成果中，研究所的科研人员更是作出了重大的贡献。

1963 年 7 月，蒋锡夔及其氟橡胶课题组的同事们正式从化学研究所迁往中国科学院有机化学研究所(简称有机所)。在当时的有机所里，黄鸣龙和周维善领导第一研究室，主要从事天然产物和医药化学方面的研究工作；袁承业领导第二研究室，主要从事军工产品项目磷萃取剂的研究工作；黄耀曾和丁宏勋等负责第三研究室，主要开展军工产品项目含氟硼材料以及硼氢高能燃料的研究工作；汪猷领导第四研究室，主要开展蛋白质和核酸化学等方面的研究工作；黄维垣领导第六研究室，主要开展军工产品项目氟塑料和氟油等方面的研究工作。

蒋锡夔及其氟橡胶课题组的科研人员来到有机所以后，就被安排在第六研究室，室主任是黄维垣研究员。黄维垣曾经在甾体化学和天然产物化学方面成绩斐然。1955 年，他来到有机化学研究所工作之后，根据国家需要，致力于氟化学方面的研究工作。

待实验室装备安装完成之后，蒋锡夔领导的氟橡胶课题组很快就进入了工作状态。当时，他们的主要任务就是研究多种氟化反应和聚合反应的方法，完善其测试条件，研制不同性能的含氟聚合物。当时，氟橡胶课题组的实验室被安排在研究所实验大楼的 5 楼，在那里，他们相继参与并研究出了四氟乙烯与六氟丙烯共聚的 F46、四氟乙烯与乙烯共聚的 FS－40、四氟乙烯与偏氟乙烯和六氟丙烯共聚的 F246 等。这些新产品都是当时中国发展原子能工业以及研制导弹和火箭所需要的，也是国防科工委相继给有机所下达的军工研发任务。当然，这也是第六研究室全体科研人员共同努力的结果。

在有机所建所五十周年的纪念专辑中，黄耀曾院士这样写道：

> 各个小组科技人员先后研制出技术指标和性能都符合要求的上述聚合物，一一通过鉴定，都在实验厂扩试生产出产品提供给二机部、三机部、七机部有关部门作密封材料或绝缘材料，并且至今还向有关部门供应产品。改进型的 FS - 40 树脂在"八五"期间被用于制造绝缘航空导线取得成功。以上工作共获得 10 个国家级和中国科学院科技成果奖，其中国家发明二等奖一项，国家科技进步二等奖一项。蒋锡夔、吴成九、马振中、段友芦、路之康、章云祥等一批科研人员，在研制氟塑料工作中发挥了重要作用，作出了积极贡献。

1966 年，氟橡胶项目获得了国家科委颁发的发明证书。1979 年，由蒋锡夔主持的耐开裂氟塑料 FS - 46 的聚合工作又获得了国防科委的二等奖。回国以来，蒋锡夔长期从事国家军工产品项目的科研攻关工作，并且取得了很大的成绩。每当谈到这些工作成就，蒋锡夔总是认为，他只是做了自己应该做的事情，真正让他感到高兴的是，自己在国外学到的专业知识能够用在新中国的国防建设项目上。他还认为，氟橡胶项目的成功研制是课题组成员共同努力的结果，胡亚东、陈庆云、蒋丽金、吴成九、路之康、赵瑞年等科研人员都为此作出了重要贡献。

早在化学研究所工作期间，蒋锡夔的课题组已经在卡宾方面开展了一些研究工作。1962 年，蒋锡夔将自己关于卡宾机理的综述文章发

图 4 - 2　1964 年 10 月，蒋锡夔与父母在上海桂林公园

表在《化学通报》上。到了 1964 年,哈佛大学的海因(Hine)教授出版了国际上第一本有关卡宾的专著《二价碳》。上海有机化学研究所的黄维垣、黄耀曾等,武汉大学的曾昭抡、卓仁禧等,也分别开展了有关卡宾方面的研究工作,并且先后将自己的研究结果发表在 1964 年的《化学学报》上。

与此同时,蒋锡夔他们课题组正在研究双[1,3 -二苯基- 2 -咪唑烷叉]和卤代烷的反应。在此之前,闻兹里克(Hans-Werner Wanzlick)①等撰文报道,双[1,3 -二苯基- 2 -咪唑烷叉]是一个"亲核卡宾"的前体,并在报道中声称:就目前所知,此体系之化学反应,几乎全部为卡宾机理(只有一例外)。对此报道,蒋锡夔表示怀疑。于是,他开展了这一化合物与卤代烷反应的研究工作。实验结果证明,这一反应不是卡宾机理,而是主要以自由基机理进行的。

1965 年,蒋锡夔将自己的这一结果发表在《化学学报》上。在文章中,他指出:

> 一个新的概念,开始时往往不易得到普遍的接受或应用。但自普遍接受以后,又可能被一部分人过分强调。卡宾概念的发展,似乎也经历了这样一个过程。在过去若干年中,一方面继续有人用卡宾概念更好地解释了某些"老"的反应;另一方面,也有人一时"过于热心"地利用了卡宾的概念。

> (参见 1965 年《化学学报》)

蒋锡夔如此说法,是因为他在研究过程中发现,一些认为可能按照卡宾机理进行的反应实际上是以其他途径进行的,而一些按照其他机理进行的反应在文献上也被提出是以卡宾机理进行的。后来,蒋锡夔在 1965 年的《科学通报》上又发表了一篇题为《卡宾化学的进展及某些问题》的文章,提醒国内同行要注意这一现象。

可以说,蒋锡夔是国内最早关注并开展卡宾化学研究的科学家之一。后来,他与陈庆云等一起研究了双[1,3 -二苯基- 2 -咪唑烷叉]和全氟羧酸

---

① 闻兹里克(Hans-Werner Wanzlick, 1917~1988 年),德国化学家,国际卡宾化学研究领域的权威之一。

的反应,结果发现,此反应也是按照自由基机理进行的,这一研究结果后来被发表在 1966 年的《化学学报》上。

在有机所里,蒋锡夔课题组是在实验大楼 501 室做实验,而他的办公室则被安排在 327 室。为了便于做实验,蒋锡夔就把自己的办公室一分为二,里间放一张办公桌,外间搭一个实验台,供他的研究生赵成学做实验。蒋锡夔一直在实验大楼里工作,直到 2004 年 10 月新建实验大楼正式启用为止。在那里,他工作了整整 41 年。当时,蒋锡夔给赵成学出了一个题目,研究二烷氧基卡宾,并且要求他从二甲氧基卡宾做起。这个课题在当时是学术价值很高的课题。

蒋锡夔与赵成学最初设计的合成二烷氧基卡宾的路线,是从甲磺原酸酯高温裂解开始的。由于原料的合成及其他各种因素,他们的实验没有成功,因此这条设计路线只能被放弃。1964 年,蒋锡夔在上海安亭的社会主义学院进行思想改造。赵成学又设计了一条新的路线。不久,德国的霍夫曼(Hofman)和美国的勒马尔(Lemal)等,发表了二甲氧基卡宾的制备与表征的文章。此后,二烷氧基卡宾的性质研究成为世界各国专家学者研究有机反应中间体的一个热点,不少研究结果都被收入各种国际高等有机化学的教材当中。而蒋锡夔和赵成学对卡宾机理的研究,由于种种外界因素的影响,进展并不是很顺利。最终,国外其他专家学者抢先发表了关于二烷氧基卡宾性质的文章,这也成为蒋锡夔科研生涯中的一件遗憾之事。

在采访赵成学教授时,他回忆道:

1963 年 7 月,我跟随蒋先生迁到了上海有机化学研究所,蒋先生给我的课题是做二烷氧基卡宾的合成反应。刚来到有机所,我们的工作环境相当简陋,蒋锡夔把房间一分为二,里面放一张办公桌、一个书橱就是他的办公室,外间搭一个实验台,我就在那里做实验。当时,所有的实验设备和实验仪器都是我们一件一件从无到有装备起来的。1964 年,蒋先生去了上海安亭的社会主义学院进行思想改造。我的课题只能利用蒋先生每次回所里的短暂时间进行交流,然后我自己查文献资料,摸索着做实验。因此,整个实验工作的进展一直不是很顺利。

接受思想改造

1964 年秋末冬初，社会主义教育运动在全国范围内蓬勃地开展起来了。蒋锡夔被中国科学院上海分院派送到上海社会主义学院进行政治学习和思想改造。

在上海嘉定安亭的学院里，蒋锡夔和来自中国科学院上海药物研究所的洪山海[①]、上海生物化学研究所的钮经义[②]、周光宇[③]分在一组。当时，他们每天都要进行政治学习、接受思想改造。学院领导很照顾这些高级知识分子，给他们安排的生活条件也比较好。他们还可以经常锻炼身体，也可以经常回家。

1955～1964 年，虽然经历了反右运动、大跃进运动、四清运动，但是蒋锡夔都没有成为单位的批斗对象。然而，从 1964 年蒋锡夔进入社会主义学院改造思想，到"文革"期间，他的人生发生了重大的转变。

与蒋锡夔一起在上海社会主义学院改造思想的学员们大多都有国外留学的经历，他们当中又以资产阶级家庭出身的人占多数。因此，蒋锡夔他们在学院学习的前期，主要是深刻检讨自己的家庭出身，批判父母，甚至被要求与自己的资产阶级家庭划清界限。

在改造思想的学习中，蒋锡夔承认自己的家庭出身与大多数工农群众

---

① 洪山海，药物化学家，中国科学院上海药物研究所研究员，编著有 1980 年出版的《光谱解析法在有机化学中的应用》一书。在当时，此书是国内有机化学和药物化学专业有较大影响的有机光谱分析教材。

② 钮经义（1920～1995 年），中国科学院上海生物化学研究所研究员，1953 年在美国德克萨斯州立大学（Texas State University）获博士学位。他是人工合成结晶牛胰岛素的主要负责人之一，为中国 1965 年在世界上首次用化学方法人工全合成蛋白质作出了重大贡献，该成果获 1982 年国家自然科学一等奖。1980 年当选为中国科学院学部委员。

③ 周光宇（1918～2007 年），1951 年获比利时卢汶大学农学院农学博士学位。任中国科学院上海生物化学研究所研究员。她的弟弟周光召是我国著名的理论物理学家，曾任中国科学院院长。

相比的确不算"好",而且自己本身也有不少小资产阶级的思想和行为,如爱好西方音乐、喜欢穿西装打领带、谈话中经常使用英语单词等。不过,他非常坚定地认为,自己的父母亲都是好人。他还认为,虽然一个人的家庭出身不能由自己来决定,但是家庭出身不好的人并不一定都是"坏人"。

在上海社会主义学院学习结束时,按规定每个学员都要写一篇批判家庭、批判自己父母的大报告。但是,蒋锡夔坚决不写。幸运的是,当时负责领导蒋锡夔小组的指导员并没有把他当作典型来加以深究。

经过近一年的思想改造,到了1965年秋,蒋锡夔又回到有机所。在这期间,陈庆云已经被调到黄维垣领导的课题组去工作了。因此,蒋锡夔氟橡胶课题组的研究力量明显被削弱了许多。后来,蒋锡夔与陈庆云还是一起合作搞研究,他们把在化学研究所已经开展的全氟碘代烷反应的研究结果整理成论文,发表在1965年的《化学学报》上。

从上海社会主义学院回来不久,蒋锡夔又赶上了进一步深化的"四清运动",有机所的大部分职工都下乡参加了"四清运动"。1965年10月,蒋锡夔被派到上海宝山的大场公社新华大队孙家角村参加"四清运动"。农村的居住和生活条件都非常艰苦,他们每天还要到农田里劳作,晚上,大家只能同住一个大铺。由于身体一直不好,再加上严重的营养不良和失眠,没过多久,蒋锡夔的身体就垮掉了,他得了慢性肝肿大,脸部出现了浮肿。经历了这些磨难,蒋锡夔开始对当时国家对待知识分子的政策进行独立的思考。他认为,这样强制性地对知识分子实行劳动改造是很不合理的。

1966年夏,"四清运动"结束了,蒋锡夔终于回到了有机所。然而,蒋锡夔的氟橡胶课题组已经不能开展科研工作了。由于政治形势发生了变化,全国各地开始持续不断地进行思想改造运动。

经历人生磨难

1966年,"文革"开始了。蒋锡夔正式被归为资产阶级反动学术"权威"

这一类。在"文革"期间,他与许许多多知识分子一样,受尽了从精神上到肉体上的折磨。

在有机所,批斗蒋锡夔的大字报一开始就贴在食堂外面。在当时,某人被贴上大字报批判,也就是发出了某人将要被批斗的信号。在那些批判蒋锡夔的大字报中,罗列了他的各种"罪状":反动资产阶级家庭出身、拒不接受改造、反对党的领导、反动学术权威等。之后,造反派又进一步贴出大字报要打倒蒋锡夔。于是,蒋锡夔就从反动学术权威逐步升级为资产阶级大学霸、大恶霸,要坚决地把他批倒批臭,再踩上一只脚,让他永世不得翻身。与此同时,他还被造反派抄了家,他的父母亲也因此受到牵连,几次被抄家。

眼前所发生的这一切,把蒋锡夔给弄糊涂了,他搞不明白自己怎么会犯了那么多条"罪行"。对此,他既感到束手无策,又觉得悲愤满腔。

造反派对蒋锡夔断断续续地批斗了好几次。不久,他就被撤销了氟橡胶课题组组长的职务,还被赶出了实验室。后来,蒋锡夔被安排到解毒组进行劳动改造,组长是技术员金香珊。出于对科学家的尊敬,她一直很照顾蒋锡夔。解毒组的主要工作就是去除四氟乙烯钢瓶内产生的剧毒化学品。在组里,蒋锡夔主要是查阅一些文献资料,向解毒组提出一些建议。就这样,蒋锡夔一直劳动改造到 1968 年 11 月。

在采访赵成学教授时,他回忆道:

"文革"期间,蒋先生等一批老科学家都变成了资产阶级反动学术权威。而蒋先生一向是一个直言不讳、敢于说真话的人,在那样的年代更是会得罪一些人。当时,我们研究生都被安排到军垦农场去劳动锻炼。在我临走之前的那天傍晚,蒋先生独自步行到我家,他非常难过地对我说:"你们一走,我就苦了!"听了他的话,我无言以对。因为我们这些学生在所里的时候,蒋先生还可以有人保护一下,而我们一走,蒋先生就真的没人保护了。果然,他后来就被批斗,还被关押在地下室,精神上、肉体上都受尽了折磨。

1968 年 11 月,有机所开展了所谓的清队工作,主要在经济和政治两个方面对全所职工展开拉网式的排查。在经济方面,主要清理对象是资产阶级出身和地主富农出身的职工;在政治方面,主要清理对象是特务分子。蒋锡夔既是资产阶级家庭出身,又长期在美国留学,从这两方面来看,他都无法脱身。很快,蒋锡夔就被列为重点清理对象,与黄鸣龙、汪猷、黄耀曾、黄维垣等一批科学家一起,被拘禁在实验大楼的地下室,进行隔离审查。

在地下室内,他们几十个人同睡一个大铺,屋子中间放一只铁桶,供他们大小便使用。为了"逼供信"的需要,那些造反派在地下室的屋顶上安装了好多个200瓦的大灯泡,这些灯泡是昼夜不关的。造反派还给每个受讯人3只木箱,让受讯人坐在一只木箱上,另外两只木箱叠在一起,放在受讯人面前,供受讯人写交代材料和吃饭用。蒋锡夔本来体质就差,还经常失眠,在这样的环境里没住几天,就被折磨得不成样子了。

造反派对蒋锡夔的审讯主要集中在他的家庭出身问题上,与此同时,造反派还利用各种手段,逼迫他"招认"自己是美国特务这一身份。第一次长时间的审讯进行了3天3夜,造反派逼迫蒋锡夔在脖子上挂两只装满水的热水瓶,还要他双膝跪在两根棍子上面。这样一来,他的整个身体根本无法支撑,就摔倒在地上。于是,造反派便恶狠狠地骂道:"不愧是美国特务,居然耍赖倒在地上!"等蒋锡夔站起来之后,他们又把这两只装满水的热水瓶挂在他的脖子上,还命令他站在木箱子上。除了吃饭和大小便之外,他必须这样站着,经历了几十个小时,一直到他晕倒为止。尽管遭受如此折磨,蒋锡夔还是坚决不承认自己是美国特务。

第二次、第三次对蒋锡夔的批斗都持续了60多个小时。蒋锡夔依旧不肯承认自己是美国特务。最后,造反派威胁蒋锡夔说,如果还不承认自己是美国特务,他们将要使用最后的手段。当时,刘姵迪女士有孕在身,由于精神上不断受到折磨,已经两次出现流产的征兆。因此,造反派就威胁蒋锡夔要把刘姵迪带到地下室来看着他受审讯。听了此番话,蒋锡夔真正地感到绝望了! 当时,他已经做了最坏的打算,造反派对自己的种种折磨和羞辱他都能挺住,为了不让亲人遭受更大的磨难,他也做了自我牺牲的思想准备。

然而，蒋锡夔是幸运的，造反派威胁他的丧失人性的事情终究没有发生。

在采访蒋锡夔院士的大儿子蒋有衡先生时，他回忆道：

从我上小学起，"文革"就开始了。那时候，虽然我年幼，但还是记得爷爷奶奶的家被抄、自己的家被抄，父亲的单位里张贴着批判父亲的大字报，父亲母亲从家里被带走……这一切，在我的心里留下了深刻的印象。

蒋有衡先生继续回忆道：

父亲被造反派带走的那天晚上，我们一家三口正在吃晚饭。当时，有几个人来到我们家，他们和父亲交谈了几句，父亲就穿好衣服跟着他们走了。过了几天，他们把母亲也带走了。从此，家里就只剩下我和我们家的保姆。我们两个人一起生活了一段日子。当时，我只是一个9岁的孩子，并不知道究竟发生了什么事……

在采访黎占亭教授时，他说：

在谈到"文革"那段遭遇时，蒋先生告诉我，当时有机所有一批和他年龄相近的老专家都被关押在地下室。他们当中的大多数人都是从国外留学回来的，应该说他们都是国内化学专业领域里最好的一批专家了。那段被关押的日子，给蒋先生的身心造成很大的伤害。他现在身体状况这么差，只能整天躺在病床上，这一切与当时的那段经历是直接相关的。由于长时间脖子上挂着重物被批斗，蒋先生的颈椎受到了严重的损伤。1998年以后，蒋先生的病情逐渐恶化，受伤的颈椎压迫他的中枢神经系统，导致他晚年行走越来越困难。最终，发展到长期卧床不起。

1969年3月，有机所的清队工作结束。在地下室被关押了5个多月，受尽折磨的蒋锡夔以及一批科学家终于被释放了。回到家中，看着被抄得不成样子的家,看到有孕在身又饱受精神折磨的妻子,蒋锡夔泪流满面、百感交集……

4月6日,刘婳迪平安地生下了他们的第二个儿子。全家人都非常高兴,他们给孩子取名为蒋有亮,预示着新生命的诞生可以给家庭带来新的希望。黑夜终会过去,曙光将照彻天下!

1970年12月,蒋锡夔的父亲蒋国榜病危。蒋国榜一生作诗为文,他的前半生一直是修身养性、与世无争,后半生却因家庭和儿子历经坎坷。看着儿子在"文革"中经受各种磨难,蒋国榜的心里十分难受。蒋锡夔在美国华盛顿大学获得博士学位之后,在纽约的凯劳格公司一直干得很不错。这一切,父亲蒋国榜的心里是非常清楚的。那时候,他一直把儿子从美国寄回来的信放在枕头底下,一遍又一遍地翻阅。他为儿子在美国凯劳格公司的工作业绩感到骄傲。后来,蒋锡夔按照父母的意愿,克服重重阻力,回到了祖国的怀抱,回到了父母亲的身边。然而,没工作多久,蒋锡夔就开始被迫接受思想改造,接着是被批判、被批斗、被抄家……眼前发生的这一切,让父亲蒋国榜产生了当初让儿子选择回国是否正确这样的疑问。

在病重住院的那段日子里,蒋国榜把儿子蒋锡夔叫到病床边,用他那因中风而说得不太清楚的话语问儿子:"在'文革'中你吃了那么多的苦,是否后悔当初爹娘让你回国?"蒋锡夔心平气和地回答父亲道:"选择回到祖国,为祖国效力,我一点都不后悔。"听了儿子的这番话,蒋国榜很是欣慰,他终于可以放心了。12月4日,蒋国榜安详地离开了人世,享年78岁。父亲去世后,蒋锡夔和姐妹们对母亲冯乌孝倍加照顾,让她能够安享晚年。

在采访赵成学教授时,他这样说道:

"文革"时期,蒋先生在遭遇磨难之时,能够顶住压力,坚决不承认那些强加在他头上的莫须有的罪状,他也从来没有诬陷过别人。为此,蒋先生在精神和肉体上都遭受了很大的压力和创伤,他被关进地下室接受审讯,他的颈椎受到了严重的、永久性的损伤。然而,正是由于蒋先生经历过这些苦难,他的意志才会变得更加坚强,他才能够做到在逆境中坚持开展物理有机化学的基础理论研究工作,并且成立了全国第一个物理有机研究室。这一切,为他后来能够取得重大科研成果,成为国际一流的物理有机化学家打下了坚实的基础。

担任高级翻译

1971 年秋,蒋锡夔作为第三批学员被下放到上海市奉贤县的"五七干校"参加劳动。早在 1968 年 10 月,全国各地就陆续办起了"五七干校",大批干部和知识分子被下放到"五七干校"参加劳动,接受贫下中农的再教育。中国科学院上海分院的"五七干校"设立在当时的奉贤县,每期学员学习一年。

蒋锡夔在实验大楼地下室被隔离的那段日子里,身体受到很大的伤害,加上原有的劳累,因此在干校劳动期间他的身体状况越来越差。后来,他还得了痔疮,大便一直出血,也得不到治疗,真是痛苦难耐。在大田里长时间劳动之后,他常常感到身心疲惫,体力不支。

在采访蒋锡夔院士的同事盛怀禹①研究员时,他回忆道:

蒋锡夔和我一起住在一个老农家的茅草房子里,冬天的时候非常寒冷。蒋锡夔和其他人一样,主要干挑粪、浇粪、洗粪缸这些活儿。我年纪比较大,他们就让我看管仓库。当时的政宣组头头经常找我们谈话,他说,哪天你们闻到粪味儿觉得是香的,那就算改造好了。

盛怀禹研究员继续回忆道:

那时候也没有食堂,我们就和老农一起吃饭,每天粗茶淡饭,只能勉强填饱肚子。农村的卫生条件有限,农民喝的水是前一天晚上在水

---

① 盛怀禹,有机化学家。1949～1951 年,浙江大学研究生院化学系研究生兼助教。自 1951 年起,在中国科学院有机化学研究所工作,曾任研究员及博士生导师。

缸里放一些明矾，第二天澄清后煮开了就喝的。每天早晨起来，我们就在河岸边洗脸刷牙。而在河岸，那些农妇们正在河边洗马桶。总之，村子里所有的人，吃喝拉撒全部都在一条河里。

在"五七干校"劳动期间，有一天，蒋锡夔正在大田里插秧，突然接到干校的通知，让他到上海市革委会报到。原来，上海市革委会邀请了美国著名高分子化学家赫门·马克（Herman F. Mark）来访。马克是美国布鲁克林理工学院（Polytechnic Institute of Brooklyn）①的教授，聚合物化学的奠基人。美国化学会为纪念他在聚合物化学研究中的杰出成就，曾于1976年设立了马克聚合物化学奖（the Hernan F. Mark Polymer Chemistry Award），以奖励那些在此领域作出重要贡献的美国化学家。

马克在上海停留了十多天，蒋锡夔非常出色地完成了作为翻译的政治任务。对于蒋锡夔个人来说，担任这次翻译任务的最大好处是在这十多天里，他能够得到较好的休息，身体状况也有了一些好转。

这次翻译任务结束后，蒋锡夔又回到了"五七干校"。不过，他的英文水平给上海市革命委员会的有关领导留下了深刻的印象。不久，蒋锡夔就接到通知，被调到市里担任专职翻译。当时，上海市一共挑选了3个人，另外2个人都接受通知调到市里工作。然而，蒋锡夔却坚决不愿意调到市里。他很清楚只要接受这一调动，就可以离开"五七干校"，生活也可以得到很大的改善。不过，蒋锡夔更清楚的是，调离上海有机化学研究所也就意味着他将永远地离开自己所热爱的科研工作岗位。这一点，他是绝对不能接受的。他最大的愿望，就是有一天能够回到实验室，继续开展自己的研究工作。

在担任翻译工作的这段日子里，最让蒋锡夔感到自豪的是，他为1969年诺贝尔化学奖获得者巴顿（Sir Derek Barton）爵士担任翻译。巴顿爵士不仅在有机分子构象分析方面取得了重大成就并荣获诺贝尔奖，而且他在有机分子合成和反应机理方面的研究成果也相当不凡。

---

① 美国布鲁克林理工学院，2008年以前是一个独立的机构，后被纽约大学合并，更名为纽约大学工学院，成为纽约大学工程与应用科学方面的重要机构。

1973 年 11 月 21 日,时任英国伦敦帝国学院教授的巴顿爵士访问中国,并且要在上海作学术报告。巴顿爵士的第一个报告,是介绍他在青霉素和青霉素类似物方面所开展的工作。巴顿爵士是一位杰出的物理有机化学家,他在报告中论述了很多反应机理方面的内容。最初,领导指定担任巴顿爵士翻译的是上海药剂四厂的葛女士,她 1945 年毕业于圣约翰大学化学系,并且曾经在美国威斯康星大学(University of Wisconsin)获得硕士学位。因此,葛女士是蒋锡夔的大学校友。但由于受到化学专业知识水平的限制,葛女士在担任巴顿爵士学术报告翻译时,不少专业内容都不能够翻译到位,因此,她只能在现场不断地请求坐在身边的蒋锡夔给予帮助。看到如此情况,巴顿爵士主动提出直接让蒋锡夔来做翻译。在第二次作有关三氟甲氧氟化物(CF$_3$OF)报告时,就是由蒋锡夔来担任翻译的。巴顿爵士后来去了美国,在德克萨斯农机大学(Texas A&M University)化学系任教。在此期间,他指导了很多中国留学生。1985 年,巴顿爵士再次访问上海有机化学研究所,时任上海市市长的江泽民同志专门设宴招待他,这成为有机所在国际学术交流中一件引以为豪的事情。

　　1971～1972 年,蒋锡夔加入有机所新成立的燃料电池研究组。这个研究组主要是研究军工燃料电池原料聚苯三氟乙烯的合成。组长是吴宗美,她本是一位实验员。研究小组的组员中有蒋锡夔一直很器重的吴成九等人。吴宗美对蒋锡夔等科学家同样非常尊敬,她充分发挥大家的积极性,使得研究小组在很短的时间内就获得了研究成果,拿到了新样品。后来,吴宗美加入到蒋锡夔领导的物理有机研究室,并长期担任蒋锡夔的秘书,一直工作到退休。

图 4-3　1972 年秋,蒋锡夔从"五七干校"回来后与家人的合影

开展基础理论研究

1972 年 7 月，周恩来总理在接见诺贝尔物理奖获得者、美籍华人杨振宁博士之后，多次发表讲话，提出中国科学院要重视基础理论的研究工作。"文革"期间，中国的基础科学理论研究遭到了全盘否定，因此，中国科学院的基础理论研究工作几乎停止了。为了落实周恩来总理的指示，中国科学院在八九月召开的全国科技工作会议上呼吁，要大力加强基础理论研究工作，并起草了《关于加强基础科学和理论研究工作的报告》。在这样的政治背景下，1972 年底，上海有机化学研究所党委以及代所长汪猷等人，提出了要在所里开展基础理论的研究工作。

在此之前，汪猷已经领导并开展了多肽、蛋白质和核酸的合成工作，黄鸣龙、周维善等开展了天然产物的合成工作，这些都是属于基础理论的研究。因此，有机所领导在 1972 年底提出要进一步开展基础理论的研究工作，主要是希望能够开展关于有机反应和机理以及有机分子结构—性质关系方面的研究，这属于物理有机化学的范畴。然而，有机所那些搞基础理论研究的科研人员大多都在"文革"中遭遇不幸，因此，他们对于重新开展基础理论研究都有所顾虑，有人甚至认为在中国开展基础理论研究是不会有好下场的。不过，蒋锡夔可不信这些，他一直在努力争取重新开始自己的科研工作。一方面，他积极做好准备工作，另一方面，他主动地向领导提出自己的设想。因此，当支部书记找他商量此事时，他一口就答应下来了。

经过有机所党委的讨论决定，在蒋锡夔研究室里成立 608 组，主要开展基础理论的研究工作。该组由蒋锡夔担任组长，计国桢担任副组长，组员为吴成九、李兴亚、徐天霈、吴宗美和金香珊等。后来，赵成学和惠永正等也加入进来，608 组的队伍壮大了。

在 608 组成立的全所大会上，蒋锡夔作了关于《氟烯的自由基加成：结构和活性的关系》的开题报告,他系统地介绍了608组将要开展的研究工作的背景,以及需要解决的一些问题。在当时,蒋锡夔这种敢为基础理论研究立题的大胆行为,让其他科研人员为之震惊。608组成立后,蒋锡夔约法三章,要求全体组员在工作时间不看报纸、不干私活、不聊天。他自己更是以身作则,热情指导组员们开展研究工作。

608组研究的一个课题是关于氟烯烃的结构—特性关系。有关极性因素是否影响氟烯烃自由基加成反应的定位选择性的问题,早在20世纪五六十年代学术界就有争论。蒋锡夔在化学研究所工作期间,一直很关注这一问题。当时他认为,氟的高电负性和外层电子云的低极化性特征,使得其电子云密度大,排斥相连的烯烃 π-电子,从而产生与非氟烯烃不一样的区域选择性。1963年,在武汉大学召开的学术讨论会上,蒋锡夔就曾经提出这一观点,可惜当时还没有条件开展实验研究工作。而国内外其他学者大多都认为,在有机自由基稳定性因素中,只需考虑极性效应即可。

608组一成立,蒋锡夔就组织人员开展这方面的研究工作。通过严密的理论设计,608组的科研人员用实验证明了蒋锡夔在20世纪60年代提出的设想是正确的,他们发现自由基加成反应的定位也依赖于反应介质的极性等新的现象,他们还首次观察到定位选择性与溶剂的几何形状也有关系。这一研究结果,后来发表在1977年的《中国科学》上。

1971年,蒋锡夔加入有机所新成立的燃料电池研究组,主要研究军工燃料电池原料聚苯三氟乙烯的合成工作。当时蒋锡夔等发现,单体三氟苯乙烯的二聚反应选择性地生成了以头对头方式加成的产物1,2-二苯基六氟环丁烷。608组成立后,他们制备出1,2-二氟-1,2-二苯基乙烯,并且发现,这个化合物与四氟乙烯反应,形成同样的产物,从而证明了环丁烷加成产物的结构。1974年底,蒋锡夔等把这一结果写成论文,投到刚刚复刊的《化学学报》上,该论文于1976年1月以"中国科学院上海有机化学研究所氟烃组"的名义发表(在当时的特殊环境下,一切研究工作成果都反对突出个人,因此科研人员发表论文也不能署名)。

608组的这一研究工作本身,只是对一个反应产生的化合物结构进行鉴定,其学术价值有限。不过对于蒋锡夔来说,正是对这一反应的研究,才使得他们在 20 世纪 80 年代找到了一种可靠的反应模型,并且逐渐发展出一套"迄今为止最精确、最可靠的参数",最终证明了有机自由基稳定化中自旋离域效应的重要性。

紧接着,608 组在基础理论研究以及应用研究方面都开展了一些工作。当时,正好是邓小平同志复出,并主持国务院工作,他派遣胡耀邦同志到中国科学院主持工作。胡耀邦同志提出了中国科学院的业务骨干要大胆地抓好业务工作,政治工作要服务于科研工作。因此在这一时期,608 组没有受到大的冲击。上海有机化学研究所的学术委员会在 1973 年 4 月 27 日召开了"文革"后的第一次会议,蒋锡夔作为学术委员也参加了会议。

1973 年 6 月 3 日,蒋锡夔在圣约翰大学的校友杨念祖从美国回沪探亲,蒋锡夔亲自到虹桥机场去迎接。杨念祖此次回国探亲,还要访问上海和北京的一些科研院所。上海有机化学研究所对杨念祖的访问非常重视,并在 6 月 6 日安排他为全所科研人员作了一次关于技术仪器进展的报告。报告结束后,有机所的领导邀请杨念祖参观所里的实验室,并进一步召开座谈会。次日,在上海市科学会堂,杨念祖又作了关于有机光化学的学术报告,并再一次召开了座谈会。会后,上海市科技组的领导许言同志,特别宴请了杨念祖。

图 4-4　1973 年 6 月,蒋锡夔会见美国芝加哥大学杨念祖教授

这次见面,蒋锡夔并没有在工作和生活上与杨念祖进行更多、更深层次的交流。杨念祖对国内形势略有了解,因此,他并没有过多地询问蒋锡夔在国内的情况。

同年6月下旬,蒋锡夔在华盛顿大学的校友周同惠到上海药物研究所参加碳氢仪器分析会议。期间,周同惠到蒋锡夔家里拜访。老同学相见,分外亲切。他们互相述说过去几年中的遭遇,心情激动,感慨万分。在"文革"期间,周同惠也被批斗。幸运的是,他没有像蒋锡夔那样被关押和审查。

再次遭遇挫折

1974年初,江青一伙提出开展"批林批孔"运动,他们把矛头指向周恩来总理。这次运动历时半年左右。同年5月,蒋锡夔领导的608组被指责为"回潮组"。上海有机化学研究所领导根据新形势的要求,动员科研人员下工厂去,科研工作要面向生产第一线。至此,基础理论研究工作被迫停止。

在这段日子里,上海有机化学研究所购买了首台核磁共振仪。这个仪器是开展有机化学研究的必备仪器,在当时,国内的科研人员很少有人掌握核磁光谱的解析方法。到了1975年4月,在北京专门组织召开了一次核磁技术交流会,蒋锡夔代表上海有机化学研究所参加了这次会议。由于蒋锡夔在华盛顿大学的老同学梁晓天是核磁方面的专家,因此蒋锡夔一到北京,就到梁晓天家中去请教他关于核磁光谱的解析技术。这次交流会开了两个星期,蒋锡夔报告了608组在核磁方面开展的工作,并且得到了梁晓天的肯定。

如今,核磁共振已经成为有机化学研究的重要分析技术,是有机化学领域研究生和科研人员必须掌握的分析技术之一。

1975年11月初,全国开展了批邓、反击右倾翻案风的运动,这是"文革"末期最后一次大规模的政治运动。邓小平为扭转"文革"以来的混乱局面所做的努力被全盘否定,全国形势再度陷入混乱。

在有机所,蒋锡夔被戴上了"鼓吹基础研究"的高帽子,成为高级研究员中唯一一个被批斗的对象。中国科学院派来了工宣队,他们要求608组的组员对蒋锡夔进行彻底批判。然而,608组的全体组员没有一个人愿意出来说蒋锡夔一句坏话。于是,工宣队大头目不得不找蒋锡夔进行个别谈话,要求他彻底检讨自己,承认搞基础研究是错误的。面对如此荒唐的指责,性格倔强的蒋锡夔不但不承认所谓的错误,反而理直气壮地对工宣队大头目说:"我搞基础研究是国家的需要,我就是要为国争光!"此次谈话,历时3个多小时。

在"文革"那样的年代,蒋锡夔只是一个"反动学术权威"、"臭老九",竟然敢顶撞工宣队大头目,这是需要极大勇气的。"文革"结束后,只要一谈起这段经历,蒋锡夔和608组的每个人都会为他们当时的行为感到骄傲和自豪!

608组的基础研究被迫中止之后,他们不得不改做应用研究。所幸的是,蒋锡夔没有像在1969年那样受到人身的折磨。1976年3月,蒋锡夔把608组在搞基础研究时所研究的氟烯烃结构—特性关系方面取得的成果写成论文,投寄到《中国科学》。

在采访计国桢研究员时,他这样回忆道:

20世纪60年代,蒋先生和我先后来到上海有机化学研究所。当时,我们在一个研究室里工作。"文革"期间,蒋先生遭到了政治迫害。从1971年开始,周恩来总理多次在不同场合提出,要把基础科学的教学与科研工作搞上去,要把基础研究提到中国科学院的工作日程上来。当时,中国科学院领导就向各个研究所提出,希望大家都要重视基础理论研究工作。

1972年底,所领导邀请几位德高望重的科学家一起来收集和分析国内外的文献资料。经过讨论之后,大家提出了一些所里可以开展的基础理论性的研究课题。当时,蒋先生也提出了一个研究课题。在此之前,蒋先生一直从事氟化学的基础理论研究工作,还进一步开发和研制出氟橡胶、氟塑料等军工产品。早在 20 世纪 60 年代，蒋先生在研究含氟烯烃的过程中曾经注意到这样一个现象，含氟烯烃特殊的结构中间存在一个外电子云的模型，氟原子上面的两个孤对电子可以和 π 键之间产生相互作用，使得整个含氟烯烃具有很多特殊的性质。因此，这次蒋先生就提出了含氟烯烃的结构和性质的研究课题。当时，有机所里有一个学术活动室，蒋先生就在那里作了一场关于含氟烯烃的结构和性质研究的课题报告。报告会后，大家觉得这个课题既有深远的基础理论研究价值，又能理论联系实际，非常符合中国科学院提出的开展基础研究工作的要求。于是，所领导决定，由蒋先生牵头，组织并成立一个基础理论研究小组（即 608 组）。

基础理论研究小组成立之后，蒋先生向所领导提出，他需要一个既是党员又是骨干的年轻人来做小组的副组长。经所领导慎重考虑之后，把我调到蒋先生的小组任副组长。此后，我就跟随蒋先生一起做课题了。当时，我们就十来个人，领导分配给我们一间大的实验室，还有一个小小的办公室。在这个小小的办公室里，办公的人数最多的时候达 7 个人。

那时候，我们的实验室是实验大楼最东面的一大间，条件非常简

图 4-5　1973 年，蒋锡夔（前排左二）与黄维垣（前排左一）院士等人在有机所听报告

陋。我们自己动手,按照做含氟烯烃材料的实验要求,重新整理实验室地面、布置实验装置、选购实验器材。等我们把实验室的设备和装置都准备好之后,就正式开始研究含氟烯烃的结构和性能了。

计国桢研究员继续回忆道:

1974 年,全国范围内开展了批林批孔运动,我们所也不例外。根据新的要求,科研人员要下工厂,到生产第一线去,因此,所里的基础理论研究工作被迫停顿下来,我们小组的研究工作也遭到了批判。中国科学院派来的工宣队把我们和蒋先生分离开来,他们要求我们小组里的人揭发蒋先生。但是大家一致认为,我们所做的工作就是在搞科学研究,这并没有什么大的错误。后来,听说工宣队认为我们小组的人是"铁板"一块,硬得很。当然,他们对我们也毫无办法。

粉碎"四人帮"以后,国内的形势出现了很大的变化。1978 年,我们成立了中国科学院第一个物理有机化学研究室。事实上,1971～1972 年,我们所就成立了基础理论研究小组。在那样的年代,敢于用"基础理论研究"这个名称的,在中国科学院也就是我们这一家了。

1976 年 10 月 6 日,"四人帮"被全部抓起来了。"文革"终于结束了!

此时此刻,蒋锡夔和有机所的全体科研人员一样,欣喜万分,他们终于迎来了科学的春天。

同年 11 月,在写给表哥张树恩的信中,蒋锡夔这样写道:

这是一个多么不平凡的秋天!这是一个多么伟大的历史时刻!这一个月来,雄风猛出谷,一网扫尽牛鬼蛇神,吹尽妖云魔雾。顿时红日照万里,九亿欢心震宇寰!这样大快人心,大振人心,大得人心的迅雷胜利,人生能遇到一次,已足心愿矣。

作为一名在"文革"时期经历过精神与肉体摧残的科学家,蒋锡夔在信中尽情地表达了自己的快乐和满足。许多年过去了,每当蒋锡夔谈起"文革"时期的那段经历,他从来没有对自己曾经遭受的非人折磨而耿耿于怀,也没有对那些曾经攻击过他的造反派、工宣队太过计较。他经常谈到的是自己在这段人生最艰难的日子里,没有丧失做人的准则:不说假话。他为此而感到非常自豪!

第五章
潜心科学研究

重新发表论文

"文革"结束后,蒋锡夔很快就把他所领导的课题组的工作重点放在了1975年被迫停止的几个研究课题上。1977年6月1日,蒋锡夔收到了《中国科学》第二期期刊,上面刊登了他在1976年3月投寄的关于氟烯烃结构—性质关系研究系列的论文。《中国科学》是当时国家最高级别的学术刊物,在"文革"期间曾经停刊,1973年重新复刊。蒋锡夔的论文发表在1977年3月的第二期上,不过直到6月,他才在《中国科学》期刊上阅读到自己的论文。

当时,蒋锡夔对这篇论文非常重视,这是他写的第一篇有关氟烯烃结构—性质关系研究系列的论文。但是,今天我们重新阅读这篇论文时,对其印象深刻的则是这篇论文的表述方法。这篇论文引言中的第一段是这样写的:

含氟塑料和橡胶,几乎全部由含氟烯烃的自由基型聚合或共聚反应所合成。二者共同的基元反应,即为自由基对双键之加成。毛主席指出："理论的基础是实践，又反过来为实践服务"。

在正文的第一段里这样写道：

根据毛主席有关"去粗取精，去伪存真，由此及彼，由表及里"的教导，总结过去的有关实验结果和理论，使我们认识到，对氟烯烃结构—特性关系的认识，仍处于发展阶段。

在整篇论文中，每论述一个实验都要加一句毛主席语录。比如：

"世界上的事情是复杂的，是由各方面的因素决定的。看问题要从各方面去看，不能只从单方面看"。尤其是，反应(1,2)的热效应……

根据"分析的方法就是辩证的方法。所谓分析，就是分析事物的矛盾"的思考原则，可以估计到另一种反应可能。

在结论部分的第一段这样写道：

"事物的性质，主要是由取得支配地位的矛盾的主要方面所规定的。然而这种情形不是固定的，矛盾的主要和非主要的方面互相转化着，事物的性质也就随着起变化。"对自由基加成的定位选择性来说，情况也正是如此。

在整篇论文中，每一段毛主席语录都是用黑体字印刷的。用今天的眼光来看，这篇论文的表述方法，似乎有点不合常理，但它却完全符合当时的时代背景。与此论文同时代的许多论文或非论文的文章，都要运用这样的写作方法才可以发表。

1977 年 8 月初，上海有机化学研究所领导决定，让蒋锡夔为全所科研人员作一次报告，主要介绍基础理论研究的重要性。8 月 19 日下午，在阶梯教室里，蒋锡夔作了 2 个报告，题目分别为《基础研究的特点、作用和做法》和

《物理有机化学——近十余年来的回顾》。尽管蒋锡夔身体一直不太好，但是这一次他作了近 3 个小时的报告却一点也没感觉到疲惫。

参加全国自然科学规划会议

1977 年 9 月 5 日，蒋锡夔与刘铸晋①一起飞抵北京，参加了中国科学院组织召开的全国自然科学规划会议，为期 2 个月。与会者分组进行讨论，然后组织专人分别写出初稿，再汇总成文。蒋锡夔参加的是化学动态学起草小组，规划初稿写出后，大家对于今后规划的重点产生了分歧，主要是在学科规划与应用的关系问题上。在 10 月 7 日的讨论中，这个问题又被提了出来。对此，蒋锡夔从 4 个方面谈了自己的观点：第一，培养研究生的目的；第二，学科发展与化工部的关系；第三，化学数据的收集和数据库的建立；第四，学科规划与应用的结合。蒋锡夔主要对第四个方面提出了自己的观点，他的意思是学科规划就应该是针对学科的规划，而不应该把学科规划与应用联系起来。

大多数科研人员都会把自己的科研与实际应用联系起来，这本无可厚非。但是，对一些纯粹的、超前的理论问题的研究，在一段时期里，人们可能看不到它的实际应用价值。因此，如果把它们硬"绑"在一个潜在的应用中，是不切实际的。这就是蒋锡夔在讨论时提出的主要观点。已经五十出头的蒋锡夔能够直言不讳，坚持自己的观点，主张基础理论研究要撇开应用的束缚，他的这种做法在当时的大环境下，的确相当少见。

10 月 24 日，蒋锡夔在当天的日记中这样写道：

> 生平幸福日。午后得到党中央领导同志【的】接见。大家无比激动……同时又急着要看叶帅、小平同志。……叶帅、小平同志也是精神非常

---

① 刘铸晋，有机化学家，1952 年在美国罗切斯特大学化学系获博士学位，1955 年回国。后任上海有机化学研究所研究员。

非常得好。我心里想着,你们都是我们的大救星呀! ……我深感自己对党中央有着无比感恩图报的全心拥护的感情。就可惜时间太短了(6 分钟)。

蒋锡夔在日记里所描述的这种心情,真正代表了当年大多数中国知识分子在拨乱反正、粉碎"四人帮"时期的共同心声。回国 20 多年来,蒋锡夔从来没有如此激动过,因为他知道,他期盼已久的科学春天终于到来了。

10 月 31 日,蒋锡夔等一行乘飞机返回上海。

成立物理有机研究室

在北京开会期间,与会的有机所专家们已经在一起讨论,如何在新的形势下,按照自然科学规划会议的精神,对所里的基础研究工作进行布局。回来后,所党委书记边伯明①和所长汪猷,组织学术委员会成员讨论课题组的调整及增设新的研究室等问题。12 月初,所领导决定,在 608 组的基础上成立物理有机化学研究室。

11 月 9 日,所党委按照中国科学院在院所两级建立学术委员会的要求,决定并成立了由 23 人组成的第二届学术委员会②。蒋锡夔第一次成为研究所学术委员会委员。学术委员会的任务是安排和落实全所的学术活动,提出对研究人员的培养意见并进行业务考核,对科研工作的方向、任务和规划提出建议,初步鉴定所内的重要研究成果等。

1978 年 2 月 1 日,所党委书记边伯明和科技处处长姚介兴,召集即将成

---

① 边伯明(1907~1984 年),上海有机化学研究所第一任党委书记(1958~1964 年),1973~1978 年再次担任上海有机化学研究所党委书记,为所里科研工作的迅速恢复和提高作出了贡献。为了纪念边伯明,上海有机化学研究所把综合楼的一间会议厅命名为伯明厅。

② 上海有机化学研究所的第一届学术委员会成立于 1960 年。然而由于种种原因,成立之后基本没有做出过什么重大的决定。自第二届学术委员会成立后,学术委员会的活动逐渐走向正轨。蒋锡夔一直担任学术委员会委员,并在 1994~2002 年担任第四届、第五届学术委员会主任。

图 5-1　1983 年 1 月 8 日，蒋锡夔（前排右一）与物理有机研究室的同事（第三排右一：计国桢、第二排右三：李兴亚）

立的物理有机研究室的科研骨干开会。在会上，主要讨论科研问题，为研究室今后的工作方向听取意见。与此同时，边伯明预告了各研究室的研究方向及室主任名单，宣布把惠永正从原来的生物有机研究室调到物理有机研究室工作。第二天上午，在支部委员扩大会议上，边伯明正式宣布了所党委的决定，有机所将新成立 4 个研究室。这样一来，全所共有 12 个研究室，物理有机研究室成为第十研究室。下午，蒋锡夔就与惠永正、吴成九等讨论第十研究室的工作计划，并将讨论结果上报所党委。

　　2 月 14 日，有机所召开了 4 个新研究室的成立大会。边伯明宣布：郑瑞琴为第十研究室支部书记。作为研究室的负责人，蒋锡夔在会上也发了言。在以后多年的科研工作中，蒋锡夔带领物理有机研究室的全体同仁坚持开展基础理论的研究工作，逐渐成为中国科学院的一面旗帜。

　　1978 年 3 月，已经当了 22 年副研究员的蒋锡夔，终于被晋升为研究员。3 月 18 日，中共中央在北京召开了全国科学大会，邓小平同志发表重要讲话，阐述了两个重要观点：科学技术是生产力，科技工作者是工人阶级的一部分（1988 年，邓小平同志进一步提出："科学技术是第一生产力"）。在 3 月 31 日科学大会的闭幕式上，当时的中国科学院院长郭沫若作了标题为《科学

图5-2　1979年8月，蒋锡夔与惠永正在兰州

的春天》的重要讲话。此后，中国科学院提出了"侧重基础，侧重提高，为国民经济和国防建设服务"的方针。

　　6月16日，有机所复查组通知蒋锡夔，在"文革"中对他所下的那些结论，现为"不作处理"，即无任何问题需作处理。虽然这是可以预期的结论，但是蒋锡夔接到通知后仍然十分高兴。当晚，他写完了《上海科技报》预约的文章，标题为《和青年同志谈谈科技工作者的学风问题》。第二天，他应邀到锦江饭店参加由共青团上海市委组织的先进青年科技工作者的座谈会。

接待美国专家

　　1978年5月底，美国化学会代表团访问上海，这是美国化学会第一次派代表团访问中国。在代表团成员的12人中，有加利福尼亚大学伯克利分校（University of California, Berkeley）的核化学家格伦·T. 西博格（Glenn Theodore Seaborg 1912～1999）①和物理化学家李远哲（Yuen Tseh

---

① 格伦·T. 西博格（Glenn Theodore Seaborg 1912～1999年），美国核化学家。1951年，因发现超铀元素而获得诺贝尔化学奖。美国国家科学院院士。

Lee)①；哥伦比亚大学（Columbia University）化学系的布瑞斯劳（Ronald Breslow）②和西北大学化学系的易博斯（James Ibers）等。

当时，有机所的黄维垣、蒋锡夔、戴立信和周维善等参加了接待工作。6月1日，蒋锡夔和周维善陪同布瑞斯劳前往具有国际声望的化学家黄鸣龙家里拜访。当时黄鸣龙已经八十岁高龄，因病休养在家。6月2日下午，布瑞斯劳在有机所作学术报告，蒋锡夔担任报告会主持人。这一次，蒋锡夔让吴成九担任翻译。

7月18日，杨念祖再次回国，蒋锡夔到机场迎接，并在家里设宴招待。同时，他还邀请了黄维垣和刘铸晋一起参加。宴席上，大家共叙离别的时光，以及"文革"结束后国内所发生的巨大变化，感慨万千。10月1日，蒋锡夔全家陪同杨念祖前往吴淞口，他们乘坐"上海号"游艇一起游览黄浦江。1948年8月18日，蒋锡夔和杨念祖就是从这里乘坐美国远洋客轮"梅吉斯将军号"离开上海前往美国留学的。今日故地重游，蒋锡夔和杨念祖的心情都十分激动。

蒋锡夔在当天的日记里写下了这样一句话：

念祖亦兴高采烈，同想起正是三十年前离江东【而】去，三十年【一】挥手！何多感触……

出访英国

1978年11月，中国科学院组织有机化学代表团访问英国。代表团团长

---

① 李远哲（Yuen Tseh Lee），美国物理化学家。1986年与赫施巴赫（Dudley R. Herschbach）及约翰·波兰伊（John C. Polanyi）共获诺贝尔化学奖。

② 布瑞斯劳（Ronald Breslow），著名有机化学家和生物有机化学家，美国哥伦比亚大学化学系教授，美国艺术和科学院院士。曾担任哥伦比亚大学校长、美国化学会主席等职务。

由黄维垣担任,团员有蒋锡夔、戴立信和黄志镗①3人。这是蒋锡夔从1955年底回国后第一次踏出国门。当时,中国科学院把此次组团出访当作非常重要的政治任务来进行。

在伦敦访问期间,代表团首先访问了英国文化委员会,以及皇家化学会。皇家化学会总秘书向他们演示了利用计算机查询文献资料的过程,这是代表团成员首次看到计算机在化学研究方面的应用。利用计算机来查阅文献资料的快速与便捷,给蒋锡夔等人留下了深刻的印象。

图5-3　1978年,中国有机化学代表团访问英国(左起:蒋锡夔、黄维垣、黄志镗,慑于11月8日)

接着,代表团访问了帝国理工学院(Imperial College)、国王学院(King's College)、玛丽女王学院(Queen Mary College)、伊丽莎白女王学院(Queen Elizabeth College),以及大学学院(University College)等。在大学学院里,他们参观了著名的英格尔实验室(Ingold Lab)②。有机会到这样一个著名的实验室参观学习,这让蒋锡夔感到非常高兴。11月10日,中国驻英国大使馆的科技参赞胡克实招待了代表团全体人员,诺贝尔化学奖获得者亚历山

① 黄志镗,有机化学家,高分子化学家,中国科学院化学研究所研究员,1991年当选为中国科学院学部委员。
② 英格尔(Ingold, Christopher, 1893~1970年),英国著名物理有机化学家,他创立的研究方法和思想理论对国际物理有机化学的发展影响深远。

大·R.托德爵士(Lord Alexander R. Todd)①也应邀参加了招待会。

代表团又先后访问了圣安德鲁斯大学(University of St. Andrews),邓迪大学(University of Dundee),曼彻斯特理工大学(University of Manchester Institute of Science and Technology,简称 UMIST),帝国化学工业公司(Imperial Chemical Industrial Co. Ltd. 简称 ICI)有机研究部,兰开斯特大学(University of Lancaster),伯明翰大学(University of Birmingham),阿斯顿大学(University of Aston at Birmingham),华威大学(University of Warwick),牛津大学(Oxford University),戴森·培林实验室(Dyson Perrin's Lab),萨塞克斯大学(University of Sussux at Brighton),东安格利亚大学(University of East Anglia),剑桥大学(Cambridge University)等。

在曼彻斯特理工大学,蒋锡夔等人见到了著名的氟化学家、校长汉斯戴恩(Haszeldine)教授。在伯明翰大学,著名的氟化学家泰特罗(J. C. Tatlow)教授接待了他们,蒋锡夔还与他讨论了 C—F 键超共轭(hyperconjugation)问题。在东安格利亚大学,代表团遇见了著名的物理有机化学家凯威基(Allen R. Katriztky)等人。后来,凯威基到美国的佛罗里达大学担任教授,很多中国留学生到他的实验室进修或读研究生。他也多次访问中国,与中国科学家开展学术交流活动,并且成为了蒋锡夔的好朋友。

此次中国代表团出访的主要目的,是参观和学习国外的先进经验。当时,国内的科研工作还没有真正开展起来,代表团成员还无法与英国科学家进行正式的学术交流,因此代表团每到一个大学,大多都是由该校的化学或化工专业的教授接待。

代表团访问阿斯顿大学时,情况有了些许变化。负责接待代表团的是该校的化学系主任派克(WGS Parker)教授,以及高分子化学专业的斯哥特(G. Scott)教授。上午,由该校化学系各个专业的教授介绍他们的教学和研

---

① 亚历山大·R.托德爵士(Alexander R. Todd),英国科学家,1957 年因研究核苷酸和核苷酸辅酶而获得诺贝尔化学奖。

究工作。关于下午的安排,派克教授提出,是否可以由代表团成员用半个小时来介绍一下自己的工作情况。这一要求合乎情理,因此中国代表团无法推辞,便答应了下来。代表团成员商量后决定,此次介绍由蒋锡夔来主讲。当时,蒋锡夔认为,介绍自己的工作情况也就是四五个人坐在会议室交流一下,因此不用做特别的准备工作。不料,下午两点午餐结束后,派克教授带着蒋锡夔等人走进了一个小型阶梯教室,里面已经坐满了化学系的研究生、讲师和教授。原来,派克是要蒋锡夔作一个简短而正式的学术报告。蒋锡夔只得上台,简单地介绍了自己课题组所开展的研究工作。

在当天的日记中,蒋锡夔这样写道:

> 只好硬着头皮作了一个短演讲(告诉他们还是 20 年前我这样用英文作过报告)。黄志镗告(诉)我正好是 25 分钟。Dr. Moss 和 Jairie 提了问题,(我)作答。总算赢得了两次鼓掌,亦友好表示也。讲完后,Parker 还对研究生们说,要他们以后也要能像 Prof Jiang 那样可以在没有准备的情况下作好一个报告。临行前,Parker 还拿了 U. Aston 小校徽作为 prize(礼物)送我。Mr. Douglas 也认为我讲得不错,从无中断。但讲完后(我)很疲【劳】(因睡眠未足),下午 Prof. Blair 等的介绍皆很难记下了。

尽管蒋锡夔是以一种意想不到的方式首次在国外作了一个小型的学术报告,但是他所介绍的研究工作,已经代表了当时国内有机化学界的最高水平。由于他平时注重研究工作的积累,再加上他的英语水平一流,因此才能在看似无准备的情况下,比较顺利地完成了这个任务。

此次英国之行,历时 27 天。12 月 9 日,蒋锡夔返回上海。他在日记里这样写道:

> 此番考察过程中,我主要了解有关科研动向、新技术的运用、有关教学情况,进行学术交流、交朋友……对上述各点,主观上尚为努力,基本上完成了任务。缺点在于体力差,有时精力已尽,笔记没有做好;团内事务性工作很少参加。

回到北京后,蒋锡夔接到 65 届研究生卢钟鹤的电话。当时,已经在广州化学研究所工作的卢钟鹤请蒋锡夔帮他写推荐信,推荐他到芝加哥大学杨念祖的实验室去进修。蒋锡夔很快就为卢钟鹤写了推荐信。1979 年 9 月,卢钟鹤前往芝加哥大学进修。后来,他又转到伦塞利尔理工学院(Rensselear Polytechnic Institute)学习。

三次访问美国

早在 1977 年 1 月,美国华盛顿大学就派代表团访问中国。在此期间,代表团也访问了上海。该代表团团长谢恩(Irving Shain)为华盛顿大学的副校长兼教务长,他是蒋锡夔在华盛顿大学化学系的同班同学。1952 年,他们同届获得博士学位。1977 年 1 月 21 日,谢恩到达上海后,特地与蒋锡夔见面叙旧。当时"四人帮"刚刚被粉碎,蒋锡夔便提出,希望派中国学生到华盛顿大学去留学,谢恩非常赞同他的这一想法。回国后,谢恩到威斯康星大学麦迪逊分校(University of Wisconsin-Madison)担任校长,此后,他一直积极推动中美两国的文化和学术交流。

1979 年 2 月 15 日,谢恩率领威斯康星大学麦迪逊分校的代表团再次访问中国,代表团成员都是各学院的院长以及著名的专家教授。有机所的党委书记边伯明和蒋锡夔一起到虹桥机场去迎接他们。

当天,代表团入住静安宾馆。在宾馆大堂相互介绍时,谢恩对边伯明等中方人员说:"尽管上海很重要,有很多研究所和大学,但我必须承认,我带代表团访问上海的主要目的是想会见我的好朋友蒋锡夔教授。"谢恩的一席话,让蒋锡夔非常感动,也十分自豪。在威斯康星大学代表团访问上海期间,蒋锡夔热情地邀请谢恩夫妇到自己家中做客。

这段时间,蒋锡夔在基础理论研究领域中所获得的成果越来越多,因此,他在国内外同行中的声誉也越来越高。

在谢恩率团第二次访问中国之后不久,中国科学院决定组织化学代表

图 5-4　1977 年 1 月，威斯康星大学谢恩校长夫妇到蒋锡夔家做客
（左起：蒋有衡、谢恩夫人、蒋有亮、谢恩、蒋锡夔、刘婳迪）

团访问美国，考察美国的基础理论研究工作，蒋锡夔作为代表团成员一起出访。同团的科学家还有高鸿、汪德熙、彭少逸、钱人元、郭慕孙和钱保功等人，他们都是国内著名的化学家或化工专家。该代表团由中国科学院副秘书长李苏同志亲自带队，化学部的江峰、钱文藻和王仁全等一起随同出访。

在收到美国化学会负责接待工作的西博格（Seaborg）教授确认的日程安排后，代表团于 3 月 30 日离开北京，经日本东京转机到达美国夏威夷的檀香山。

在檀香山期间，蒋锡夔尽可能多地参加有机化学分会的报告。4 月 2 日，美国化学会举办欢迎午餐会。会上，蒋锡夔会见了许多著名的有机化学家。4 月 5 日下午，美国化学会专门安排中国代表团作学术报告，几乎所有的华裔化学家都来参加了此次报告会。蒋锡夔的报告作完后，桑特公司（Syntax）的李宗悌（Dr. T. Li）博士评价说："在美国这么多年，从来没有听到过一个中国人可以把英语讲得这么好。"CTC Organics（CTC 有机）刘为锐（Dr. Fred Liu）博士说："他比我们一些在美国生活多年的人说的英语还要好。"

4 月 8 日，代表团前往旧金山，参观访问了位于伯克利（Berkeley）的劳伦斯国家实验室。这个实验室有 5 000 多名员工，500 多名博士。参观结束后，

图 5-5　1979 年 4 月，中国科学院化学代表团访问美国（第二排左一：蒋锡夔，后排左起站立者：郭慕孙、王仁全、Yuan Lee，前排站立者：Glenn Seaborg，其他人：Gao Yisheng、钱人元、GuyiJan、Darleane C. Hoffman、李苏、汪德熙）

蒋锡夔等人对实验室设备及其工作状况印象深刻。

　　紧接着，代表团先后访问了加利福尼亚大学伯克利分校、斯坦福大学、加州理工学院，以及加利福尼亚大学洛杉矶分校。

　　在接下来的日子里，代表团成员分为两组，蒋锡夔、钱人元和高鸿一组，他们前往芝加哥大学参观访问，由杨念祖负责接待他们。然后，他们又前往威斯康星大学麦迪逊分校参观访问。谢恩校长亲自到机场迎接他们，还把他们接到自己家中盛情款待。

　　4 月 14 日，谢恩带领蒋锡夔等 3 人参观访问了威斯康星大学化学系，钱人元见到了自己的导师霍希费得尔（Joseph Hershfelder）教授。在那里，他们接连会见了十几名教授。

　　后来，蒋锡夔一行人前往哈佛大学（Harvard University）、麻省理工学院（Massachusetts Institute of Technology，MIT）以及哥伦比亚大学（Columbia University）参观访问。

　　这次出访美国，历时一个多月。蒋锡夔等人访问了美国最著名的十几所大学和研究机构，了解了国际上最新的科研动向，看到了自己的差距，也结交了不少朋友。

回到上海后,蒋锡夔到中国科学院上海分院向党组织汇报出国情况。当时,蒋锡夔是上海地区化学界赴美访问的第一位化学家。6 月 21 日,蒋锡夔在南昌路科学会堂向上海化学会有机化学组作访美报告。6 月 26 日下午,蒋锡夔又用了 3 个小时,向有机所党委详细汇报了访美经历。

1980 年,蒋锡夔没有出国访问。这一年,他在有机所先后接待了美国佛罗里达大学(University of Florida)的凯威基(Allen R. Katriztky)、哈佛大学(Harvard University)的都令(W. Von E. Doering)、日本化学代表团成员、德国慕尼黑工业大学的犹基(J. Ugi)、美国华人高分子科技访华团成员、加拿大麦吉尔大学(Mcgill University)的陈德恒、芝加哥大学(University of Chicago)的杨念祖、德国法兰西学院的雷恩(Jean-Marie Lehn)①等科学家。哈佛大学的都令教授是世界著名的有机化学家,在他来中国访问期间,蒋锡夔和吴成九专门向他请教了如何开展自由基加成的动力学研究问题。有一件事情让蒋锡夔感到非常高兴:从 1980 年起,有机所在作英文学术报告时,已经不用中文翻译了。

图 5-6 1980 年,蒋锡夔、刘婳迪夫妇设家宴招待哈佛大学都令教授

---

① 雷恩(Jean-Marie Lehn),法国化学家,斯特拉斯堡路易斯巴斯德大学教授,法兰西学院教授,超分子化学奠基人之一。1987 年获得诺贝尔化学奖。

图5-7　1998年6月，蒋锡夔主持雷恩教授在有机所的学术报告
会（雷恩教授是1987年诺贝尔化学奖获得者）

　　1981年7月30日，蒋锡夔第二次访问美国。他先后前往犹他大学
（University of Utah）、明尼苏达大学（University of Minnesota）、威斯康星大
学麦迪逊分校，以及自己的母校华盛顿大学进行访问和讲学。在威斯康星
大学麦迪逊分校，蒋锡夔见到了自己的好朋友谢恩校长。

　　访美结束之后，蒋锡夔前往加拿大温哥华，参加国际纯粹与应用化学联
合会（简称IUPAC）召开的有机化学会议，并且应邀作了学术报告。紧接着，
他又前往德国，参加了著名的弗莱堡自由基化学会议（Freiburg Free Radical
Meeting），并作了口头报告。之后，他再应斯塔伯教授之邀请，前往马普医
学研究所参观访问。

　　这次出国访问，蒋锡夔每到一处都要作学术报告，这是与前两次出国访
问最大的不同。几年来，蒋锡夔领导的物理有机研究室开展了大量的研究
工作，他们的科研水平有了显著的提高，科研成果也达到了世界一流水平。
通过这几年的努力工作，使得蒋锡夔具有了足够的实力，能够与国际同行进
行平等的交流和对话。在弗莱堡会议期间，蒋锡夔认识了美国《化学研究评
述》杂志的主编、加利福尼亚大学圣克鲁斯分校（University of California at
Santa Cruz）的约瑟夫·布内特（Joseph Bunnett）教授。蒋锡夔推荐研究生
徐天霏到布内特的实验室学习进修，布内特表示同意。1983年1月8日，徐
天霏以访问学者身份前往美国学习进修。后来，由于种种原因，徐天霏没有

回有机所,在美国工作至今。

1982 年,蒋锡夔在有机所先后接待了十多位外国教授的参观访问。其中包括哈佛大学的威斯默尔(Westheimer)和都令、犹他大学的沃林(Walling)(赵成学在国外进修时的导师)、瑞士洛桑大学的施洛瑟(Schlosser)、慕尼黑工业大学的休斯根(Huisgen)(李兴亚在国外进修时的导师)、加利福尼亚大学洛杉矶分校的福特(Foote)等。这段时期,物理有机研究室的科研工作也有了新的飞跃。计国桢、赵成学等都已经能够独当一面,成为各个课题组的带头人,他们已经能够与国际上著名的专家学者进行平等的学术交流了。

图 5-8　1993 年 5 月 11 日,蒋锡夔与汪猷、德国化学家休斯根等人
(左起:林国强、汪猷、休斯根、蒋锡夔)

5 月 5 日,蒋锡夔在有机所接待了普林斯顿大学(Princeton University)的琼斯(Maitland Jones, Jr)教授,并主持了琼斯教授的学术报告会。

1983 年 4 月 19 日,加拿大西蒙弗雷泽大学(Simon Flaser University)的周原朗教授访问上海有机化学研究所。周原朗是国际著名的物理有机化学家,和蒋锡夔相识许久,蒋锡夔的研究生伍正志就在他的实验室工作而获得博士学位。上午,周原朗教授在研究所作学术报告,由蒋锡夔主持报告会。下午,蒋锡夔与周原朗教授讨论了关于自由基方面的研究工作,双方都有不少的收获。周原朗教授多次来到中国进行学术交流,由此促进了中国物理有机化学专业中关于自由基化学的研究工作。后来,有机所有多名科研人员到周原朗教授的实验室进修和学习。

1983 年 9 月至 11 月,蒋锡夔第三次访问美国。在此期间,他先后前往美国的 14 所大学以及一家公司的研究性实验室作了 16 场学术报告会,为他主持学术报告会的都是国际著名的有机化学家。蒋锡夔所做的学术报告的内容,主要是关于自由基化学以及疏水亲脂相互作用这两个方面的研究。当时,蒋锡夔已经在这两个方面取得了不少高水平的研究成果,但大多数还没有发表论文。通过这次讲学及交流,蒋锡夔了解到国外同行对自己工作的一些评价及建议,这对他后来进一步的研究工作起到了相当大的促进作用。

国内同行学术交流

1979 年,蒋锡夔第一次访美回国后不久,就接到兰州大学刘有成[①]教授的邀请,请他参加在兰州大学召开的物理有机化学(重点是自由基化学)的学术讨论会。刘有成是我国物理有机化学的创始人之一。"文革"结束后,刘有成及其同事,正在努力恢复开展有机化学的基础研究工作。兰州大学化学系拥有刘有成、朱子清、陈耀祖等一批著名化学家。因此,他们在有机化学领域的学术水平一直在全国范围内名列前茅。为了促进科研发展、加强学术交流,兰州大学组织了这次学术讨论会。8 月 6 日,蒋锡夔带领惠永正、吴成九、赵成学等一行人飞往兰州,负责接待他们的是兰州大学的杨弟伦教授。

当天晚上,刘有成教授设宴招待了蒋锡夔一行人。这次会议的规模虽

---

① 刘有成,1948 年在英国利兹大学获得博士学位,赴美国西北大学、芝加哥大学做博士后研究工作,1954 年回国,任兰州大学化学系教授、系主任等,1994 年起任中国科学技术大学教授,1980 年当选为中国科学院学部委员。

图 5-9　1979 年 8 月，蒋锡夔与同事在兰州大学（左起：赵成学、蒋锡夔、吴成九，摄于物理有机化学会议期间）

然不大，但是国内一批老、中、青专家汇聚一堂，其中包括卢嘉锡、朱子清、邢其毅、胡宏纹、刘若庄、吴养洁、俞惟乐、江致勤等人。刘有成教授还特地邀请了两位日本学者一起参加会议。时任甘肃省委书记的宋平①同志以及兰州大学的刘冰校长也前来赴宴祝贺。

在兰州大学期间，蒋锡夔等人应俞惟乐的邀请，参观了中国科学院兰州化学物理研究所。俞惟乐是蒋锡夔在圣约翰大学的校友，国内著名的色谱专家。8 月 8 日，与会专家西北大学化学系主任陈运生教授交给蒋锡夔一封邀请信。此邀请信是由陕西省化学会、西安交通大学、陕西师范大学、西北轻工业学院以及西北大学联合发出的，他们共同邀请蒋锡夔前往西安为大家作学术报告。于是，蒋锡夔和邢其毅一起，于 8 月 15 日飞往西安。次日下午，他们先后作了学术报告。

从兰州回到上海后，蒋锡夔又应南京大学胡宏纹教授之邀请，前往南京大学化学系作学术报告。9 月 19 日下午 2 点，蒋锡夔在南京大学作学术报告，主要介绍上海有机化学研究所物理有机研究室所开展的一系列科研工

① 宋平，曾任中共甘肃省委第一书记、中共中央政治局常委、中共中央组织部部长。

作。报告厅内座无虚席,还有不少年轻人只能站在后排听讲。78 岁高龄的化学家、时任南京大学副校长的高济宇①院士也来听蒋锡夔作报告,这让蒋锡夔感动不已。

1981 年 11 月 22 日,在蒋锡夔的主持下,第一届全国物理有机化学学术会议在桂林召开。这是国内物理有机界的盛会,高振衡、刘有成、邢其毅、梁晓天、刘若庄和吴养洁等,都参加了会议。会议开得很成功,上海有机化学研究所物理有机研究室的全体研究人员和研究生都参加了会议。这次会议的召开,给国内的同行们提供了一个学习交流、相互认识的机会。后来,蒋锡夔又连续 4 届主持了国内的物理有机会议。

图 5-10　1981 年 11 月,蒋锡夔与国内其他专家在广西桂林(左起:蒋锡夔、高振衡、袁承业、梁晓天,摄于蒋锡夔主持召开第一届全国物理有机化学学术会议期间)

1982 年 9 月 19 日,蒋锡夔参加了在南京举行的中国化学会 50 周年学术报告会。在紧接着召开的第四届中国化学会全国大会上,选出了第二十

① 高济宇,有机化学家、教育家。1931 年获美国伊利诺伊大学博士学位,曾任南京大学教授、教务长、副校长等职。1980 年当选为中国科学院学部委员。长期从事有机合成研究和有机化学教学工作。编写了全国统编教材《有机化学》。

一届理事会理事,蒋锡夔当选为常务理事。21日下午,蒋锡夔作学术报告。12月22日,上海有机化学研究所的蒋锡夔等28人,前往北京参加化学会的讨论会。

国家自然科学三等奖

1982年初,国务院下达通知,评选国家自然科学奖、国家发明奖和国家科技进步奖这三大奖项。按照上海有机化学研究所领导的要求,蒋锡夔对自己从1956年回国工作以来,断断续续开展的基础理论研究工作进行了总结。研究所学术委员会根据蒋锡夔递交的总结材料分析讨论后决定,将此材料报送中国科学院,申请国家自然科学二等奖。国家自然科学奖主要奖励开展基础理论研究工作的科研人员,它强调研究项目学术思想的原创性。当时,蒋锡夔他们申报的成果主要包括推荐材料及已经发表的13篇论文,题目为"有机氟化学和自由基化学的研究"。最终,蒋锡夔他们的申报项目被评为国家自然科学三等奖,获奖人除了蒋锡夔外,还包括吴成九、徐天霏、李兴亚、陈庆云、金香珊、马振中、计国桢、章云祥、赵成学和张俊逸等。

1982年10月21日,蒋锡夔等到北京参加全国科学技术奖励大会,并领取了奖励证书。在成果介绍一栏中,这样写道:

20世纪50年代有机氟化学和新型含氟材料的研究在我国还是空白。蒋锡夔于1955年底自美国回国后,即开始组建有机氟化学研究室,并承担了多项国防尖端任务的研制工作,取得了一批重要成果,如研制成功了三种氟橡胶,其中1号氟橡胶1966年获国家科委授予的发明证书;耐开裂氟塑料FS-46的研究获得1979年国防科委颁发的二等奖。与此同时,在有机氟化学和自由基化学的基础和理论研究方面亦有不少建树,提出了很多新的观点,取得了有学术价值的成果。简述如下:

（1）蒋锡夔根据机理推测发明了一个新的反应，并利用这一反应合成了一系列新型化合物，即四环的含氟 β-磺内酯。这可能是第一个中国人发明的新反应，论文发表后很快受到国外有机化学家们的重视和引证。近年来这一反应已在国内外得到重要的应用。

（2）20 世纪 50 年代末、60 年代初，蒋锡夔就提出了关于非自由基型碳—氟键反应的一般性规律的新假设，即：在一般反应条件下非自由基型反应中的碳—氟键不能参与 S_N1 或 S_N2 反应（而 S_N1，S_N2 在一般有机化合物中却是最典型和普遍的反应之一），只有当碳—氟键的 β-位原子上存在一对电子时，才可产生在形式上是背面进攻而造成的碳—氟键的断裂；在强酸性条件下，碳—氟键的断裂还可以得到酸性试剂在正面进攻的协助。此新假设可很好地解释不少当时文献中解释不当或认为无法解释的一些事实和异常现象。重要的是，这一规律已经经历了 30 余年的考验。

（3）蒋锡夔在总结卡宾反应的基础上，对卡宾化学进展中存在的一些问题提出了自己的一些观点和见解。蒋锡夔用实验否定了闻兹里克（Hans-Werner Wanzlick）有关"亲核卡宾"的论点。

（4）首次合成了全氟叔丁基碘和全氟叔丁基溴，并在此基础上根据光谱数据首次提出了与过去一般公认的顺序相反的全氟烷基吸电子诱导效应顺序（这一顺序也已经历了 25 年的考验）：$(CF_3)_3C > (CF_3)_2CF > CF_3CF_2 > CF_3$。此外，还用全氟叔丁基碘作调聚剂与偏氟乙烯进行反应，得到了新型的调聚物，例如 $(CF_3)_3C(CF_2CF_2)_2I$，以及一系列新的化合物。

（5）通过多种实验手段，证明了 α,β,β-三氟苯乙烯环加成二聚物的结构式是头-头加成物，从而否定了苏联化学家在二聚物结构上的结论。

（6）合成了六种新的含氟过氧化酰，测定了它们的热分解动力学参数，并从中发现了一个新的现象，即分子内氢键的存在加速了化合物的热分解速率。

（7）为了探讨环丙基自由基对不同的不对称含氟烯 $CHF = CH_2$，

$CF_2 = CH_2$，$CF_2 = CHF$ 进行加成反应的定位选择性（R），建立了一系列的动力学测试方法。合成了 17 个新的含氟烷基单取代环丙烷，并指出了这些化合物的核磁共振谱的有趣规律。通过筛选 22 种溶剂，并根据在两种混合溶剂中的动力学数据，肯定了自由基加成反应定位选择性（R）对介质的依赖性，并进一步发现自由基对烯烃的加成反应中存在着特殊溶剂效应，它只与溶剂分子的几何因素或分子形状有关。

这是蒋锡夔在长期的基础理论研究工作中所获得的第一个国家级奖励。这次获奖，给予蒋锡夔等人莫大的鼓励，也使得蒋锡夔更加坚定了搞基础理论研究的信心。

1990 年，戴立信院士、计国桢研究员在为《科学家传记大辞典》撰稿时这样写道：

20 世纪 60 年代初，在对大量全氟及多氟有机化合物研究的基础上，蒋锡夔提出了"非自由基 C—F 键反应的一般性规律"，指出：在一般条件下，全氟及多氟型 C—F 键不参与 S_N1 或 S_N2 型反应。但是，当反应物、反应中间体或反应过渡态三者中任何一个，在 C—F 键的 β 位原子上具有或出现电子对或部分电子对时，则该 C—F 键较易异裂。这一规律性的认识，为 10～20 年后有机氟化学反应的研究及发展所全部证实。

蒋锡夔在求学时即认识到，对客观事物的认识在于对其规律性的掌握。因此，在有机化学的研究中，他特别重视积累数据，总结规律，由此而提出富有创造性的概念。尽管他 1955 年回国后，大部分时间从事的是军工、应用研究，"文革"十年又遭到迫害，但他始终没有放弃掌握基础学科的新进展。一旦条件许可，他即带领队伍，组织力量逐步填补我国化学界的空白——物理有机化学。这一基础性的研究工作，尽管受到各种各样风浪及思潮的影响，但他始终没有动摇对科学真理的追求。由于他和共同工作的同事们的多年辛勤劳动，终于获得了丰硕的成果。

第六章
科研成果新进展

新的突破

1984 年 2 月 25 日,上海有机化学研究所召开 1983 年度总结大会。会议结束后,第十研究室的人留下来继续开会,当时的副所长王志勤①同志首先宣读了任命通知:

> 经所长办公会议讨论,所党委研究同意,任命蒋锡夔同志为第十研究室主任,李兴亚同志为副主任。

然后,王志勤同志又宣读了中国科学院院长卢嘉锡②同志写给上海有机

---

① 王志勤,生于 1931 年,有机化学家。根据国家需要,他承担分离铀同位素必需的氟油研制工作,为中国第一颗原子弹爆炸作出了贡献。曾任中国科学院上海有机化学研究所所长,中国科学院上海分院院长等职。

② 卢嘉锡(1915~2001 年),杰出的物理化学家、化学教育家和科技组织领导者。曾任中国科学院院长。对中国原子簇化学的发展起到了重要的推动作用。

化学研究所的公涵,祝贺蒋锡夔同志访美成功:

> 祝贺你去年 11 月访美的圆满成功,也祝贺你和同志们做出了颇为出色的研究工作。我们的科技外事活动都应该以自己扎实的研究工作为基础,只有这样,才可能取得较大的收获。……谢谢你在访美回国后很快就给我们寄来了总结报告,盼望你和同志们在新的一年中做出更多更好的研究成绩!

早在李兴亚的任命之前,蒋锡夔就向所领导提议,第十研究室增设一名副主任。任命通知传达后,几位课题组负责人到蒋锡夔办公室去开会。会上,蒋锡夔提出要大家支持李兴亚的工作,并且提出,今后惠永正的课题组完全独立开展工作。

1984 年 3 月初,蒋锡夔接到来信,范伟强有关疏水亲脂相互作用促进的有机分子簇集和自卷曲的工作被《美国化学会志》接受并发表,这是蒋锡夔提出开展这个方向工作以来取得的重大进展。3 月 18 日,蒋锡夔到北京大学参加中国化学会有机化学发展战略讨论会。

5 月 18 日,哈佛大学的都令教授访问上海有机化学研究所。为了让年轻人有机会与国外著名专家面对面地进行学术交流,从这一年起,蒋锡夔在接待国外专家时都尽量让他们直接参加交流与讨论活动。在都令教授来访时,蒋锡夔让计国桢与都令教授直接讨论关于自由基自旋离域参数的研究问题。在此期间,蒋锡夔的研究生于崇曦正在研究三氟苯乙烯自由基热二聚加成反应的取代基效应,而蒋锡夔和计国桢两人正在探索自由基加成反应中的自旋离域参数问题。

听了计国桢等人的介绍,都令教授对这些研究工作的进展情况表示十分肯定。然后,李兴亚又向都令教授介绍了范伟强在疏水亲脂相互作用促进分子簇集和自卷曲方面的研究工作进展情况。对此,都令教授更是赞不绝口。

7 月 23 日,蒋锡夔接到来信,他的研究生范伟强的第二篇论文被《美国化学会志》接受并发表。8 月 8 日,蒋锡夔被聘为中国科学院学位委员会第二届委员,前往北京参加了学位委员会会议。8 月 17 日,范伟强的博士论文通过答辩。他和同期参加答辩的几位研究生一起,成为中国自己培养的第一批有机化学专业博士。9 月中旬,第二届物理有机化学学术会议在杭州召开。会议期间,蒋锡夔忙里偷闲写完了有关疏水亲脂取代基参数与化学反应性之间关系的论文,这一研究工作是由范伟强完成的,1985 年 12 月也在《美国化学会志》上成功发表。蒋锡夔的一个研究生在国际最高级别化学期刊上发表三篇论文,在国内有机化学界引起轰动。

1984 年 10 月 5 日,应蒋锡夔的邀请,美国加利福尼亚大学圣克鲁斯分校的布内特教授来上海有机化学研究所访问。布内特教授是美国《化学研究评述》的主编。1981 年,蒋锡夔在德国参加了著名的弗莱堡自由基化学会议,在此期间他认识了布内特教授,并推荐徐天霭到布内特的实验室学习进修。《化学研究评述》主要是邀请在某一领域做出系统创新性研究工作的科学家撰写综述,它一般不接受作者的主动投稿,因此让该杂志主编熟悉某人所开展的研究工作,对于在该杂志上发表文章是非常关键的。为此,上海有机化学研究所的领导对布内特教授的来访非常重视。

10 月 8 日,黄维垣所长亲自主持了布内特教授的学术报告。为了让布

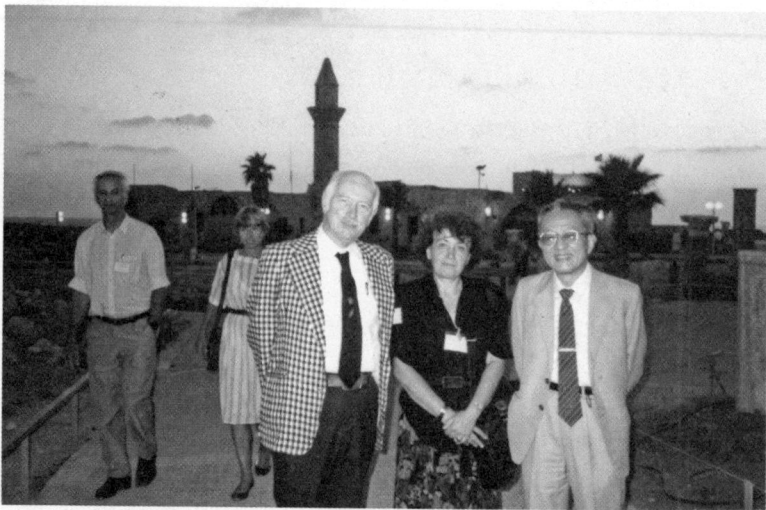

图 6-1 1990 年 8 月 10 日,蒋锡夔(前右一)与布内特(前左一)教授(摄于第十届国际物理有机化学会议期间)

内特教授对有机所的科研工作有更深入、更全面的了解,所领导还安排了数名研究员与布内特教授进行学术交流。后来,上海有机化学研究所的多名科学家应邀在《化学研究评述》上发表文章,这对于扩大中国科学家在国际上的影响起到了重要的作用。

10 月 14 日,蒋锡夔前往桂林,参加了由化学所组织的第三届全国光化学会议。10 月 16 日,蒋锡夔作了大会的第一个报告,介绍了他在有机分子簇集和自卷曲方面的研究工作。蒋锡夔一口气讲了 80 分钟,主要从概念出发,系统地讲述了他们的基本研究思路。由于蒋锡夔所做的一部分工作不仅在《美国化学会志》上发表了,而且已经引起了国内外同行的高度重视。因此他的报告结束后,有很多同行提出了问题,与会者讨论得十分热烈。

在这次会议上,蒋锡夔第一次遇到了中国科学院感光化学研究所(现为理化技术研究所)的佟振合[①]。1983 年,佟振合在美国哥伦比亚大学获得博士学位。他的导师是世界著名的有机光化学家特洛(Nicholas J. Turro)教授。那时候,佟振合刚刚回国,他正在积极地筹建自己的实验室。佟振合对惠永正和蒋锡夔在直链淀粉(amylose)方面所开展的研究工作很感兴趣,他托人请蒋锡夔带一些样品给他。

尽管蒋锡夔和佟振合两人在这次会议上没有进行深入的交谈,但在以后的二十多年中,他们俩在工作中结下了深厚的友谊。刚开始做有机分子簇集时,蒋锡夔用的是动力学方法。然而,用此方法做实验的话,测定一个数据往往需要很长的时间。当时,佟振合在中国科学院感光化学研究所工作,有一套做瞬态光谱的仪器,而上海有机化学研究所里还没有这样的仪器设备,因此蒋锡夔与佟振合就开始了长期的合作。自从与佟振合合作之后,蒋锡夔他们做实验就有了更多、更好的实验方法,比如荧光等实验方法,实验效果更加显著,操作起来更加简单,应用范围也更广泛。在各自的研究领域里,蒋锡夔与佟振合相互支持与合作,共同完成了很多研究工作。那时

---

① 佟振合,有机化学家,中国科学院理化技术研究所研究员。1983 年获美国哥伦比亚大学博士学位,1999 年当选为中国科学院院士。2005 年获国家自然科学奖二等奖,2008 年获亚洲及大洋洲光化学学会成就奖。

候,蒋锡夔经常派学生到佟振合那里做光化学实验,如蒋锡夔的学生屠波、费铮翔等都在佟振合那里做过实验。

通过与蒋锡夔的长期合作,佟振合也在蒋锡夔所搞的研究项目中受到一些启发,不久,他在疏水亲脂相互作用促进有机光化学反应方面的研究工作同样取得了重要的突破。

图 6-2　2000 年,蒋锡夔(左)与佟振合(右)在日本

1985 年 5 月 6 日,美国亚特兰大埃默瑞大学的门格教授访问有机所。在与蒋锡夔交谈时,门格教授告诉蒋锡夔:"看到你们在《美国化学会志》上发表的研究工作进展情况,我又开始了这方面的研究。"听了门格教授这番话,蒋锡夔很是欣慰。因为自己所做的研究工作,重新启发了别人的研究工作,这种褒奖的确来之不易。(前面已经提到,门格教授提出过一个观点:一些长链分子在水中有簇集现象。但是,他并未就此现象深入地研究下去。)

门格教授回国后,邀请蒋锡夔到美国访问。后来,门格教授还接受了蒋锡夔的博士生费铮翔去他的实验室做博士后研究工作。

有关疏水亲脂相互作用促进有机分子簇集和自卷曲的研究工作,开始于蒋锡夔和他的团队对一种异常现象的仔细观察和研究。这一领域的研究工作,后来成为蒋锡夔长时间开展的一项研究课题。最终,蒋锡夔他们因此而获得突破性的进展,并且在基础理论研究方面获得重大的科研成果,这一结果看似"幸运",其实则是蒋锡夔一贯坚持在科学研究中不放过任何细微现象,努力探索和研究所取得的成功。

讲 学

1985 年 9 月,刘有成在兰州大学组织召开一次自由基化学国际研讨会。8 月底,应邀来华参加会议的加拿大研究院的凯斯·英格尔(Keith U. Ingold)首先来到上海有机化学研究所进行交流访问。凯斯·英格尔在 21 岁时就已经在牛津大学获得博士学位,他的父亲克里斯托夫·英格尔是物理有机化学的创始人之一。凯斯·英格尔是国际著名的自由基化学家,也是抗衰老自由基氧化剂研究方面的权威。

图 6-3　1989 年 9 月,蒋锡夔与凯斯·英格尔夫妇

在有机所,计国桢和赵成学两人与凯斯·英格尔交流了他们在自由基化学方面所开展的工作。当时,在蒋锡夔的带领下,物理有机研究室在自旋离域参数研究方面已经取得了重要的进展。凯斯·英格尔对蒋锡夔等在这方面所开展的研究工作很感兴趣,他说:"多年来,我一直期待有人来解决这

个问题。"凯斯·英格尔的这一评价，让有机所的同行们很受鼓舞。后来，经过多年的不懈努力，蒋锡夔等人在1992年建立起了一套迄今最可靠、最完善的自由基自旋离域参数。

9月6日，蒋锡夔、李兴亚和计国桢前往兰州大学参加国际自由基化学研讨会，还参加了朱子清①院士从事教育和科学工作60周年的学术报告会暨庆祝大会。9月13日，他们返回上海，得知范伟强的疏水亲脂参数相关研究的论文被《美国化学会志》接受并发表。

1985年9月26日到11月25日，蒋锡夔对日本进行了为期两个月的访问，并且被日本振兴学会授予JSP访问研究员职位。在此期间，蒋锡夔先后访问了日本的东京大学、九州大学、广岛大学、京都大学、日本理化所、北海道大学、东北大学、东京工业大学、名古屋大学、名古屋市立大学、筑波大学、东京药学院等14所大学和研究所，并做了18场学术报告。

1986年9月16日到12月13日，蒋锡夔应邀访问了加拿大和美国的28所大学及研究机构，作了27场学术报告。蒋锡夔应邀进行的这些学术交流与访问活动，极大地提高了上海有机化学研究所在国际同行中的知名度，同时也进一步促进了中国化学界的科研人员与国际同行的学术交流活动。

对此，当时正在美国工作的吴云东院士②深有体会，在采访中他说道：

> 我第一次见到蒋先生是在美国加利福尼亚大学洛杉矶分校。那时候，蒋先生应邀来学校做一个学术报告，我也去听了。当时，我已经在美国十年了。在美国，我听过两位中国大陆的科学家所作的学术报告，第一位是上海有机化学研究所的汪猷先生，那时候，我在匹兹堡大学；

① 朱子清，有机化学家、教育家。1933年获美国伊利诺伊大学研究院哲学博士学位。1934年转赴奥地利格拉兹大学，在诺贝尔奖获得者普雷格尔(Fritz Pregl)建立的实验室学习微量分析。1935年回国。在天然产物贝母植物碱的研究方面，曾经居于国际领先地位。1955～1989年任兰州大学教授，为祖国培育了大批人才。

② 吴云东，1982年毕业于兰州大学，1986年获得匹兹堡大学化学博士学位。之后在加利福尼亚大学洛杉矶分校和德国埃郎根纽伦堡大学从事研究工作。1992年到香港科技大学化学系任教。2005年当选为中国科学院院士。

图 6 - 4　1986 年 10 月，蒋锡夔访问哈佛大学之后与教授们在一起
（左起：Doering、Grabowski、蒋锡夔、Jones 和 Westheimer）

第二位就是蒋锡夔先生。应该说，蒋先生在国际同行中的学术地位是相当的高，那时候，他已经是一位非常有名气的专家了。听他作报告，印象最深的就是蒋先生的英语非常好，我们的英语水平根本没法跟他比。作完报告之后，我们几个中国留学生特意留下来，跟蒋先生做了进一步的交流。

吴云东院士继续说道：

　　1992 年夏天，我来到香港科技大学工作。大约在 11 月，蒋先生来香港访问，在香港科技大学作了一个学术报告。当时，蒋先生讲的是取代基对自由基的稳定性的影响。他主要讲的是两类自由基，一类是碳自由基，一类是氧自由基；它们的取代基效应是很不一样的。听了这个报告，我就对蒋先生所做的研究工作很感兴趣。后来，我和蒋先生对此问题又做了比较深入的探讨。此后，我们在科研工作中开始了一段合作。经过两年多时间的合作，我们共同解决了一些问题，还一起发表了文章。

吴云东院士总结道:

　　我觉得,蒋先生在我们的心目当中是一个地位很高的学者,他待人非常和蔼可亲。蒋先生对我后来的成长也有很多的帮助。我认为,蒋先生对我们国家的物理有机化学或者是有机化学科研工作的发展作出了非常大的贡献。

里程碑式的成果

　　蒋锡夔的研究论文不断地在国际一流的学术期刊上发表,这一现象越来越引起国际同行的重视。1986 年 8 月,蒋锡夔接到印度科学院院刊主编的来信,邀请他提交论文到该杂志发表。此邀请也是该学术期刊提高国际知名度的方式之一。于是,蒋锡夔就把他的研究生黄邦洲在疏水亲脂相互作用方面的研究工作写成两篇论文寄给印度科学院院刊。1987 年,这两篇论文在该院院刊上发表。这一年,蒋锡夔发表了 11 篇研究论文,其中的 7 篇

图 6-5　1988 年 10 月 8 日,蒋锡夔在日本 KISPOC-Ⅲ上作报告(摄于第三届九州国际物理有机化学会议期间)

发表在国际学术期刊上。这是蒋锡夔收获颇多的一年。

由于蒋锡夔等人在疏水亲脂相互作用促进有机分子簇集和自卷曲研究方面取得了重要的成就，1987 年 6 月 30 日，蒋锡夔应邀在韩国汉城召开的亚洲化学大会上作了专题报告。1988 年 10 月 8 日，在日本九州大学召开的国际物理有机化学会议上，蒋锡夔又一次作了大会邀请报告。1988 年 10 月，蒋锡夔应香港中文大学麦松威和黄乃正①之邀请，前往香港讲学。10 月 18 日和 21 日，蒋锡夔先后在香港中文大学和香港大学作学术报告，他的研究工作受到了两校同行的高度评价。

1988 年，蒋锡夔受邀在美国《化学研究评述》撰文，对"有机分子簇集和自卷曲"这一方面的工作做了系统的论述，并列举出 13 个需要进一步解决的重要方面，指出了未来工作的大方向。早在 1987 年，蒋锡夔就收到了美国《化学研究评述》主编布内特的来信，邀请他在该杂志撰文介绍关于有机分子的簇集和自卷曲的研究及进展。在过去的 6 年中，蒋锡夔在这个领域已经提出并确立了簇集、分子自卷曲、临界簇集浓度、溶剂促簇效应和能力等重要概念，并首次观察到取代基极性参数与簇集倾向性及化学反应性之间存在相关关系、分子自卷曲能用于促进大环化合物的形成等。该文章发表后，被国内外同行广泛引用。有资格受邀请在美国《化学研究评述》这样威望甚高的学术期刊上就自己的研究工作发表评述，在当时是一个里程碑式的成果，说明蒋锡夔已经跻身世界一流的有机化学家的行列了。

1989 年 9 月 4 日到 10 月 5 日，蒋锡夔到苏联和波兰进行访问与讲学。在此期间，他先后访问了莫斯科大学以及波兰的 3 所大学，并且在国际氮氧化物自由基大会上作大会邀请报告。

与此同时，蒋锡夔开展的另一项研究工作是建立一套完善的自由基自旋离域参数。这项研究工作开始于"文革"期间对军工产品的研究与开发。当时，蒋锡夔课题组需要合成三氟苯乙烯，用于研发氟塑料。在此研究过程

---

① 黄乃正，1976 年获英国伦敦大学博士学位，在上海有机化学研究所工作过两年，1983 年他回到母校香港中文大学化学系任讲师，不久就升任讲座教授。香港回归祖国后，黄乃正和麦松威先后当选为中国科学院院士，黄乃正还长期担任有机所兼职研究员，每年在有机所招收指导研究生。

图 6-6　1989 年 9 月,蒋锡夔与苏联雷托夫(Reytove)院士及其秘书(左起:
雷托夫、蒋锡夔、雷托夫院士的秘书,摄于蒋锡夔在苏联和波兰访问和讲学
期间)

中,他们发现这一化合物(即三氟苯乙烯)能够高选择性地二聚形成四元环
化合物,这也是研究自由基取代基效应的理想反应。然而,在利用取代基极
性效应参数对这一反应的取代基影响相关联时却得不到理想的结果。蒋锡
夔认为,其中的原因除了极性效应外,还应该存在另一种效应,即自旋离域
效应。

关于自由基取代基参数的研究工作所撰写的第一篇论文的工作,是由
蒋锡夔的研究生于崇曦完成的,并于 1984 年发表在《化学学报》上。虽然于
崇曦没有继续在有机所读博士(他后来在美国完成了博士学位),但他所做
的工作引起了蒋锡夔对自由基自旋离域效应的重视。

当时,国际同行在取代基对于自由基反应的自旋离域效应方面存在着
两种观点:一种观点是,加拿大阿尔伯塔大学(University of Alberta)的泰内
尔(Dennis Tanner)教授等人坚持认为,只有极性效应而不需要考虑自旋离
域效应,如果使用极性效应参数得不到好的相关结果,那是因为实验做得不
够精确;另一种观点是,有一部分学者认为存在自旋离域效应,但得到的参
数因实验模型本身的局限,其可靠性是有限的。因此,蒋锡夔希望通过自己
的研究工作,建立起一套取代基自旋离域参数。

图 6-7　1990 年 7 月,蒋锡夔在办公室撰写论文

　　为了建立一套自旋离域参数,首先必须精确而可靠地确定另一个参数,即取代基的极性参数。尽管他们在文献报道中已经查阅到几套自由基的极性参数,但是蒋锡夔坚持认为,必须在同一体系中分离取代基的极性和自旋离域因素,这样得到的两类参数才最完整、最可靠。

　　经过多年的研究和探索,一直到 1990 年,蒋锡夔、计国桢和张毓凰等人根据他们自己确立的测定三氟苯乙烯二聚体系 [19] F 核磁共振化学位移变化的方法,建立起了一个取代基极性参数。在此基础上,他们进一步利用非常可靠的动力学方法,发展出一套既完整又可靠的自由基自旋离域参数。这一重大研究成果,发表在 1992 年美国《有机化学杂志》上。该杂志的审稿人高度评价了蒋锡夔等人的这一工作,认为这是自由基化学研究中的一个里程碑,也是今后国际同行应该采用的标准参数。对蒋锡夔来说,这是他继1988 年受邀在美国《化学研究评述》杂志撰文,对有机分子簇集和自卷曲这一方面的工作所作的系统论述之后,又一个里程碑式的研究工作。

　　从此以后,蒋锡夔的研究工作又要面临一个重要的问题:如果所有的自由基都存在自旋离域效应,那为什么文献报道中的很多自由基反应单单用极性参数就可以很好地相关? 关于这个问题,蒋锡夔经过进一步研究发现,使用双参数相关总是可以得到(精确度)很高的结果,但对于一些反应,其自旋离域效应的作用很低,甚至达到可以忽略不计的程度,在这种情况下,使

图 6-8 1992 年 10 月 20 日，蒋锡夔在有机所作关于自由基的报告

用单参数也可以得到很好的结果。这样一来，蒋锡夔就很好地解决了自由基化学界长期存在的两个重要问题。

蒋锡夔他们关于自由基自旋离域效应参数的建立及其适用范围的研究工作，在国内外重要的学术杂志上相继发表后，引起了学术界同行的广泛关注。

1996 年 6 月，美国《化学研究评述》主编布内特教授再次写信给蒋锡夔，邀请他撰文介绍他们的这一研究成果。于是，蒋锡夔就对自由基自旋离域效应参数的建立等一系列研究工作进行了系统的总结，并撰文寄给布内特教授。1997 年 7 月，美国《化学研究评述》发表了蒋锡夔的这篇文章。此时，正值蒋锡夔主持的国家自然科学基金委员会"八五"重大项目验收结题，评审组的专家对蒋锡夔在 15 年内相继完成两项世界级水平的研究工作给予了高度评价。

前面已经提到，1988 年蒋锡夔发表在美国《化学研究评述》中的文章，总结了在有机分子簇集研究中对一些基本概念的验证以及簇集引起的化学反应性规律；同时，他也提出了今后需要解决的 13 个重要问题：疏水亲脂相互作用与分子体积的关系、研究分子簇集和卷曲的方法学、介于簇集体和胶束之间的聚集体的性质、氟碳介质和底物的行为、非水介质中的簇集行为、溶剂促簇能力的定量表述、共簇集体内部的反应动力学、簇集的温度效应、结构效应、簇集和卷曲概念的应用、解簇集行为和生命体系簇集现象等等。然而，为了解决这些问题，蒋锡夔等人又用十多年的时间开展了长期的研究工作。

1988 年以后，蒋锡夔又用了数年时间在有机分子的簇集和解簇集方面系统地研究了结构和介质效应、静电稳定化簇集体。通过对解簇集的研究他们发现，动脉粥样硬化的形成机理可能与粥样斑块中的胆甾醇和甘油三酯的簇集倾向性有关，并由此引发了蒋锡夔对生物活性分子解簇集方面的研究。当时他们认为，这些研究成果有可能用来指导治疗动脉粥样硬化的新药物设计。后来，这项研究成为计国桢的一个长期工作目标。

1990 年，戴立信院士、计国桢研究员在为《科学家传记大辞典》撰稿时这样写道：

"文革"后，蒋锡夔的研究工作主要集中在如下方面：自由基化学，抓住学术上的根本性的基本问题，深入细微地进行大量艰苦的工作，这是蒋锡夔在研究工作中的特色。在自由基化学中，始终存在一个根本性的问题，即如何定量地估计取代基对自由基的离域稳定性能力。这个问题在离子型反应中，已由 Hammett，Brown，Taft 等人用取代基常数 σ_P，$\sigma^+ \cdots \sigma_R$，$\sigma_F \cdots$ 基本予以解决。而自由基中间体已问世近百年，近几十年中自由基化学又蓬勃发展，与基础化学工业、医学工业、生命化学等重要领域有着十分密切的关系。但是，对影响自由基稳定性的一个十分重要的因素——取代基的自旋离域能力还没有一个全面可靠的定量标准。国际上很多化学家也在试图解决这个问题。蒋锡夔及其研究小组通过对取代基三氟苯乙烯的 ^{19}F 核磁共振谱及其热环化二聚反应动力学的研究，找到一种较为可靠的方法来建立衡量取代基自旋离域能力的参数 $\sigma^{\cdot}_{JJ}$。这一套参数，将来很可能作为有机化学的基本数据而为世人所利用。

在这一工作中，蒋锡夔和他的学生们不畏艰苦，合成了大量的取代三氟苯乙烯，进行了严格的核磁共振波谱的测定及动力学参数的测试，

$$2CF_2{=}CF{-}\!\!\!\!\bigcirc\!\!\!\!-Y{-}\ \ \begin{array}{c} CF_2{-}\dot{C}F{-}\!\!\!\!\bigcirc\!\!\!\!-Y \\ \\ CF_2{-}\dot{C}F{-}\!\!\!\!\bigcirc\!\!\!\!-Y \end{array}\ \ \longrightarrow$$

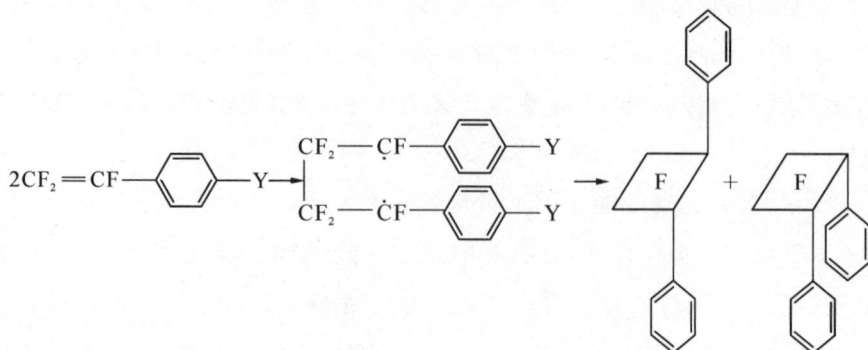

他们往往利用几个标准反复核实，使最终结果可信、可靠。因此，著名的自由基化学家 K. U. Ingold 说，他等了几十年，终于看到了一套较为可靠的 $\sigma\cdot$ 参数。这一成果已经引起了国际同行的注意和【并被】引用。

　　自由基的稳定性和它的相对生成难易度是又一涉及到自由基化学、高分子化学、生物化学的许多基本问题的基础课题。例如聚合物分子量的控制、高聚物的降解等，与自由基的 β 断裂过程有关；而生物体中的某些生物活性、生命老化等过程，也与自由基的结构有关。国外已有相当多的工作研究碳氢自由基的相对生成难易度，蒋锡夔的实验室首先开展了对含氟自由基相对稳定性的研究，发现全氟异丙基的生成速度竟比全氟正丙基大 500～600 倍！1977 年前，蒋锡夔就大胆地提出 α-氟取代效应的性质可能随 α-碳氟键的数目而反转。他们设计了特殊结构的目标分子，然后通过对其 β-断裂过程的研究，首次证明了在自由基的 α-位上有一个或两个氟取代时，可使自由基稳定化。但有三个氟取代时，则使自由基减稳定化。取代基效应的性质因取代基数目的变化而反转这一现象，在有机化学中可能是第一次被实验所验证。这一结果已引起国外理论工作者的重视。例如 Doering 教授在听完蒋锡夔在哈佛大学所作的报告后，高兴地向蒋锡夔举杯祝贺这一成绩。

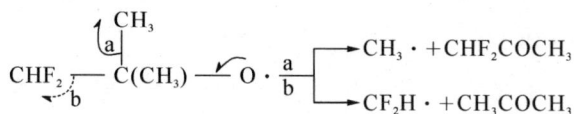

$$CHF_2\genfrac{}{}{0pt}{}{a}{b}C(CH_3)\genfrac{}{}{0pt}{}{}{}O\cdot\genfrac{}{}{0pt}{}{a}{b}\begin{array}{l}\longrightarrow CH_3\cdot+CHF_2COCH_3\\ \longrightarrow CF_2H\cdot+CH_3COCH_3\end{array}$$

在研究工作中,不断创新,紧紧抓住国际上学术前沿的工作,这是蒋锡夔在研究工作中的又一特色。随着科学事业的发展,生命科学引起人们越来越多的重视。而宇宙中出现生命的基本力量之一的疏水亲脂相互作用,正在引起人们的重视。用物理有机化学家的眼光来研究生命现象,抓住生命现象中的本质问题,从提出概念出发,是蒋锡夔在这一领域中取得巨大成功的基本诀窍。首先他认识到,生命体中,从胶束、微泡、双分子层直到细胞,都可以看作是某种形式的簇集体,疏水作用在它们的形成过程中起了重要的作用,而有机分子在水或含水的促簇性溶剂体系中发生的分子间簇集和分子内自绕曲现象是疏水亲脂作用最简单的模型。由于簇集和绕曲直接影响了受物分子的反应性,所以研究簇集及绕曲现象对有机分子反应性的影响是研究并了解疏水亲脂作用的最好途径之一,并且有可能将这一研究成果应用于有机合成上,如大环分子的合成。更有意义的是,这一研究将有助于深入了解生命过程及某些疾病的本质,如蒋锡夔提出,动脉粥样硬化过程涉及到有关分子(如甘油三酯、胆固醇酯等)的某一本质,即共簇倾向性。在此工作假设的基础上,蒋锡夔的合作者和学生们在五年内测了 1 400 余种速度常数,并发现了一些非常有趣的意外现象。

自1981年以来,在这一领域已得到一系列有重要意义的结果。首先肯定了亲脂作用的重要性,对分子间簇集及分子内绕曲提出了多条新的证据。第二,提出和运用了临界簇集浓度(CAgC)和临界共簇集浓度(CoCAgC)的概念,使它们成为研究簇集现象最有力的武器之一。第三,运用三种完全不同的途径,直接证明了长链分子的自绕曲现象。第四,首次成功地证明了取代基的亲脂性在一定条件下可与动力学常数线性相关;提出了溶剂促簇能力(SAgP)的概念;证明了改变溶剂的SAgP 可以改变取代基效应的性质,即在低 SAgP 时,发生电子效应;在高 SAgP 时,发生亲脂效应;在中等 SAgP 时,发生双重效应。第五,在"造成动脉粥样硬化的各种因素之一就是有关分子(如甘油三酯,胆固醇酯等)的内在共簇集倾向性"的工作假设下,在运用临界共簇集浓度(CoCAgC)概念的基础上,找到了如何定量测量共簇集倾向性的动力学方法；得到了一系列有意义的结果，对认识及理解生命体系中簇集现象的重要性具有重要意义。例如，蒋锡夔提出在血液中各种结构层次的簇集体之间存在着极端复杂的动态"平衡"，各种中性分子不断出入其间。每一步出入皆涉及该分子的内在特性，即可用 $\Delta CAgC$ 值定量估计的共簇倾向。蒋锡夔他们发现，油酸的 $\Delta CAgC$ 远大于十八碳酯，后者却小于十二碳及八碳酯，从而发现分子的"可卷性"能影响其共簇性的重要现象，而对胆固醇羧酸酯、甘油三羧酸酯以及解簇剂的研究，对防治冠心病也有一定的意义。这些工作立即引起国际上同行们的注意和评价。

由于在疏水亲脂作用这一领域内的丰硕研究成果，国际上威信极高的化学研究评论性刊物 *Acc. Chem. Res* 的主编邀请了蒋锡夔撰写有关这一课题的综述文章。文章发表不过大半年，即有百余个国外同行索取抽印本[1]，可见这一研究在国际上的影响及受重视程度。

上述为近年来蒋锡夔研究工作的主要领域。在其他许多方面，他也作出了贡献。如结合电子核磁共振对氮氧自由基的研究、电子转移反应等，都取得了国际上重视的研究成果。

由于在物理有机化学领域中卓有成效的工作，1978～1989 年，蒋锡夔多次出访美国、加拿大、联邦德国、日本、苏联、波兰、韩国等国家，以及香港地区，应邀作了 80 次学术报告，向国外同行介绍了他与他的同事们在物理有机化学方面的共同贡献，扩大了中国科学家在国外同行中的影响力。在此期间，蒋锡夔在国内外重要的化学刊物上发表了近 90 篇论文，其中国外刊物 32 篇，有 6 篇发表在最权威的 *J. Am. Chem. Soc* 刊物上。

1993 年 8 月，第 34 届国际纯粹与应用化学联合会(IUPAC)大会将在北京召开，这是国际化学领域最高级别的会议。按照惯例，该会议的主办国一般只邀请 1～2 名科学家作大会报告。而这一次大会的组委会经过慎重讨论

---

[1] 选择某一较大著作的一个篇章或一个部分，用原版版面单独印刷出版的书本称为抽印本。学术期刊或论文集中的论文常选作抽印本刊行。

后决定,邀请严东生①和蒋锡夔两人作大会报告。这一决定对主办国来说,是一种极大的荣誉,也是一个很大的挑战。

经过认真考虑后,蒋锡夔决定在这次大会上报告自己及研究室成员正在进行的关于解簇集方面的研究工作进展情况。有机所对蒋锡夔将要作的这个报告也非常重视,领导安排蒋锡夔在 7 月 9 日给全所研究生预作了一次报告。8 月 16 日,在北京 IUPAC 大会上,在著名化学家布瑞斯罗(Ronald Breslow)的主持下,蒋锡夔作了标题为《研究和理解有机分子的簇集、共簇集、解簇集和自卷曲的新概念——为何胆甾醇和甘油三酯是动脉粥样硬化的罪魁祸首》的报告。蒋锡夔的这个大会报告,受到了与会专家的一致好评。

在这以后的数年时间里,蒋锡夔的研究生屠波在影响簇集的几何因素研究中取得了重要的进展,这一成果于 1995 年发表在《美国化学会志》上。而蒋锡夔的另一位研究生张劲涛在解簇集现象研究中也取得了新的突破,其成果发表在胶体化学的权威期刊《朗缪尔》(美国化学会出版)上。

图 6-9　1994 年 11 月,蒋锡夔与同行专家在一起(左起:陈庆云、袁承业、李远哲、戴立信、蒋锡夔、吴毓林,摄于中国台北国际华人有机化学研讨会期间)

---

① 严东生,著名化学家、材料学家。1949 年获美国伊利诺伊大学陶瓷学博士学位。1950 年回国。1980 年当选为中国科学院学部委员,1994 年当选为中国工程院院士。曾任中国科学院上海硅酸盐研究所所长、中国科学院副院长,上海大学名誉校长,中国科学院化学部主任。长期从事无机高温材料与复合材料的研究及组织领导工作。

1996 年，在庆贺蒋锡夔先生七十华诞之际，陈庆云院士以《良师和益友》为标题撰文如下：

　　我自 1960 年秋由苏联回国到 1965 年冬，一直在蒋锡夔先生直接领导下工作，其后在漫长的岁月里，过从甚密，受益良多，真可谓三十余年来风雨同舟，欢乐与共。

　　60 年代初，氟橡胶在实验试制成功之后，为了扩大生产，急需新的合成单体方法，在那十分艰苦的日子里，锡夔先生曾和我们在实验室里度过了许多个不眠之夜。

　　整个 60 年代，中国科学院上海有机化学研究所在含氟塑料的仿制和创新上，有过辉煌的战绩，其中锡夔先生所领导的小组作出了不可磨灭的贡献。

　　蒋先生对氟化学和物理有机化学的成就是众所周知的。他提出的饱和全氟卤代烷既不能发生 S_N1 反应，也不能发生 S_N2 反应，比西方学者所提出相同概念要早 10 年。他也是第一个提出自由基加成反应中极性效应有时会起主导作用的学者。经过几十年的艰苦努力，他和他的同事所确定的 $\sigma^{\cdot}_{JJ}$，把自由基化学的认识提高到一个新的水平。近年来，他潜心致力于疏水亲脂相互作用的研究，在这一领域，已经取得了举世瞩目的成就。

出版学术专著

　　1995 年，上海科学技术出版社的主编邀请蒋锡夔把他在研究有机分子簇集和自卷方面所取得的一系列重要成果写成学术专著，并且计划把它放入《科学》杂志组织编撰的一套学术类系列丛书——《科学专著丛书》中。上海科学技术出版社历来注重科学技术学术专著的出版。在 20 世纪三四十年代，《科学》杂志的编者就曾经组织并编辑出版过学术系列丛书——《科学丛书》，这套丛书对当时的学术研究起到了很好的推进作用。20 世纪 90 年代，中国各科研院所及大专院校的科学研究工作发展迅速，涌现出许多优秀的科学研究成果，为出版学术专著打下了坚实的基础。

在有机分子簇集和自卷这个研究领域里面，蒋锡夔已经做了二十多年的工作，积累了很多的科研成果。因此，如果能把这些科研成果撰写成专著出版，就能让读者对生命现象中最本质的问题有所了解，还可以提供给读者一些全新的知识。出版专著也是对蒋锡夔在这个领域里面所做工作的一个系统而又全面的总结。

经过深思熟虑之后，蒋锡夔答应了上海科学技术出版社的主编，同意出版学术专著——《有机分子的簇集和自卷》。

通过一年多的努力，蒋锡夔及其博士研究生张劲涛完成了《有机分子的簇集和自卷》这一专著的撰写工作，本专著于 1996 年正式出版。在这本学术专著中，蒋锡夔写了一个序，下面是其中的部分内容。

> 因为有了水和某些有机化合物，才有它们之间的疏水亲脂相互作用（简称 HLI），有了 HLI 加上其他的一些基本作用力，才能出现细胞膜、细胞或生命。因此，要进一步懂得细胞、生命以及其他与生命、生理、病理有关的过程，就必须更深入、系统地去了解 HLI。为此目的，我们是要去找一个研究 HLI 的最简单和根本的模型。那就是，有机分子的簇集和自卷现象。
>
> ……
>
> 我们"无意之中"发现了"链可卷性效应"，并为一个过去难解的事实找到了一个可能的答案。这就是，在血管动脉粥样硬化斑块的主要成分中，带有一个或两个不饱和双键的十八碳羧酸胆固醇酯竟比饱和的十八碳羧酸胆固醇酯多一个数量级以上！
>
> 相信我们的结果再次验证了这样一个事实，即所有真正有价值的基础研究，开始时都不应该被短期的实用目的所束缚，最后它们往往会成为有用的知识和成果。
>
> 我和同事们都特别感谢我们所有的研究生，感谢他们的热情、苦干

精神和想象力，因为所有的实验都是他们设计和进行的。不仅如此，他们还坚持与我们共同讨论并提出自己的聪明设想和意见。他们才是真正的耕耘者。

关于撰写此书的目的和意义，在采访蒋锡夔院士的学生张劲涛博士时他解释道：

> 在生命体的细胞膜里，有很多长链的有机分子，这些有机分子之间究竟是靠什么样的力量集聚在一起的？蒋先生认为，它们之间最根本的作用力之一就是一个疏水亲脂相互作用的问题。因此，研究这个作用就能够对很多生命现象中最根本的问题具有一定的了解。在有机分子的簇集和自卷这方面，蒋先生已经做了很多年的研究工作，积累了相当多的科研成果。所以，蒋先生撰写此书的目的，主要是想要系统而全面地总结自己在这个领域所开展的工作。

张劲涛博士进一步介绍说：

> 在写书的过程中，蒋先生的要求非常严格，尽管初稿是我在蒋先生的授意下写成的，但是稿子看得最多、改得最多的人是蒋先生。他对于文章中的每一个字、每一个细节问题都要反复推敲、不断修改，然后要求我增加一些内容，或者删去部分内容。在我增加或删去一些内容的同时，他又开始重新审读前面的章节。所以，我很荣幸能够有机会在蒋先生的指导下，参与撰写这本学术专著。

2003 年 7 月 3 日，《化学研究评述》的高级编委福特（Christopher S. Foote）教授再次邀请蒋锡夔就 1988 年以来的研究工作撰写评述。后来由于种种原因，这篇评述文章没有完成。不过，代表国际领先科学家研究水平的《化学研究评述》杂志三次邀请蒋锡夔撰写文章，这充分证明了蒋锡夔的研究项目及其后续研究工作的水平之高。

当选为学部委员

1955 年,在中国科学院刚刚成立学部委员会时,共有 22 位科学家当选为化学部学部委员(后来改称为中国科学院院士)。当时,有机化学研究所的庄长恭、黄鸣龙和汪猷当选为学部委员。1957 年,化学部又增选了 2 名学部委员。1980 年,化学部再一次增加了 51 位学部委员。上海有机化学研究所的黄耀曾和黄维垣当选为学部委员。此后十年,化学部学部委员的增选工作停顿了下来。

1991 年,中国科学院决定增选中国科学院学部委员。蒋锡夔在华盛顿大学的师兄、中国科学院化学部学部委员梁晓天告诉他,自己将与何炳林、陈茹玉①等人一起,推荐蒋锡夔为中国科学院学部委员候选人。

1991 年 12 月 6 日至 18 日,蒋锡夔偕夫人刘婳迪应新加坡国立大学副校长黄新华之邀请,前往新加坡讲学。在此期间,他得到消息,自己和周维善、陆熙炎一起当选为学部委员。1992 年 1 月 2 日,蒋锡夔从自家的信箱里得到了中国科学院的通知,祝贺他当选为学部委员。与此同时,上海一共有 28 位科学家当选为学部委员。其中,有机所有 3 位科学家当选为学部委员,这在上海的科技界引起了不小的震动。为此,上海市科委和上海市科协相继给有机所发来贺信。有机所也专门召开全所大会,热烈祝贺这 3 位新当选的学部委员。

1 月 10 日,上海市政协、统战部邀请新当选的学部委员进行座谈。蒋锡夔应邀做了发言。文汇报、上海科技报和上海电视台都相继报道了这次会议。4 月 19 日到 28 日,蒋锡夔前往北京参加中国科学院学部委员大会。在此次会议上,蒋锡夔等 15 人当选为化学部常委。此后,化学部的事务成为他

---

① 陈茹玉(1919～2012 年),南开大学教授,1980 年当选为中国科学院学部委员。曾获国家自然科学奖二等奖、国家教委科技进步奖一等奖。编著《有机磷化学》等专著 6 部。

日常工作中一项重要的内容。

自回国以来,蒋锡夔在科研工作与个人生活中经历了风风雨雨,特别是经历了"文革"的磨难,但是,他始终坚持搞科学研究。"文革"之前,蒋锡夔在研制军工产品氟橡胶和氟塑料中发挥了重要的作用,作出了积极的贡献。"文革"之后,蒋锡夔带领物理有机研究室的科研人员坚持开展基础理论研究,在疏水亲脂相互作用促进有机分子簇集和自卷曲研究方面取得了重要的成就;建立起一个取代基极性参数,在此基础上发展出一套既完整又可靠的自由基自旋离域参数。因此,蒋锡夔在物理有机化学领域所取得的成就是有目共睹的。国内外同行对蒋锡夔科研工作的评价充分说明,他已经跻身于世界一流的有机化学家行列。

组织召开物理有机化学国际会议

从 20 世纪 90 年代起,蒋锡夔就一直希望能够在物理有机化学领域获得国际最高级别的学术会议在中国的主办权。如果中国有资格主办国际最高级别的学术会议,则可以说明这是国际同行对中国科学家所开展的科研工作的一种认可。与此同时,这类学术会议在中国的召开也有利于扩大中国科学家在国际物理有机化学研究领域中的影响,还能为中国科学家搭建一个与国际同行学习交流的平台。

1990 年 8 月 10 日到 16 日,蒋锡夔前往以色列参加第十届 IUPAC 国际物理有机化学学术会议,并应邀作学术报告。会议期间,蒋锡夔与世界各国的学术同行们进行了广泛的学术交流,进一步介绍了中国科学家在物理有机化学研究工作中所取得的各项成果,为以后争取此类国际级学术会议在中国的主办创造了有利条件。

1992 年 7 月 31 日到 8 月 8 日,第十一届 IUPAC 国际物理有机化学学术会议在加拿大的多伦多大学召开。蒋锡夔和计国桢前往加拿大参加了会议。在这次会议上,他们两人不仅要作学术报告,而且还要争取 1996 年在中

图 6-10　1990 年 8 月,蒋锡夔与国内外专家在以色列(左起:计国桢、蒋锡夔、日本京都大学 Hayami、中国台湾大学刘广定、程津培,摄于第十届 IUPAC 国际物理有机化学学术会议期间)

图 6-11　1993 年,蒋锡夔(右)与刘有成(中)院士和浙江大学张永敏(左)教授

国召开第十三届国际物理有机化学学术会议的主办权。尽管计国桢在此之前已经做了充分的准备工作,但是此次会议的主办权还是被韩国争得。事后,本次会议主席、多伦多大学的蒂得威尔(Tidwell)教授告诉蒋锡夔,韩国能够争得主办权,主要原因还是因为韩国当时的经济实力比中国强。到 2000 年,在瑞典哥德堡召开的第十五届国际物理有机化学学术会议上,计国

桢终于为中国申请到 2004 年国际物理有机化学学术会议的主办权。

从 20 世纪 90 年代起,蒋锡夔和计国桢一直在努力争取国际物理有机化学学术会议在中国的主办权,这也是中国物理有机化学家逐渐走向世界的历程。经过蒋锡夔和他的团队的不断努力,他们在自己的研究领域不断地做出具有国际一流水平的科研成果,极大地提高了中国物理有机化学研究在国际同行心目中的地位,这也是最终能够获得 2004 年国际物理有机化学学术会议主办权的重要原因。

2004 年 8 月 15 日到 20 日,第十七届国际物理有机化学学术会议在上海召开。蒋锡夔和刘有成任大会名誉主席,计国桢任大会主席。有 100 多位各国专家学者参加了此次会议,大会取得了圆满的成功。在 18 日举行的酒会上,来自美国、日本、韩国、以色列、德国,以及中国台湾地区和内地的很多专家学者向蒋锡夔举杯敬酒,祝贺大会的成功召开,祝贺蒋锡夔及他的同仁们所取得的重大学术成就。在这次会议上,国内很多年轻人迅速地成长起来,如麻生明、朱晓晴、吴骊珠等人都应邀在会议期间作了专题报告。看到眼前的这些年轻人,蒋锡夔感到无比欣慰。

第七章
培养年轻人

博士生导师

　　早在 1973 年,蒋锡夔就曾经在有机所为科研人员上过专业英语课。在当时的专业英汉词典里都没有标出单词的发音,蒋锡夔就自己朗读英语单词,亲自录制了几盒磁带,放在所里供学习者使用。由于蒋锡夔朗读的英语单词发音标准,因此这些磁带深受大家的欢迎。当时,在我国的英语教学中,人们普遍使用的一个国际品牌叫"灵格风"。因此,蒋锡夔上的英语专业课以及他录制的这些磁带,被所里的同事们亲切地称为"蒋格风"。

　　1978 年 2 月 17 日,蒋锡夔给有机所的年轻人上了一堂题为《双分子亲核取代反应》的专业英语课,由吴成九担任他的中文翻译。之后,蒋锡夔又多次在有机所用英语给年轻人上专业课,以提高他们的专业英文水平。

　　5 月底,美国化学会代表团访问上海。6 月 2 日下午,哥伦比亚大学(Columbia University)化学系的布瑞斯劳(Ronald Breslow)在上海有机化学研究所作学术报告,蒋锡夔担任报告会主持人。为了给年轻人锻炼的机会,蒋锡夔让吴成九担任此次学术报告的翻译。布瑞斯劳作了2个小时的学术报告,吴成九的口译相当成功,蒋锡夔很满意。

8月,有机所招收了"文革"之后的第一批研究生。10月16日,蒋锡夔为这批研究生上了物理有机化学的第一课。在以后的几年里,物理有机化学的教学工作一直由蒋锡夔负责筹备。后来,有机所参照美国大学的研究生培养制度,对所里的研究生实行了文献累积考试(简称CUM),具体工作由蒋锡夔、陆熙炎和陈庆云负责。这个CUM制度在当时的中国为有机所独有。

12月29日,蒋锡夔在上海有机化学研究所作了关于《机理与合成(Mechanism and Synthesis)》的英文学术报告,由吴成九担任中文翻译。在这一年中,蒋锡夔总共作了5次英文学术报告,每次都由吴成九担任中文翻译。蒋锡夔这样做的主要目的,就是为了提高吴成九的专业英文水平。

1978～1981年,中国科学院一共招收了四届研究生。从1982年3月16日起,中国科学院在上海延安饭店召开了中国科学院学位工作会议,蒋锡夔参加了化学和生物专业的会议。这次会议除了讨论确定研究生的课程设置和培养方案之外,还要求就各所的研究生教育工作进行交流。

此时,蒋锡夔已经招收了5名研究生,积累了不少培养研究生的经验。在培养研究生的工作中,他有一套比较完整的教学理念和教学方法。蒋锡夔认为,首先,要建立小组讨论制度,坚持每两个星期开一次讨论会,要求研究生和导师都要参加讨论会;第二,研究生要定期介绍文献,扩大知识面;第三,研究生要定期书面汇报自己的工作,报告自己的研究进展以及在研究中所遇到的困难等等;第四,培养研究生要强调以德为先,注重研究生的学风问题;第五,要重视对研究生科研能力的培养。

蒋锡夔提出的这一套培养研究生的教学理念和教学方法,引起了上海有机化学研究所和中国科学院上海分院领导的高度重视,领导要求蒋锡夔在中国科学院学位工作会议上作专题发言。于是,蒋锡夔就用了50分钟的时间论述了自己培养研究生的教学经验。听了蒋锡夔的发言,与会者反响强烈。其中,与会者除了不太能接受蒋锡夔所说的"实验室里不能看小说"的观点之外,蒋锡夔关于培养研究生的大多数观点还是引起了大家的共鸣。

蒋锡夔在这次会议上的发言稿,被有机所负责研究生部的张明同志整理成文字材料,中国科学院将这份材料作为研究生教育的内部参考,发到下属的各个研究所,供大家学习和讨论。对此,中国科学院教育局副局长姜珊同志曾经这样评价:"我第一次听到一个科学家能作这样的发言,从他的语气和表情中可以看出,这完全是真实的、假不来的"。事实上,也只有自己真正能够做到的人,才有可能敢于这样讲。

1983年3月下旬,蒋锡夔曾应浙江省化学会及杭州大学的邀请,前往杭州大学讲学3天。在谈到如何做好科研工作时,蒋锡夔提出了关于培养研究生的9大要求:扎实掌握理论和实验基础;多做实验,细心观察;不迷信文献,但要多阅读文献;精心设计实验;不轻易放弃异常现象、意外结果;注意边缘交叉领域;掌握新技术、新思想;善于学习他人长处、尊重别人,等等。

在此后的多次报告和谈话中,蒋锡夔坚持主张应该以上述这些标准来严格要求研究生。蒋锡夔自己的研究生,正是在他一贯坚持的高标准、严要求下努力工作的,因此他们才能不断进步,做出世界一流的科研成果。

1985年,国务院决定对全国的研究生教育进行质量检查和评价,黄维垣、唐有祺、田昭武三人同时被任命为化学专家组的组长,陈庆云等9位教授被任命为专家组成员。6月10日,蒋锡夔突然接到国务院学位委员会的通知,让他代替黄维垣担任专家组的组长,并让他在12日到南京大学研究生院报到。原来,专家组正在对南京大学研究生教育工作进行考评,黄维垣因故离开。于是,专家小组就推荐蒋锡夔接替黄维垣的工作。在南京大学,蒋锡夔与其他专家一起听取了研究生院、化学系等的汇报,分别召开了领导、导师和研究生的座谈会,听取了各方面的意见和建议。当时,各大专院校出国风盛行,很多导师都不安心教学工作,研究生的课程设置也不尽合理,各单位的科研经费普遍不足,对此,研究生的意见比较大。专家组成员认真收集各方面的信息,形成最终的考评意见。南京大学的考评工作于16日结束。之后,专家组又对浙江大学、杭州大学、复旦大学、上海有机化学研究所、华东师范大学、同济大学等进行了研究生教育工作的考评。在这次全国性的考评中,上海有机化学研究所在全国化学学科的研究生教育工作考评中排名第一。为此,蒋锡夔感到非常光荣。

1979 年夏,"文革"之后的第一批研究生开始进入各个课题组工作,伍正志和戴家宁成为蒋锡夔的研究生。1981 年 10 月,伍正志和戴家宁获得了硕士学位。后来,戴家宁在上海应用技术学院任教;伍正志则赴加拿大留学,他获得博士学位之后,一直在 3M 公司工作。

1955～1965 年,有机所共招收过 50 名研究生。而 1978 年这一年,就招收了 20 名研究生。从此,指导研究生成为蒋锡夔一项非常重要的工作。随着研究生招生规模的逐年扩大,研究生队伍便成为有机所基础研究工作的主力军。多年来,他一贯坚持按照自己的理念来培养研究生,这在短时间内不会显露特别的效果,需要经过一段时间,按照一套行之有效的制度坚持做下去,才会显现成效。多年来,在蒋锡夔所培养的研究生中,有不少学生的表现非常出色,这充分证明了蒋锡夔所提出的这套培养研究生的教育方法是十分有效的。

范伟强博士

1979 年,范伟强从杭州大学毕业,他以总分第一名的成绩考入上海有机化学研究所,成为蒋锡夔的学生。

在访谈中,范伟强博士回忆道:

> 当时,我对物理有机化学特别感兴趣,就报考了蒋先生的研究生。被录取后,第一次去见蒋先生,他给我留下的印象是比较严肃,对学生要求严格。他的办公室远比我想象中的简陋,但是很干净、很整洁。还有一个很深刻的印象是,尽管我知道蒋先生曾经留美多年,但是他的英文口语之好还是令我十分吃惊,并且是由衷的敬佩!

范伟强跟随蒋锡夔做科研工作之后,很快就表现出思维活跃、基本功扎实等特点。

范伟强博士继续回忆道：

　　蒋先生给我的论文是研究糖淀粉螺旋构象对酯水解的影响，这是当时蒋先生和惠永正教授正在做的一个大课题中的一小部分。为了研究糖淀粉螺旋构象的影响，我必须先做空白实验，即测定各种不同烷基链的酯及其本身的水解速度。由于有立体位阻的存在，烷基链越长，其水解速度应该是越慢，这应该是呈线性的。而且烷基链达到一定长度，其差别就很小。我所做的实验结果表明，2 个碳、4 个碳、6 个碳、8 个碳，一直到 10 个碳，都是遵循此规律的。但是，到了 12 个碳，其水解速度突然慢了很多，相差几个数量级，完全不符合上述规律。烷基链再增长，水解速度就会更显著地下降。我又重复进行实验，再一次证实了这个结果之后认为，这一定是有另外一种力量在影响长链酯的水解，而且这种力量远远超过立体位阻。于是，我把实验结果告诉了蒋先生，还与他一起讨论了可能的原因。蒋先生认为，这可能是一个很重要的现象，他让我先去查阅文献资料。后来，蒋先生要求我改变原先设定的论文研究方向，集中精力研究长链烷烃酯的水解和它在水相反应中的现象，找出原因和规律。因此，这就成了我博士论文的研究课题。

范伟强在查阅国外的文献资料时，找到了一篇相关的文章，作者是美国亚特兰大埃默瑞大学(Emory University)的门格(Fredric Menger)教授，他提出了一个观点：一些长链分子在水中有簇集现象。但是，门格教授并未就此现象深入地研究下去。

对此，范伟强博士回忆道：

　　我在实验室工作过程中偶然发现了一个无法理解的反常现象。我查阅了文献资料，看到了门格教授的论文。当时，蒋先生和我都认为我们发现的这个反常现象就是门格教授提到的现象，但是，门格教授没有对此做后续的研究工作。在蒋先生的指导下，我对此做了很深入系统的研究工作,找出了此现象的很多规律。我们的研究工作不仅有定性的,还有半定量的。更为重要的是,门格教授提出的长链分子在水中有簇集现象是分子间的行为,而我们的研究进一步发现并用实验证明了分子内的自卷现象,即分子内的行为。我们还设计了分子结构,合成了末端有官能团的长链酯。由于自卷引起的分子内催化,使其水解速度大大加速。上述这些研究成果,我们已经撰文并发表在《美国化学会志》上。蒋先生还受邀在《化学研究评述》上写了长篇综述。后来,蒋先生他们将此扩展到生命科学,并将簇集和自卷分离,因此具有更加深远的理论意义。

就这样,蒋锡夔指导范伟强继续研究门格教授提出的"一些长链分子在水中有簇集现象"的问题。由此,蒋锡夔课题组开辟了一个全新的研究课题——疏水亲脂相互作用造成的有机分子簇集和自卷。对这一问题的深入研究及其后来取得的科研成果,成为蒋锡夔2002年度获得国家自然科学一等奖的新起点。

图 7-1　2004 年,蒋锡夔、康月莉夫妇在家里与学生伍正志(右二)、范伟强(右一)

在研究生期间,范伟强一共完成了 9 篇论文,其中的 3 篇论文发表在《美国化学会志》上,这是很高等级的专业性期刊。这说明在蒋锡夔的指导下,范伟强所做的这项研究工作,已经得到了学术界同行的认同和重视。

在访谈中,范伟强博士说:

在蒋先生的指导下,我一共完成了9篇论文,其中3篇发表在《美国化学会志》上。也许在今天,一个中国博士生有3篇论文发表在《美国化学会志》上并不算什么(编者注:放在今天也是很少见的),但是在20世纪80年代初,"文革"刚刚结束,科研条件相对较差,在这样的条件下搞研究工作,还能在《美国化学会志》上发表论文,这是相当不容易的。1985年,我到美国做博士后。我的美国导师Katritzky教授就对我说,这样的成果即使是美国的博士也是很少的。所有这些,都与蒋先生对我的指导和培养分不开。

20世纪80年代初,我们这批研究生在学习上的确非常努力,几乎每天晚上、每个周末都待在实验室里做实验。蒋先生给我们的教导就是要刻苦学习,要把握住机会。我在读研究生期间,能做出比较多的科研成果,能在世界一流的期刊上发表数篇论文,就是因为在蒋先生的指导下我抓住了机会,把实验中出现的反常现象作为新的研究课题来做。

1984年,范伟强在上海有机化学研究所获得博士学位,任杭州大学副教授。1985年,他前往美国佛罗里达大学做博士后。1992年9月至今,范伟强一直在美国3M公司任高级研究员。

由于工作出色,范伟强于1985年获得中国化学会青年化学奖和全国新长征突击手的称号。蒋锡夔也因此获得了1985年中国科学院优秀研究生导师的称号。2002年,蒋锡夔等人获得了国家自然科学一等奖。由于范伟强在攻读博士学位期间跟随蒋锡夔在此课题的研究中努力工作,并且对这一课题的深入研究做出了重要的科研成果,因此范伟强被排在了获奖的5名成员中的第四位。

对于获奖,范伟强坦言:

我1984年获博士学位后回到杭州大学工作,第二年被浙江省化学会推荐获得了中国化学会青年化学奖,这是对我的研究生课题工作的肯定。27年过去了,我还珍藏着当年的获奖证书。蒋先生获得1985年中国科学院优秀研究生导师的称号是众望所归，名副其实。蒋先生的确是上海有机化学研究所最好的研究生导师之一，我们取得的成就很大程度应该归功于蒋先生的培养和教育。

当我得知蒋先生的课题组获得 2002 年度国家自然科学一等奖，在获奖名单中还有我的名字时，我很惊讶，也很高兴！这是中国级别最高的科技奖励，能得奖是莫大的荣誉。这个课题虽然是从我开启的，但是有很多研究生后来又继续做了大量的研究工作。我离开上海有机化学研究所已经超过 18 年了，而且还在美国工作，但是蒋先生仍把我列为主要完成人。对此，我非常感谢蒋先生对我的栽培和信任。20 年前所做的工作，能够获得中国国家自然科学基础研究的最高奖励，毫无疑问，这是我个人科研生涯和事业上的最大成就。

费铮翔博士

1981 年，费铮翔从杭州大学毕业，考入上海有机化学研究所。他先是在另一位导师的指导下开展研究工作，一直到硕士毕业。从 1984 年起，费铮翔转到蒋锡夔课题组攻读博士学位。蒋锡夔指导费铮翔在范伟强研究工作的基础上，继续开展"疏水亲脂相互作用对于化学反应性影响"的课题。经过一段时间的工作，费铮翔很快就熟悉了这一研究课题，也掌握了研究方法。在工作中费铮翔发现，疏溶剂作用力可以促进大环分子内激发态的形成，并且把疏溶剂作用的促进效应应用于大环化合物的合成中。在蒋锡夔的指导下，费铮翔所做的这部分工作，也被发表在《美国化学会志》和英国皇家化学会的《化学通讯》上。

谈起当年跟随蒋锡夔做研究工作的那段日子，费铮翔博士回忆道：

1984 年我开始在蒋先生的指导下开展"疏水亲脂相互作用对于化学反应性影响"的这项研究工作。在当时，这个课题非常新颖，也非常前沿。我印象非常深刻的是,蒋先生十分关注研究的过程,也非常关注我对原始数据的采集工作。每个周六,我们都有一个小组的讨论会,进行相互的学术交流。平时如果在实验中有新的发现,我们也会及时向蒋先生汇报。有时候,蒋先生还会和我们一起进行讨论。后来,我跟随蒋先生发表了两篇学术论文,是关于发现疏溶剂作用力可以促进大环分子内激发态的形成,并把疏溶剂作用促进效应应用于大环化合物合成的研究工作。这在当时是一项开拓性的研究工作。后来,我们的论文在美国和英国的化学会志上得以发表。

由于出色的工作业绩,费铮翔获得了1987年中国化学会青年化学奖,蒋锡夔也获得了1987年中国科学院优秀研究生导师的称号。

对于自己取得的成绩,费铮翔博士这样认为:

首先要感谢上海有机化学研究所,这里有一个非常好的学习和工作环境,有一批老一辈的科学家,他们的工作态度非常严谨,为我们树立了榜样。当时,我的研究项目是在蒋先生的亲自指导下完成的。有时候,蒋先生甚至会手把手地教我,帮助我完成一些难度较大的实验工作。蒋先生的每一次指导都是非常耐心、非常细致的。跟随蒋先生工作的这段日子对我来说体会最深的就是,无论做什么事情,都要保持严谨的工作作风、认真的工作态度。我现在对我的员工也是一样,我告诉他们首先要对自己做的工作负责,这样才能做好每一件事情,才能对社会负责。

费铮翔博士接着说:

蒋先生阅读文献资料的面很广,他有很好的学习方法。他会亲自指导我们如何去阅读、去做研究。当时,蒋先生与国外学术同行的交流相当频繁。有时,他会将国外的同行请来一起讨论学术问题,其中也包括一些国内的教授,比如他会把研究光化学专业的佟振合老师请过来一起参加研讨工作。有时,我也会被蒋先生派去感光所跟着佟老师学习做跨学科的实验。当时,我记得佟老师才回国不久,刚组建起自己的实验室,而蒋先生在物理有机化学界却已经是赫赫有名了。但是,光化学研究是我们的课题所必需做的研究工作,所以,蒋先生就让我们研究生去请教佟老师,并且还与佟老师合作搞研究,这是相当难能可贵的。蒋先生一直要求我们,搞科研工作要实事求是,要多向他人学习,目的就是要设法提高自己的学术水平。

关于蒋锡夔搞科学研究的思想观点,费铮翔博士解释道:

蒋先生对自己的每一项研究工作都有明确的目标,他预先设定好需要解决的问题,然后在实验事实的基础上来验证新的概念和理论。当时,蒋先生并没有要求我们要写多少多少文章。在我攻读博士学位期间,根据我们的工作成果,完全可以多写一些文章发表在国内外的一些著名学术期刊上。但是,蒋先生追求的是真正有价值的东西,这些东西可能会对以后的基础理论研究工作产生很深远的影响。因此,他搞科学研究不是为了发表文章,更不是为了要多发表文章。蒋先生搞科学研究的真正目的,就是为了探索自然科学的一般规律,就是为了攀登科学事业的高峰。

1987年,在中国科学院上海有机化学研究所获得博士学位之后,费铮翔到浙江大学任教。1989年,费铮翔决定去美国继续做博士后研究工作。1991年,费铮翔在美国埃默瑞大学(Emory University)医学院任研究员。1993年,他在美国大岛公司(Big Island Inc)任职。1996年费铮翔毅然回国,在上海浦东新区创办了康耐特光学有限公司,产品为硬树脂光学镜片。从1997年注册运营起,公司因其科技含量高、利税丰厚,多次获得国家科委、财政部创新基金和上海市政府的同期配套基金的支持,国家科技部也将其列入科技开发火炬计划。费铮翔为康耐特公司的光学产品拓展了其衍生关联材料的新产品开发之路,也为以高科技驱动制造业、振兴浦东新一轮开发做出了示范。

张劲涛博士

1986 年,张劲涛考入上海有机化学研究所攻读博士学位。在选择导师的时候,有机所邀请一些导师向新来的研究生介绍他们的科研情况。第一次见到蒋锡夔,张劲涛就感觉到蒋先生看上去很威严,大家都有点怕他。经过进一步的接触,张劲涛了解到蒋先生的英文极好,他们这批新来的研究生已经听说了在有机所里大家都称蒋先生为蒋格风(因为当时有一个标准的英语口语教材叫灵格风)。

在采访中,张劲涛博士回忆道:

> 那天的天气有点凉,蒋先生穿了一件呢大衣,他走进教室,把呢大衣脱下来,很小心地叠好,放在椅背上。然后他说,这件衣服从 50 年代起我就开始穿了,现在还一直保存得很好。当时,蒋先生的这番话语给我留下了很深的印象,这说明蒋先生很爱惜自己的东西,做事情非常小心、非常仔细。紧接着,蒋先生就和我们谈了两个多小时。蒋先生没有跟我们讲多少关于他的研究课题方面的情况,他一直在跟我们谈应该如何做研究,如何培养自己独立思考及解决问题的能力。更重要的是,蒋先生还给我们讲了做人与做学问,要有一个什么样正确的态度。听完蒋先生的这番讲话之后,我觉得我应该去蒋先生那里做研究。所以,我就主动去找了蒋先生。

1987~1994 年,张劲涛一直在蒋锡夔的实验室工作,他是"文革"以后,在蒋锡夔这里做研究时间最长的一个研究生。在这 7 年当中,蒋锡夔教导他怎么样做实验、怎么样查文献资料、怎么样思考一些问题、怎么样待人接物,等等。在那段时间里,张劲涛每天都是从上午 8 点多一直工作到晚上 10 点多,这其中还包括了每年的节假日。就这样,张劲涛日复一日、年复一年地

图7-2　1993年9月17日，蒋锡夔在办公室与张劲涛等学生（后排左起：傅伟敏、张劲涛、张新宇、孙思汛、朱羽）

在实验室做这些平常人看似很枯燥的研究工作。

张劲涛博士继续回忆道：

蒋先生带研究生的特点是，他给你一些指导方向，比如这个方向的研究课题很有意思，你可以通过实验、查阅资料去深化这个课题，去尝试提出自己的科研方案。然后，蒋先生会把你做好的方案很耐心地、一步一步地帮你修正，这样你就可以参与研究工作的每个阶段，你就会对某个课题的工作有一个整体的了解，你也会从中学到很多东西。

在研究生犯错误时，总是会受到蒋先生很严厉的批评。但是，蒋先生很讲究策略，他不会当众羞辱你，他会关上门很严厉地批评你。他总是分析得非常在理，能够让你意识到你做的这件事很不对，缺乏责任感。在工作中，他希望给予你一种职责感。但是，蒋先生绝不会使用一些语言在人格上羞辱你。蒋先生的这种做法对我的影响很大，尤其是在我走上领导岗位之后，在与员工的交流中，我会不由自主地按照蒋先生的这个方法去处理一些问题。

最后，张劲涛博士深有感触地总结道：

在跟随蒋先生工作的这 7 年时间里,我学会了以科学的思维方式进行独立思考,学会了如何与不同的人进行沟通,学会了把自己的一些想法有效地总结和表达出来。我这辈子受益最大的,就是在蒋先生这里工作的 7 年时间。由于我在蒋先生这里养成了良好的工作习惯,因此在美国学习期间,我能很快就适应了那里的学习和工作方式,即使导师没有督促我,我自己也会很自觉地写好研究报告交给导师。

2002 年,蒋锡夔等人获得了国家自然科学一等奖。由于张劲涛在攻读博士学位和留所工作期间跟随蒋锡夔在此课题的研究中努力工作了长达 7 年时间,作出了十分重要的贡献,因此在获奖的 5 名成员中,张劲涛被排在了继蒋锡夔、计国桢之后的第三位。

完成了此项目的研究工作之后,张劲涛就前往美国芝加哥大学化学系做了一年半的博士后研究工作。然后,他又到芝加哥大学医学院担任了两年半的研究助理和讲师。2000 年,张劲涛进入芝加哥的一家医药研发公司(该公司 2000 年在美国纳斯达克上市)。在那里工作两年之后,张劲涛即升任该公司组合化学部的部门主任,成为这家公司的科研骨干。

在美国的学习和工作,让张劲涛亲眼目睹了美国制药行业尤其是新药研究方面的蓬勃生机。他清楚地意识到,虽然中国医药源远流长,但中国的制药产业却只占全球的 5%,更没有哪一家公司能够开展完整的新药研发工作。2004 年,张劲涛与其他人一起,在上海浦东张江高新技术园区成立了上海美迪西生物医药有限公司。这是一家生物医药研发服务公司,它是中国第一家集化合物合成、化合物活性筛选、结构生物学、药效学评价、药代学评价和毒理学评价为一体的符合国际标准的综合技术服务平台。

通过多年的努力,上海美迪西生物医药有限公司已经培养出一批高素质的人才队伍,进一步扩大了公司在国际上的影响力。目前,上海美迪西生物医药有限公司的研发设备及其操作流程均达到了国际一流标准。

赵新博士

1999 年,赵新进入蒋锡夔课题组,他在蒋锡夔和黎占亭的共同指导下,完成了硕博连读。经过 4 年的刻苦学习,到了 2003 年,赵新获得了博士学位。指导赵新完成博士论文之后,蒋锡夔因年事已高,身体状况越来越差,就没有再亲自指导研究生。所以,赵新就成了蒋锡夔的"关门弟子"。

在谈到读书的那段日子时,赵新博士回忆道:

我进入课题组不久,蒋先生和黎老师给我确定的研究课题是《在疏水—亲脂作用驱动下分子内自簇集的研究》,这是蒋先生的课题组从 20 世纪 80 年代起就一直致力于研究的一个重要课题的延续。当时,蒋先生已经年过七旬,但他仍然坚持参加每两周一次的研究工作口头汇报会议。在会上,蒋先生不仅认真地听我汇报工作,而且还向我提出他自己的意见和建议。此外,蒋先生还要求我每月向他提交一份研究工作报告(也即先生一直以来所倡导的月报)。每一次我所提交的研究工作报告,蒋先生都会很仔细地阅读并修改。报告中只要有一点疑问,哪怕是在句子的表述上不够清晰,蒋先生都会把我叫到办公室询问、与我一起讨论并及时修改。

每次蒋先生修改我的研究报告时,不仅能把握好文章的大方向,而且又很注重一些细节问题。有一次,在一个研究工作报告中,我所做的一个图的横坐标上的单

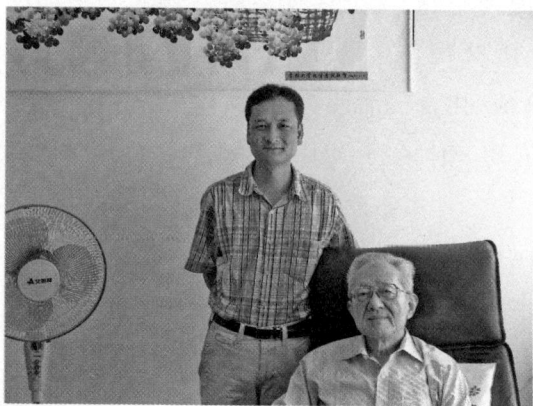

图 7-3 2008 年 4 月,蒋锡夔与学生赵新

位使用得不规范。当时,我自己并没有太在意,觉得这个研究报告是我们内部的工作报告,不是正式发表的,这么写大致的意思已经表达出来了,不会造成歧义。然而,蒋先生却不这么认为。他看了我递交的研究报告之后,要求我把这个单位修改为规范的写法。他进一步强调说,科学研究要非常严谨,来不得半点马虎和随便,而严谨的工作作风就是要从最小的事情做起,才会逐渐养成良好的习惯。

赵新博士继续回忆道:

在我刚进课题组的时候,蒋先生就向我传授了他自己在美国公司工作期间对化合物的编号方法。他说,对化合物进行编号要做到即使哪一天装化合物的瓶子打碎了,被扔进垃圾桶了,从垃圾堆里把碎瓶子捡回来之后,只要瓶子上编号还在,就可以搜寻到这个化合物是记录在哪本实验记录本上,是哪天做的,它有些什么表征数据。

一直以来,蒋先生都十分重视对研究生英语能力的培养。至今,我还记得当年蒋先生教我如何辨别和学写英文花体字的情形:蒋先生拿出一本英文写字本,亲自书写了 26 个英文字母大、小写的花体写法,让我照着练习。在英国和美国,很多人手写的英文字都用花体,而我国的英语教育则统一使用印刷体,所以如果不熟悉英文花体字的话,要想看懂英国人和美国人的手写信件等材料就会比较费劲。后来,我去美国留学,蒋先生还特意嘱咐我在给他写信的时候(那时候,大家已经普遍采用电子邮件相互联系)尽量用英文写,他认为这样做可以迅速提高我的英文写作水平。有一次,我给蒋先生写了一封英文信,汇报了当时自己在美国的一些学习和工作情况。蒋先生在回信中的第一句话就说,"我很高兴地发现,你的英文水平有了较大的提高"。

化学是一门实验性的科学,因此,对实验数据的保留是非常重要的。蒋先生自己非常重视对数据和文档的保存。他的文档资料一般要保留 3 份:一份是手头正看着的,一份是放在办公室存档的,还有一份是放在家里保存的。他告诉我们,这样做的好处是如果其中有一份遗失，还有另外两份在；如果其中有两份遗失，那么至少还有一份保留着。所以，每当我递交研究工作报告给蒋先生时，总是要交 3 份。在蒋先生如此言传身教下，我们这些学生大多都养成了类似的好习惯。

在谈到蒋锡夔如何培养研究生这个问题时，赵新博士说：

蒋先生在平时的工作中给我留下最为深刻的印象是：他曾经多次告诫我，搞科学研究不要盲从和迷信权威，要多思考、要有自己的判断，而不是人云亦云。在蒋先生指导研究生课题时，他常常会对研究生说，不要认为我说的就是对的，我说的只是给你们做个参考，你们一定要有自己的判断。

2003 年 7 月，赵新在有机所获得了博士学位。之后，他前往美国哈佛大学从事博士后研究工作。

赵新博士在回忆自己留学美国的那段日子时说：

在蒋先生的推荐下，我前往美国哈佛大学都令（Doering）教授的课题组从事博士后的研究工作。在赴美前夕，我到蒋先生的办公室与他告别。当时他告诉我，要想成为一名好的博士后研究者需要具备哪些素质，需要做些什么样的准备。他还进一步教导我，对自己将来是想要进入企业界从事产品的研发工作，还是想要在大学或研究所从事学术研究工作，要及早做好规划和打算，不能走一步看一步。一旦确立了自己的目标，就要努力去争取实现。接着，蒋先生还详细地介绍了在美国生活期间需要注意的一些事项，如有事找人首先要预约，不能贸然登门拜访；如果预约好了就要准时到达，不能迟到，等等。

在美国，我进入哈佛大学都令教授的实验室工作之后，都令教授也对我说过与蒋先生类似的话：不要迷信权威，要有你自己的思考，我说的不一定都是对的。都令教授是国际著名化学家，世界物理有机化学界的权威人物。像蒋先生和都令教授那样的学术大师，他们一致认为独立的思考在科学研究工作中起到了至关重要的作用。因此,他们在培养年轻人的过程中,都特别注重这方面的教育,他们希望年轻人能够养成独立思考、不盲从权威的良好作风。

在哈佛大学工作期间,赵新主要从事有机化学反应机理的研究。在都令教授的指导下,赵新通过自己的努力,取得了相当不错的科研成绩。对此,都令教授还特意给蒋锡夔写信,感谢他为自己推荐了一个好学生。

2008 年,结束了哈佛大学的博士后研究工作,赵新回到了有机所,加入蒋锡夔和黎占亭领导的物理有机研究室,成为了有机所的一名课题组长,筹建自己的研究课题组并继续开展研究工作。

自 20 世纪 90 年代之后,由于一些资深研究员的退休,以及其他原因,蒋锡夔课题组出现了人员的流动,因此物理有机研究室的规模缩小了。对此,蒋锡夔曾经非常担忧。如今,赵新回到了有机所,又加入到物理有机研究室,继续从事物理有机的研究工作,这让蒋锡夔感到非常欣慰。他觉得,物理有机研究室由于赵新的回归而增添了新鲜血液,他殷切地希望赵新能够尽快地成长起来。

值得高兴的是,在蒋锡夔和黎占亭的大力支持和帮助下,赵新很快就组建起了自己的研究课题组,在物理有机化学的分支学科之一超分子化学领域开展研究工作,目前已经取得了相当好的成绩。2010 年,赵新入选了上海市浦江人才计划。

其他博士生

1982 年 5 月 30 日正好是星期天,晚上 8 点,有机所有关人员打电话到蒋锡夔家里,让他尽快赶到所里。原来,蒋锡夔所带的 80 级研究生于崇曦在做实验时不小心,因继电器失灵导致油浴着火,把实验室给烧了,酿成重大事故。幸好那天是星期天，没有造成人员伤亡。

于崇曦是一位颇有才华的研究生。当时，因实验室失火造成很大的损失，地区公安局本来打算拘留于崇曦。但是，上海有机化学研究所的汪猷所长、于崇曦的导师蒋锡夔都坚决不同意公安局拘留他们研究所的研究生。他们认为，这是一起责任事故，需要大家都吸取教训。但这起失火事件，绝不是研究生于崇曦的主观恶意行为。汪猷所长甚至对公安局的同志提出："你们要拘留他，就先把我关起来！"听了这样的话，公安局只得放弃了原来的打算。蒋锡夔也因这起失火事件而心情十分沉重。

于崇曦因这起事故失去了在上海有机化学研究所继续攻读博士学位的机会。后来，他留学美国，并且取得了博士学位。于崇曦一直在美国的公司工作了很多年。2003 年，于崇曦回国，创立了自己的化学制品公司。

实验室失火事件发生之后，新闻媒体对蒋锡夔的采访报道也逐渐减少了。后来，有人曾经议论过：实验室里的一把火，"烧"了蒋锡夔的所长"位子"。对此，蒋锡夔只是一笑了之。

1987 年，郭忠武从第二军医大学硕士毕业，考入蒋锡夔课题组攻读博士学位。那时候，中国科学院与波兰科学院有一个联合培养研究生的协议。此时，蒋锡夔身边的研究生并不多，他当然很想让郭忠武留在自己身边，与他一起开展研究工作。不过，为了让郭忠武有一次学习和进修的机会，蒋锡夔最终还是推荐郭忠武去波兰留学。毕业后，郭忠武先后到日本和美国做博士后。如今，他已经成为美国俄亥俄州克里夫兰市凯斯西储大学（Case Western Reserve University）的副教授。

1989 年，屠波在吉林大学化学系取得硕士学位后，来到蒋锡夔的研究组攻读博士学位。她原来是波谱专业的研究生，因此有机化学实验做得比较少。蒋锡夔鼓励屠波多做实验，尽快适应新的研究工作。在蒋锡夔的指导下，屠波在影响有机分子簇集倾向性的几何因素研究中取得了重要成果，她的论文发表在《美国化学会志》和美国化学会的《郎缪尔》上。

1997~1998 年，屠波赴韩国科学技术学院化学系做博士后研究工作。从 1998 年起，屠波担任复旦大学化学系副教授、教授，博士生导师。

秘书曾虹和齐巧艳

蒋锡夔不仅对自己的研究生,而且对自己身边年轻的工作人员同样是关怀备至、热心指导。对此,蒋锡夔的几位秘书深有体会。

1994 年,从复旦大学化学系毕业的硕士研究生曾虹,经同学推荐并通过面试进入有机所。1994～1997 年,曾虹女士担任蒋锡夔的秘书。在工作之余,蒋锡夔一直鼓励她要多学一点有机化学方面的专业知识,并且耐心地指导她做一些有机化学的实验、查阅文献资料,帮助她学习专业英语、撰写论文等。

在采访中,曾虹女士回忆道:

我进入蒋先生的课题组之后,因为做秘书的工作量并不是很大,所以蒋先生鼓励我多学一点有机化学知识,多学一点专业英语。蒋先生的办公室里常备有两本英语杂志,一本是《时代》周刊亚洲版,一本是美国的《国家地理杂志》。当时,我的英语基础不太好。蒋先生就要求我有空就多看看这两本杂志。蒋先生认为,学习英语,只要你认真地去阅读,日积月累,就会增加你的英语词汇量;久而久之,你的英语水平就会提高。尽管蒋先生的英语水平已经相当高了,但是在他的办公室里还是放着好几个版本的英语大词典。为了提高我的英语水平,他经常有意识地用英语跟我聊天,还要求我要用英语来思考一些问题。在蒋先生的鼓励和帮助下,通过几年的努力,我的英语水平有了显著的提高。

1997 年 8 月,曾虹离开了蒋锡夔课题组,转到联合利华中国研究所工作。然而没过多久,她就因患病而住院治疗。刚刚住进医院时,曾虹的情绪十分低落。当蒋锡夔得知曾虹住院的情况后,多次抽时间到医院看望她,鼓励她振奋精神,战胜病魔。他每次去看望曾虹,都会带着新近出版的美国《时代》周刊、美国《国家地理杂志》给曾虹阅读。

回想起此事，曾虹女士十分动情地说道：

在我生病住院的那段日子里，蒋先生多次来看望我，他并没有因为我已经离开了他的部门就不关心我了，他的心里依然牵挂着我们这些曾经在他身边工作过的老同事。他的人格魅力，感染着我们这些曾经在他身边工作过的每一个人，我们也会像蒋先生那样彼此互相关心、互相帮助。我们大家经常会在节假日里聚在蒋先生家里，向他诉说自己的一些工作经历和体会。在这一时刻，蒋先生与我们之间就是一种良师益友的关系了。

图7-4　蒋锡夔、刘婳迪夫妇与秘书曾虹（摄于有机所召开的"恭贺蒋锡夔院士七十华诞暨学术报告会"上）

曾虹女士认为，蒋先生对待他周围的人，都是非常关心和爱护的。尤其是对待他身边的那些年轻人，更是拥有一份长辈爱护晚辈的慈爱之心。因此，与蒋先生一起共事的很多人，最终都能成为他一生的挚友。

后来，曾虹在上海联合利华研究所担任高级研究员。

在采访中，曾虹女士深情地说道：

我在上海有机化学研究所工作期间，蒋先生对我的帮助和指导将一直铭记在我的心里。

2002 年 7 月，齐巧艳从复旦大学化学系大学毕业，进入有机所。不久，她就开始担任蒋锡夔的秘书，并且一直工作到蒋锡夔生病住院。

在谈起第一次见到蒋锡夔的情景时，齐巧艳女士回忆道：

那时候，有机所正在放高温假。作为刚刚进所的新职工，按规定在放假期间我要在所里值班。一天上午，有一位老先生颤颤巍巍地走进实验室对我说："小姑娘，能帮我打壶开水吗？"于是，我就跟着他到他的办公室里拿了热水瓶，然后下楼帮他打了一瓶开水上来。一直到过完高温假后我才知道，让我帮忙打开水的这位老先生就是我们所里非常有名的蒋锡夔院士。当时我很惊讶，原来自己离这位中国科学院院士是如此之近！与此同时，我感觉到蒋先生非常和蔼可亲，也很平易近人。

图 7-5　2008 年 4 月 24 日，蒋锡夔和秘书齐巧艳

过了半年，蒋先生的前任秘书邓鹏因故离开有机所了。于是，领导让我兼任蒋先生的秘书。从此以后，我开始对蒋先生有了更加深入的了解。

邓鹏在离开前的一个月里，每天上午都要花些时间来告诉我作为蒋先生的秘书每天需要做好哪些工作。如每天上午 8 点 30 分要上网接收蒋先生的电子邮件,10 点 30 分要去传达室取蒋先生的信和报纸;要熟悉蒋先生英文字的书写特征,以便把蒋先生手写的信件内容输入电脑;如果蒋先生有新的论文发表了,就要登记论文目录,并按照蒋先生的存档要求把论文复印三份(一份放在办公室抽屉里,一份放在书架上,一份放到蒋先生家里)。按规定,有机所里每位老院士,在八十大寿之际都会出一本论文集。因此一直以来,蒋先生把自己历年发表的论文按照年代顺序收集起来(每十年,蒋先生的论文就要用一个大的档案袋收起来)。从上述秘书每天都要做的这些工作中可以联想到,已经 76 岁高龄的蒋先生,尽管身体状况越来越差,但是他每天的工作量仍然是很大的。

邓鹏离开有机所之后,蒋先生的身体状况更不好了。当时,我们在老 1 号楼上班,大楼门口的几级台阶蒋先生自己一个人已经没法跨上去了,只能由我搀扶着艰难地跨上台阶。因此他曾戏言,我就是他的拐杖。

每天上班,蒋先生都拎着一只公文包。他很自豪地告诉我,这只公文包是他七十大寿之时,全组师生给他准备的生日礼物。因此他特别喜欢,也很珍惜。一直到 2006 年,蒋先生已经拎不动这只公文包了,才不得不拎着布包来上班。

2003 年,蒋先生获奖了!各大媒体都来采访他,有机所还召开了记者招待会,十几家媒体一起过来采访蒋先生。之后,有很长一段时间,经常会有电台和电视台过来采访蒋先生,为蒋先生拍摄视频及照片。

2004 年的下半年,蒋先生决定要搬进新大楼。于是,我们开始整理办公室。蒋先生平时的睡眠状况很差,每天晚上都要吃了安眠药才能入睡。搬进新大楼上班之后,蒋先生每天都会先躺在沙发上休息半个小时,再继续工作。

蒋先生在自我感觉身体状况略有好转时,会打打太极拳。有两次,蒋先生在打太极拳时,由于腿脚发软而摔倒在地。于是,他就不再打太极拳了,改为绕着楼道散步。后来,他在散步的时候也会摔倒。从此,蒋先生就不得不停止了锻炼。随着病情的恶化,蒋先生只得坐着轮椅来上班了。因为，无论身体状况如何，坚持每天来上班已经成了蒋先生的习惯。

平时，蒋先生很注重礼仪。每当有研究生毕业需要他一起拍照留念时，蒋先生就会要求研究生提前通知他。他总是要穿好西服、打好领带才去拍照。蒋先生对待研究生是相当严格的，曾经有一位研究生因为犯了错误而受到所里的处罚，这位研究生希望蒋先生能帮他跟所领导求情。蒋先生却对他说，一个人犯了错误就要勇于承担责任，你是我的学生，我就像看待自己的儿子一样看待你。但是，即使今天犯错误的是我儿子，我同样会让他承担应有的责任的。蒋先生还很正直，曾经有个记者在采访蒋先生时，希望他能够"摆个姿势"模拟一下正在做实验的情景，好为他拍几个视频镜头。然而，这个要求被蒋先生断然拒绝了。他说，自从我当老师以后，几乎不再做实验了，我的任务是"指兔子"（即指明研究方向），这是不能作假的。

1985年，有机所的各个研究室进行调整，李方琳调入蒋锡夔领导的物理有机研究室。最初，她在物理有机研究室担任蒋锡夔的秘书。在工作中，她深受蒋锡夔的信任。1986年，李方琳开始担任有机所研究生部的主任，并且一直工作到退休。李方琳对待工作认真负责，并且善待学生。因此，她受到研究生和导师的普遍赞扬，被研究生尊称为"在职妈妈"。

在采访李方琳老师时，她说道：

在培养研究生方面，蒋先生始终坚持研究生要有坚实的

图 7-6　1981 年 10 月，蒋锡夔（中）与史济良（左）、李方琳（右）在德国哥廷根大学

理论基础。因此,研究生撰写学位论文的内容只能限于基础研究,而且研究生的论文通过答辩以后,不能马上发表,必须要等下一届研究生把该研究生的研究工作进一步验证以后,没有发现什么问题,这篇论文才有资格发表。为此蒋先生强调,对研究生的考核不能以其论文的多少作为标准,而是要以他在研究工作中获得的科学思想、学习的科学方法,以及从实验技术训练等方面来衡量研究生的工作情况。在这种教育思想的指导下,上海有机化学研究所当年培养出来的一大批优秀的研究生都能够在各自的科研工作领域,或者是在企业界大有作为。我认为,他们所取得的这些成绩,与当年蒋先生等老一辈科学家在培养研究生方面的这种教育理念、训练方式密切相关。

第八章
物理有机研究室

推荐科研骨干出国进修

1976 年,"四人帮"垮台。当时,蒋锡夔已经 50 岁了。在物理有机研究室成立之时,他就开始考虑如何培养年轻人。当时,研究室每两周开一次工作讨论会,蒋锡夔每次必到,他对工作中遇到的任何问题都不轻易放过。

在蒋锡夔的带领下,物理有机研究室年轻的科研人员迅速地成长起来,他们先后到国外各著名的实验室学习进修,把世界各国专家学者最新的科研成果、科学的思想方法融入自己的研究工作中。回国后,他们相继成为各自专业领域的优秀人才。在蒋锡夔的领导下,整个物理有机研究室拥有良好的学术气氛,大家互相学习,互相竞争,每个人都努力工作,整个团队不断攀登科研高峰。

当时,德国马普学会给了中国科学院一些洪堡基金进修人员的名额。有机所的计国桢成为首批赴德国学习进修的年轻科研人员。1979 年,计国桢前往位于海德堡的马普医学研究所斯塔伯(Heinz Staab)教授实验室学习和工作。

此后,蒋锡夔开始为研究室里的其他年轻人积极争取出国进修的机会。

1979 年 10 月 23 日,计国桢跟随他的德国导师斯塔伯教授以及洪堡基金会的 2 位专家访问有机所。在此期间,斯塔伯教授作了一天的学术讲座。当时的英文翻译工作,是由物理有机研究室的吴成九担任的。接着,3 位专家对有机所推荐的洪堡基金候选人进行面试。结果,物理有机研究室的李兴亚成绩最好。由于李兴亚的"出身不好",所以他很难获得出国进修的机会。在蒋锡夔的努力争取下,经所领导批准,李兴亚获得了洪堡基金的资助,并于 1980 年前往德国慕尼黑大学著名的化学家休斯根(Rolf Huisgen)教授的实验室学习进修。两年后,李兴亚又回到物理有机研究室工作。没过几年,蒋锡夔就把李兴亚推荐到研究室主任的岗位上。

早在 20 世纪五六十年代,蒋锡夔就发现了全氟碘代烷的亲碘反应。"文革"结束后,蒋锡夔与李兴亚一起继续开展这个方面的研究工作。经过多年的努力,他们相继发现了全氟碘、溴、氨代物与强的亲核试剂在室温下即能自发反应,生成不同的全氟烷基衍生物。但是,这并不是按照教科书中所描述的亲核取代机理,而是以亲卤机理进行的,也即亲核试剂进攻缺电性的卤素而不是氟代烷基。当时,化学界的学术同行对全氟卤代烃的电子转移反应的研究工作开展得比较多。不过,蒋锡夔他们所发现的这个机理是非常独特的。为此,蒋锡夔和李兴亚有关硫醇和醇负离子反应的研究工作成果,曾经发表在德国著名的《应用化学》上。1987 年,李兴亚应邀在日本召开的第一届国际杂原子化学会议上作了专题报告。

物理有机研究室的惠永正和吴成九,也是蒋锡夔非常看重的年轻人。当时,他们俩由于"出身不好",也很难获得出国进修的机会。

在物理有机研究室,蒋锡夔支持惠永正按照他自己的思路和设想开展工作。不久,惠永正所开展的微环境效应方面的研究工作取得了重要的进展。1981 年,惠永正开展的关于微环境效应中直链淀粉催化酯水解的研究工作,在国际顶级学术刊物《美国化学会志》上发表。1982 年初,惠永正终于获得美国北卡罗来纳大学进修的机会,蒋锡夔非常支持他去美国学习进修。回国后,惠永正先后担任有机所所长、国家科委副主任等职务。

吴成九是一位勤于思考、动手能力很强的青年骨干。在蒋锡夔的指导下,他不仅苦练英语,而且在科研工作中成绩出色,因此深受蒋锡夔的信任。

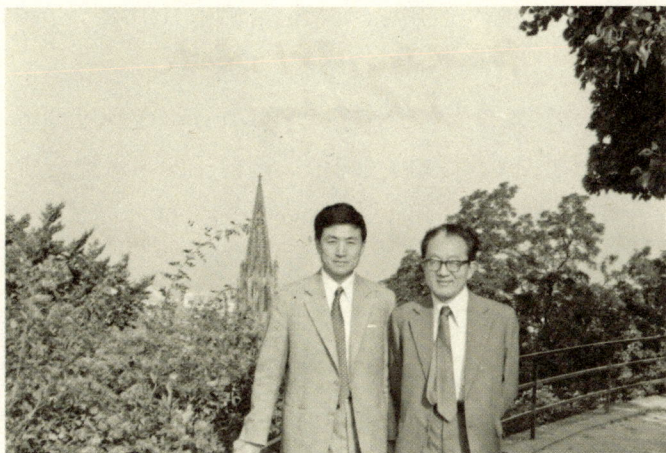

图 8-1　1981 年 9 月 5 日，蒋锡夔（右）与李兴亚（左）在勋伯格（Schönberg）

那时候，吴成九主要开展氟烯烃自由基加成反应的研究工作。由于吴成九在这方面所取得的研究成果，使得蒋锡夔等人后来发现了测定自由基自旋离域参数的反应模型。

1979 年 10 月，美国化学会高分子代表团访问有机所。代表团成员当中有诺贝尔化学奖获得者、高分子化学家保尔·约翰·弗洛里（Faul John Flory）[①]、聚合物化学的先驱者沃尔特·H. 斯托克梅尔（Walter H. Stockmayer）[②]等国际著名专家。

10 月 16 日，该代表团来到有机所进行双向交流。惠永正和吴成九向弗洛里、斯托克梅尔，以及奥柏格尔（Overberger）等来访者介绍了各自开展的研究工作。惠永正向美国科学家介绍了他所开展的微环境效应的研究工作，吴成九则介绍了自己在三氟苯乙烯环加成反应方面的研究成果。听完介绍，弗洛里等认为，惠永正和吴成九所开展的研究工作及其成果已经可以

[①] 保尔·约翰·弗洛里（Faul John Flory, 1910～1985 年），美国高分子科学家，为高分子科学理论的主要开拓者和奠基人之一。1953 年当选为美国科学院院士。1974 年，因高分子物理化学研究成果而获诺贝尔奖。

[②] 沃尔特·H. 斯托克梅尔（Walter H. Stockmayer, 1914～2004 年），1940 年在麻省理工学院获得化学博士学位，1956 年当选为美国科学院院士。新罕布什尔州的达特茅斯学院（Dartmouth College）化学教授。他在聚合物分子的动力学结构方面有很高的建树，是 20 世纪聚合物化学的先驱。

到下一年召开的国际纯粹与应用化学联合会(简称 IUPAC)的物理有机会议上去宣读了。

当天下午,蒋锡夔主持了科罗拉多大学(University of Colorado)斯迪尔(John Stile)的学术报告会,标题为《配位试剂催化的不对称合成(Catalystic Assymmetric Synthesis by Chelated Reagents)》。斯迪尔的学术报告作完后,有机所的科研人员积极提问,会场气氛十分热烈。会后,斯迪尔感叹道:"在中国访问期间,我看到的所有单位里,以有机所的科研人员思维最为活跃,他们所开展的研究工作也最让我感兴趣。"对于蒋锡夔来说,最让他感到自豪的是惠永正、吴成九等年轻人逐渐崭露头角,他们已经有资格、有实力与国际同行进行平等的学术交流了。

1980 年 8 月,吴成九终于有机会赴美留学了,他在美国德克萨斯农机大学获得博士学位。然而,由于种种原因,吴成九没有回国工作。

在采访有机所的戴立信院士时,他这样说道:

改革开放以后的 20 多年,是蒋先生科研生涯的高峰时期。当时,物理有机研究室的研究人员曾经达到数十人。20 世纪 90 年代以后,由于开展基础理论研究工作的经费短缺,以及优秀科研人才的严重流失,物理有机研究室的规模逐渐缩小,最后只剩下几位研究生还在继续开展科研工作。但是,蒋先生从没有想到要放弃他的研究工作。他在科研工作的第一线一直坚持工作到 2002 年,最终完成了他在有机分子簇集和自由基化学方面的系统研究工作。

在物理有机研究室,蒋先生有一个非常优秀的科研团队,这个团队在蒋先生的研究工作中起到了关键的作用。当时,这支队伍的力量是非常强的。作为这支团队核心人物的蒋先生,能够吸引一批优秀人才围绕在他身边开展很深入的研究工作,由此可见,蒋先生本身的科研素养及其领导才能是很强的。在这些人当中,有惠永正、吴成九、李兴亚、范伟强等。

蒋先生的团队聚集在一起,大家彼此之间经常相互讨论,这种讨论对科研工作是相当重要的,也是我非常欣赏的一种工作方式。我觉得,蒋先生课题组之所以最终能够获得国家自然科学一等奖，就是因为他能够集中很多人的智慧。蒋先生领导的这个优秀集体，以及他们所开展的这种生动活泼的讨论，产生出了非常好的科学思想和科学方法，激发了大家的创造力。

戴立信院士最后总结道：

我认为，蒋先生的团队获得成功的原因：第一，蒋先生本身在物理有机化学基础理论方面的基本功相当扎实。第二，在科研工作中，蒋先生对实验数据严格把关。他觉得，用一套方法测定数据是不够的，需要用几套方法来测定数据。第三，蒋先生有一个非常好的团队，在这个团队中，有一种轻松自由的学术讨论的氛围。第四，蒋先生课题组20多年来长期坚持搞这个项目的研究，这也是他们持续不断取得科研成果的重要因素。

计国桢

作为2002年度国家自然科学一等奖排名第二位的获奖者，计国桢研究员在接受采访时回忆道：

1981年，我从德国进修回来后，就开始跟随蒋先生做自由基方面的研究工作。经过20多年的努力，我们逐步建立起了一套反应取代基的自旋离域能力的参数。

20世纪70年代末，蒋先生的一个研究生叫范伟强，他一开始研究的是微观效应。当时，他看到一篇文章，提到了这样一个问题：长链分子在水分子中运动时的形态究竟是怎么样的？在20世纪60年代中期，有一位美国科学家也提到过簇集这个概念。范伟强把这篇文章给蒋先生看，蒋先生看了就觉得这是很重要的一个理论问题，而且这个问题是可以跟他所研究的微观效应中的很多东西结合起来的。所以，蒋先生

图 8-2　蒋锡夔和计国桢在讨论工作

开始把范伟强所研究的微观效应理论的重点转到疏水亲脂这方面。后来，其他研究生还研究了长链分子的结构和它在水中的形态有什么变化等问题。这些研究工作跟后面的工作有很大的关系，因为人体细胞中有很多长链的分子，人体细胞中又有大量的体液主要是水相体液，这些水相体液中的长链分子的形态究竟是什么样的，由于长链分子的形态发生变化就使得它的功能也会发生一些变化。

簇集这个概念国外的科学家也在研究。那时候范伟强等研究生做了好多工作，当时在《美国化学会志》上发表了多篇文章。后来，蒋先生还到美国各大学去作了报告。加利福尼亚大学《化学研究评述》的主编对蒋先生的工作非常赞赏。他主动邀请蒋先生写一篇文章，介绍蒋先生他们关于有机分子的簇集和卷曲的研究工作。在当时，关于疏水亲脂相互作用这个问题从化学的角度提出这个概念的人并不是特别多，但在生物学领域这是一个非常重要的问题，所以生物学家研究得比较多。但是生物学概念和物理学概念有一点差别，因为生物学研究的不是一个分子，而是以细胞组织为研究对象，因此范围要大些，而有机化学是以分子为单位进行研究的。所以蒋先生早期所做的疏水亲脂方面的工作，奠定了我们在疏水亲脂这个领域里面其他研究工作的基础。之后的很多工作，也是在这个基础上逐步地去开展的，比如进一步深入地研究这些分子的具体形态与其功能的关系；又如，蒋先生所提出的簇集的概念，即分子在什么样的条件下可以簇集；还有蒋先生提出的自卷曲的概念，等等。这些问题或者概念，都是在大量的实验的基础上，提出来的量化的概念。这需要做大量的研究工作，是很不简单的。所以，国外的同行对我们的工作评价还是相当高的，其中包括我们前面一部分基础性的工作。

20 世纪 70 年代末至 80 年代初，很多人都出国进修，我是第一个出去的。到了 80 年代初，都陆续回来了。研究室又开始招收研究生。我们组里原来是以研究含氟烯烃结构与特性为主的，1981 年我回国后，蒋先生就要求我跟着他做自由基方面的工作。当时，组里有一位蒋先生的研究生叫于崇曦，他正在做三氟苯乙烯方面的研究工作。在研究中发现，三氟苯乙烯可以高选择性地二聚形成四元环化合物，因此它可以用来研究自由基取代基效应。我跟着蒋先生做自由基方面的工作以后，我们就把它的一些取代基引上去，研究它的一些含氟图谱方面的变化和影响。由此，我们就想到这是不是能够跟取代基的参数有关系。从它的二聚反应动力学角度出发，我们逐步建立起一套反应取代基的自旋离域能力的参数。

这套参数的建立，一开始在学术界是有争论的，国际上很多自由基化学家认为不需要这样一套参数。在当时相当多的文献报道中人们都认为，用原有的一套参数也可以解决这样的问题。加拿大阿尔伯塔大学的泰内尔（Tanner）教授就公开这么讲。后来，我们跟他讨论此事，也邀请他到中国来看我们所做的工作。他看过之后，仍然认为这个研究没有多大意义。当时，我们的实验数据还不够多，参数也不够多。到了90 年代，我们在这方面做了大量的研究工作，积累了相当多的实验数据，做了 28～30 个取代基。1990 年，我去美国西北大学（Northwestern University）做访问学者。在实验室里，我碰到了泰内尔教授，我跟他谈起工作，把我们所做的整套数据都给他看。看了这些资料，泰内尔教授信服了，觉得这套数据的确是可以解决好多问题。

1991 年我回国以后，仍然跟随蒋先生一起开展研究工作。1992

年,我们完成了自由基自旋离域效应$\sigma_{JJ}^{\bullet}$参数建立的工作,并且将研究工作成果写成一篇论文,发表在美国《有机化学杂志》上。

当时,我们做的工作实际上只是一套数据,这套数据能不能用还不完全清楚。1992年,建立了这套数据以后,我们又做了大量的工作,就是要证明这套数据是可以用的。为此,我们做了很多很多实验,工作量相当大。在实验过程中,遇到了很多困难,大家齐心协力,想方设法把一个个难题都解决了。最终通过大量的实验证明,这些数据是可靠的。后来,国际上很多自由基化学家也都承认了我们的研究工作,好多人都在用我们这套参数做关于结构和性能的相关分析。

我们做的这项工作,实际上体现出蒋先生的一种科学思想:搞科研工作不要迷信专家,要敢于否定别人,也要敢于否定自己。

我们所做的工作,就是要证明这些参数是可靠的。如在做$\sigma^{\bullet}$这个参数的时候,要做聚合反应动力学实验。一开始,我们在同一个温度下做实验。但是,蒋先生的要求是一定要在4～5个不同的温度下做实验。并且在每个温度下测出来的必须都是同一个$\sigma^{\bullet}$参数。当时,我们的研究工作相当艰苦,因为仪器和设备都比较简陋。刚开始,我们的仪器和设备都是一个一个搬进来,再一个一个实验数据进行测量。

而且有大量的数据需要我们测量,因为每一个点都需要好多数据来证明,蒋先生在这一方面的要求是非常严格的。所以,尽管我们已经通过实验得到了这套数据,还发表了论文,但是我们还是做了大量的工作来验证我们这套数据的可靠性。在蒋先生的指导下,通过近20年的努力,我们终于建立起了一套完整的自由基自旋离域参数。

从美国西北大学回来工作后不久,计国桢就晋升为研究员,并先后担任过物理有机研究室主任、上海有机化学研究所副所长及中国科学院上海分院副院长等职务。2001年10月,计国桢的任期届满后,又重新回到实验室开展科研工作。他一方面招收自己的研究生,另一方面又与蒋锡夔一起指导研究生开展科研工作。

在1990年前后的十多年中,中国科学院的主要任务是面向国民经济发展的主战场。因此,基础理论研究方面的科研经费严重不足。在计国桢的努力下,物理有机研究室开展了与国外公司的合同研究,节余了一些经费,使得蒋锡夔的物理有机研究室的基础研究工作得以坚持下去。

对于蒋锡夔课题组在自由基化学研究方面所做出的成绩,在采访程津培[①]院士时,他说道:

　　化学反应大致分成 3 种重要的中间体,其中一种就是自由基。在化学、生命科学、材料科学等很多方面,都需要理解自由基的许多行为。在研究自由基时,大家希望从定量的角度去理解自由基反应的规律,这就产生了很多系列的自由基取代基效应的研究,这个工作大部分是国外的科学家在做。当时,蒋先生也做了大量的有特色的工作。过去,人们研究了很多系列的自由基取代基效应参数,都没有把自由基里面的两种作用分清楚。那就是自由基本身是单电子的,有自旋离域效应,以及自由基从结构上产生的极性效应。以前的研究都没有把这两种重要的因素分开,只有蒋先生课题组的研究,建立了一个特别有效的方法,从取代基参数里分出来两个部分,其中一部分就是自由基单电子所产生的效应,叫自旋离域效应,这个参数后来被他们定义为 $\sigma^{\cdot}{}_{JJ}$,在国际上是非常有名的。"JJ"代表的是蒋锡夔和计国桢姓名的第一个拼音字母,说明蒋先生非常提携他的合作者计国桢先生。

史济良

1979 年 11 月至 1982 年 4 月,史济良申请到洪堡基金,他与妻子李方琳

---

① 程津培,物理有机化学家,1987 年获美国西北大学博士学位,1987～1988 年在美国杜克大学做博士后研究。回国后任南开大学教授、博士生导师、副校长。原国家科技部副部长。2001 年当选为中国科学院院士。

一起前往德国马普协会流体研究所瓦格纳教授实验室工作。在蒋锡夔访问德国时,曾经去看望过他们。史济良夫妇回到上海有机化学研究所后,开始从事激光化学的研究工作。1985 年,有机所的研究室进行调整。史济良课题组被合并到蒋锡夔领导的物理有机研究室。从此,史济良夫妇就一直在蒋锡夔领导下开展科研工作。

在采访史计良研究员时,他说道:

我在德国工作期间,主要开展卡宾化学的研究。那时候,蒋先生代表有机所来看望过我们。当蒋先生知道我正在研究卡宾化学时,他非常高兴地说,这个工作我一定会大力支持的。听蒋先生这么一说,我想我回国后的研究方向可以明确了。因此,回到有机所之后,我的主要方向仍然是卡宾化学的研究工作。1986 年,我们的研究工作成果获得了中国科学院科技进步三等奖。后来,我又先后到加拿大国家研究院以及美国罗切斯特大学(University of Rochester)做访问学者。回到有机所后,我就跟随蒋锡夔一起指导研究生在自由基和分子簇集两个方面开展研究工作。

蒋先生不仅具有科学家的灵感,而且还能够在科学研究过程中抓住重要的切入点,勇于探索、敢于创新。因此我们认为,蒋先生在搞科学研究时,敢想、敢做,实事求是,严格严谨。

比如,我们当时写论文都是用英文写的。为了发表一篇文章,蒋先生总是要反复修改。有时候,为了修改文章中的某一个句子,他会反复推敲句子中某个词的用意是否准确。而且,他还一定要将所有问题全部都解决之后,才肯把文章发出去。

又比如,我们有两位博士生都在做解簇集的研究工作。一位博士生的实验结果,簇集剂的浓度很高,需要解簇集剂;另一位博士生的实验结果,簇集剂的浓度很低,不需要解簇集剂。他们两人的实验结果产生了矛盾,究竟谁对谁错呢?蒋先生认为一定是出现了问题,我们必须要深入研究下去,解决这个矛盾。后来,我对一位博士生说,你先重复高浓度的实验,看看结果如何。他做完实验后,回答说的确需要解簇集剂。接着,我又对他说,你再重复低浓度的实验,看看结果如何。他做完实验后,回答说的确不需要解簇集剂。最后,我对他说,你在高浓度和低浓度之间做一个浓度梯度的实验,浓度从低到高,逐步增加,看看达到什么浓度的时候出现解簇集现象。实验结果发现,解簇集现象的确出现在某个浓度梯度上。

经过大量的实验之后,我们发现了一个有趣的现象,当长链有机分子的碳氢链的长度达到一定程度之后,就会折卷起来。蒋先生感到这个自卷曲现象非常有意思,值得我们深入地研究下去。

蒋先生不仅专业知识渊博,而且知识面也很广,能够触类旁通。当我们发现了长链有机分子的这种现象后,他就联想到医学书上所说的人体动脉粥样硬化的问题。当人体动脉发生粥样硬化时,最明显的生化异常是粥样斑块中含有大量的胆固醇酯的堆积,其中以胆固醇油酸酯和胆固醇亚油酸酯的含量最多,分别达到 32%,而胆固醇硬酸酯只有 2%。这 3 个分子的侧链都是十八个碳。为什么它们的比例会有这么大的差别。于是,蒋先生就提出了一个自绕曲效应。因为长链中间,十八个碳的羧酸酯有十八个碳的长链,长链中间有双键,这个双键部位就不能折卷,它是比较硬的、比较伸展的,所以它"抓住"其他分子的能力就比较强;而十八个碳的硬脂酸酯,是没有双键的,比较柔软,因为它是单键的,可以折卷,所以它"抓住"其他分子的能力就弱。这一理论研究过程,实际上就是从物理有机化学的角度、从分子水平解释了生命科学中的一些问题。在这方面,蒋先生所做的工作是非常了不起的。

史济良继续说道:

蒋先生不仅在物理有机化学的基础理论研究中取得了重大的成果,而且在这个专业领域里他本人还具有非常强的凝聚力和号召力。

1990 年,蒋先生与兰州大学的刘有成等一起,联合申请了有关"物理有机前沿课题:自由基化学、新型反应及生命科学"这一课题,并且申请到了国家自然科学基金委员会的重点和重大科研项目的基金资助。经过多年的努力,到 1997 年,国家自然科学基金委员会组织专家在上海对蒋先生的这一重大科研项目开展验收工作。经专家组的验收,该项目被评定为"特优"级。我认为,蒋先生真正做到了"唯实、求真、协力、创新"。

1992 年,史济良被诊断出患了脑瘤,虽经手术治疗,但还是留下了行走不便的后遗症。他在家休养了一段时间后于 1994 年重新开始工作,但已无法继续开展激光化学的研究了。因此,他就与蒋锡夔一起指导研究生开展簇集体内的电子转移反应的研究工作。他先后指导了陈新、蒋小伍等研究生,并且取得了一批重要的成果。由于史济良在有机分子簇集方面的出色工作,同样成为 2002 年度国家自然科学一等奖的获奖者,排名第五位。

1988 年,物理有机研究室主任李兴亚前往美国南加利福尼亚大学欧拉(George Olah)①实验室做访问学者。后来,李兴亚留在美国攻读学位,赵成学调到华中理工大学,因此,物理有机研究室只剩下计国桢和史济良两位年轻骨干,他们两人都是中国科技大学毕业生。

赵成学

1962 年,赵成学从西北大学(西安)化学系毕业。同年,他考入在北京的中国科学院化学研究所,学习有机化学专业,成为蒋锡夔的第一位研究生。后来,赵成学跟随蒋锡夔一起调入上海有机化学研究所,从事卡宾化学方面的研究。

1978 年,物理有机研究室成立,赵成学成为该研究室的年轻骨干之一,主要开展自由基化学的研究工作。赵成学当时主要是研究氟代过氧化物和

---

① 欧拉(George Andrew Olah),美国有机化学家,1949 年在布达佩斯技术大学(Technical University of Budapest)获得博士学位。1977 年至今,在美国南加利福尼亚大学(University of Southern California)任讲座教授,并为该大学的 Locker 碳氢化合物研究所创建人之一,现任所长。1994 年获诺贝尔化学奖。

氮氧化物自由基的反应与机理,这一课题与蒋锡夔所获得的国家自然科学一等奖项目的研究方向并不相同。

1980年,美国犹他大学代表团访问上海,他们想要在中国招收年轻人到犹他大学学习进修。在面试中,赵成学脱颖而出,被犹他大学选中。虽然赵成学出国进修将会对物理有机研究室的科研工作带来一定的影响,但是蒋锡夔仍然非常支持赵成学去犹他大学学习。

1980年,赵成学前往犹他大学沃林实验室学习。他的导师沃林教授是国际物理有机化学的权威,《美国化学会志》的主编。在沃林实验室学习期间,赵学成的工作相当出色,他与沃林教授合作研究自由基阳离子基的碎片化机理和有机合成应用,其成果获得1984年美国化学会石油化学部最高奖。在沃林实验室进修期间,赵成学连续在《美国化学会志》和美国《有机化学杂志》上发表数篇论文,受到沃林的赞扬。

图8-3 1981年7月,蒋锡夔(右)与赵成学(左)及其同事在美国犹他大学

1982年8月,赵成学回到有机所。在蒋锡夔的带领下,继续开展自由基反应机理的研究。10月,蒋锡夔课题组关于"有机氟化学和自由基化学的研究"项目获得国家自然科学三等奖,赵成学也是获奖者之一。同年,赵成学所开展的氟代酰氧自由基合成与热解动力学的研究成果在美国《有机化学杂志》上发表,这是物理有机研究室在国际上最早发表的论文之一。

在蒋锡夔的领导下,赵成学等人在含氟酰氧自由基和氮氧自由基方面开展了大量的研究工作,发展出了多种制备氮氧自由基的方法,并且对酰氧自由基动力学和电子转移反应、氮氧自由基的结构和反应性等开展了系统性的研究工作。赵成学在含氟氮氧自由基的研究工作方面取得了突破性的进展,发现了一个制备含氟氮氧自由基的有效方法。他的这一科研成果,后来相继发表在《美国化学会志》和英国皇家化学会《化学通讯》上。

上述这些成果,同样成为蒋锡夔科研工作中的一个重要方面。因此,蒋锡夔在 1989 年召开的国际氮氧自由基会议上作了最高级别的大会报告,该项成果于 1993 年获得国家教委的科技进步二等奖。

作为蒋锡夔的第一个研究生,多年来赵成学一直在蒋锡夔身边工作。通过蒋锡夔的言传身教,他的确学到了很多非常宝贵的工作经验。

在采访赵成学教授时,他回忆道:

当我自己开始独立领导课题组开展工作时,基本上也是按照蒋先生提出的这个方法来管理和要求研究生的。我给每一位研究生发一个记录本,告诉他们在实验过程中应该怎样记录、编号和整理一些原始数据及其他资料。在研究生做论文时,他们发现这些原始资料将会大派用处。毕业之前,研究生都要把记录本交还给我,以便我对某个已经完成的科研项目进行存档和备案。

赵成学教授继续说道:

我认为,评价一个研究生,不是光看他的论文写的怎么样,还要看他是怎样积累和整理他所得到的实验记录及实验资料的。因为,对那些从实验中获得的数据、图谱等原始资料的记录和整理,是每一位科研工作者必须掌握的科研技能。

1988 年,武汉华中理工大学(现改名为华中科技大学)正在筹建化学系。赵成学认为这是一个进一步发展事业的大好机会。于是,他前往华中理工大学应聘,并担任化学系主任。在华中理工大学工作的 10 年间,赵成学主持含氟铁磁体等国家自然科学基金的课题,以及国家科委资助的高分子氟化的"863"计划的重大项目。

1997 年,赵成学被上海交通大学引进,担任上海交通大学恢复成立的化学系系主任和博士生导师。经过多年的努力,赵成学等在上海交通大学筹建并完善了化学系。继续开展国家自然科学基金、国家高技术研究发展计划中的"863"计划的重大项目,以及博士点基金资助的自由基化学及含氟材料研究课题。

1980~2005 年,赵成学在美国、德国、日本、苏联等国家以及中国台湾地区的近 30 所大学进行访问和讲学,成为日本大分大学化学系的客座教授,以及兰州大学化学系、华中科技大学化学系的兼职教授,中国化学会《有机化学》杂志编委。

多年来,赵成学的各项科研成果获得了多种奖项,其中的"有机氟化学及自由基化学"项目荣获 1982 年度国家自然科学三等奖,"有机单电子转移反应的化学及顺磁共振研究"项目荣获 1993 年度国家教委科技进步二等奖,"剑麻柔软剂合成及应用"项目荣获 1993 年度农业部科技进步三等奖,"全氟酰基过氧化物及其氮氧自由基衍生物化学"项目荣获 2000 年度上海市科技进步三等奖,"阳离子基化学研究"项目荣获 1984 年美国化学会石油化学部最高奖。

在国内外学术刊物上,赵成学发表论文 120 余篇。1986 年获上海市人民政府大功奖,1997 年获上海交通大学优秀教师一等奖,1999 年获宝钢优秀教师一等奖。

黎占亭

1992 年,黎占亭进入有机所,在陈庆云的指导下攻读博士学位。1994年,黎占亭获得博士学位之后,前往南丹麦大学(University of Southern

Denmark)做博士后研究工作。1996 年初,黎占亭回到有机所,进入蒋锡夔领导的物理有机研究室工作。当时,物理有机研究室的主要研究工作还是有关疏水—亲脂作用驱动的有机分子簇集和解簇集这一课题的延续。从 1998 年起,黎占亭与蒋锡夔开始合作开展科研工作,他们还一起联合指导研究生,赵新就是黎占亭和蒋锡夔联合培养的第一个博士生。后来,他们除了继续进行有机分子簇集的研究工作外,还开辟了一些新的研究课题,比如分子拓扑结构的构筑等等。2000 年 10 月,黎占亭前往美国伊利诺伊大学厄巴纳—香槟分校(University of Illinois at Urbana-Champaign)做访问学者。

2002 年初,黎占亭从美国回来。那时候,蒋锡夔年事已高,身体状况一直都不好。因此,有机所领导商量后决定,把两个研究组合并成一个组,由黎占亭负责。此后,黎占亭课题组的研究方向主要转到由氢键驱动的超分子体系构筑与功能方面。随着研究工作的不断深入及其范围的逐渐扩大,黎占亭课题组在这一研究领域里取得了一系列的优异成果,引起了国际同行的高度关注。从此,他们在国际超分子化学领域占有了一席之地。

2003 年 8 月,由佟振合牵头,与有机所的蒋锡夔、计国桢和黎占亭一起,再一次申请并获得国家自然科学基金委员会"十五"重点项目的资助资金,该项目为"分子间相互作用和分子聚集体中的化学反应"。

图 8-4　2003 年 6 月,蒋锡夔(中)、黎占亭(左)和赵新(右)(摄于赵新博士毕业典礼之后)

到了 2004 年,黎占亭已经成为物理有机研究室的学术带头人。为培养年轻人,蒋锡夔全力支持黎占亭独立指导研究生,还积极鼓励他不要局限于原有的研究课题,要努力开辟新的研究方向,只有这样,才能使课题组的研究工作在以后的几年内能够取得一些重要的进展。

在采访黎占亭研究员时,他说道:

搞科研工作,首先是要确定好一个研究方向。而对研究方向的把握和掌控,需要有一个能够带领大家一起长时间地开展研究工作的领导者。这个领导者必须是一位学术水平非常高又能够得到大家认可的人。也就是说,他应该是一位专家,对某一个专业领域的认识和理解超越了一般人。只有这样,他才能够带领大家开展一个或者两个方面的研究工作。在整个团队里面,领导者怎样组织和带领大家开展研究工作,怎样让大家按照各自的专业特点、工作能力等因素分工合作,这是由他本身除学术水平以外的情商和人格魅力所决定的。比如,领导者对团队中每个人的工作安排是否合理且相对公平,领导者是否能给团队中的每一个人各个方面的帮助和指导;反过来说,作为这个团队中的一员,能否通过参与这项研究工作而学到新的知识、掌握新的理论,这也是非常重要的。

蒋先生作为我们物理有机研究室的领导者,上述这些领导者所必须具备的个人素质和能力,他都具备了。所以,大家才能够长期地围绕在他的身边,专心致志地开展研究工作。

我虽然不是蒋先生的博士生,但是在我博士论文答辩的阶段,蒋先生是作为专家委员会成员参加的。他不仅对自己的博士生要求非常严格,而且对其他导师所带的博士生也同样严格要求。蒋先生始终认为,作为一名博士生导师,他这样做是希望我们每一位博士生都能够做出好的博士论文。只有这样,我们有机所的整体业务水平才能够不断提高。

蒋先生和计老师曾经作过一个通俗的比喻,那就是所谓的“指兔子的人和打兔子的人”的理论。通过这个比喻,蒋先生想要告诉大家,作为一名导师，在学术上、在科研中，他必须要比学生站得高，看得远，他所提出的科学研究问题，一定要具有前瞻性。蒋先生认为，搞科研工作一定要做到点子上，这样才能在学术上发现一些问题，从而解决一些问题。否则的话，就只能是搞一些一般意义上的研究工作，做一些实验及知识的积累工作。

在20世纪70年代末到80年代，我们国家搞基础理论研究的环境条件非常差。在当时，大多数科研工作者认为，自己能够搞一些科研项目已经是很不错的了。然而，蒋先生却不这么认为。他觉得，既然是在搞科研，就要对自己提出高标准、严要求，就要在自己的专业领域里做出世界水平的科研项目。应该说，蒋先生所提出的科研项目的起点及要求和其他人是不一样的。因为有了一个非常明确的目标，他才能够在那个年代做出如此出色的科研成果。

当时，有机所里有一批像蒋先生那样的科学家。在国内的很多科研院所还没有专业水平和环境条件做一些高水平的研究课题时，有机所的这批科学家所搞的科研项目中有一部分的科研成果已经处于世界先进水平的行列了，这是非常不容易的。作为一名科学家，只有当他有能力在学术上提出一些具有前瞻性的、非常有意义的研究课题，他才有可能在工作中做出重大的科研成果来。

蒋先生课题组有一些非常重要的研究课题，一开始并不是人为设计的，而是他的研究生在做实验的时候偶然发现了一些反常理的现象。从这些现象中，蒋先生敏锐地发现了一些问题，找到了科学研究的新的突破点，这就是所谓的前瞻性。一个非常典型的例子就是"疏水亲脂相互作用造成的有机分子簇集和自卷"这个研究课题。刚开始，范伟强正在做其他方面的研究工作。在测定不同烷基链的脂及其本身的水解速度时，按常理推测，烷基链越长其水解速度就越慢，这应该是呈线性的。但是在实验中范伟强却发现，当烷基链达到一定长度（具有12个碳原子时）之后，其水解速度突然慢了很多，完全不符合上述规律。对于这样一个反常理的现象，蒋先生特别感兴趣，他认为这是一个非常具有科学研究价值的问题。于是，蒋先生课题组就开始围绕这个问题开展了长时间的研究和探索，而这项研究工作，后来成为蒋先生整个学术成果里最有分量的一个科研成果。

蒋先生认为，搞科研一定要搞自己认为具有价值的科学研究，而不是去搞那些在某个学科领域内当前非常流行的、大家都在搞的研究。在科研工作中，他不愿意追求时髦。蒋先生选择要去做的，是他认为这个方面值得自己去做，自己也有能力去做的工作。几十年来，蒋先生所做的研究工作就是非常纯粹的基础理论方面的工作。他选择了几个方面的研究课题，一直坚持做下去。在这期间，蒋先生课题组曾经出现过资金短缺等困难情况。为此，课题组曾经跟国外的一些公司搞一些合作研究项目来获取一些资金，用来补贴搞基础理论研究的课题。因此我认为，作为一名科研工作者，蒋先生的这种坚持不懈的探索精神是至关重要的，这也是蒋先生最终能够获得重大科研成果的关键所在。

1987～2010 年，黎占亭在有机所学习和工作期间，经他指导后毕业的博士生（包括联合培养）28 名、硕士生 4 名。与此同时，由他培养出站的博士后 3 名。

做诚实的科学家

粉碎"四人帮"后，中国科学院以及全国各大专院校的科研工作逐渐恢复。此时，关于科学家应该如何正确对待科研工作的问题，引起了社会各界人士的关注。

1978 年 11 月 9 日，蒋锡夔在《文汇报》上发表了标题为《科学家的诚实和谦虚》的文章，他这样写道：

翻阅科学史中有关化学家的一些故事，读来饶有兴味，且约略介绍数则,或许对我们有些启示。1965 年,著名美国化学家伍德瓦德和赫夫曼在大量有机化学反应和合成的基础上,运用量子化学的基本概念,提出了适用于各类周环反应的"轨道对称守恒"规则,很多人认为这是数十年来物理有机化学领域内的最大突破之一。但是伍德瓦德和赫夫曼却指出:1961 年哈芬格的一篇文章中曾提及俄斯托夫(荷兰莱顿大学教授)猜测到轨道对称性与光或热反应的立体化学有关,从而肯定了俄斯托夫在这一重大创始性发现方面也有所贡献。1966 年,化学家杜瓦又从另一概念——过渡态的芳香烃来说明上述规则,这当然也是重要贡献。但杜瓦也指出,这一概念的原始性属于伊文斯,并把它称为"伊文斯原理"。

从上述事例可以看到,一个真正的科学家,对于科学成就总是持谦虚和诚实的态度,决不哗众取宠,决不掠人之美,而是充分尊重别人的劳动,尊重别人的创见。这样做正说明科学家尊重科学,丝毫无损于他们在科学研究中的光辉业绩。这些科学家的高尚风格,是令人钦敬的。我们对于任何科学技术成就的评价,都要实事求是,作用效果如何,要恰如其分,既不贬低,也不夸大。有重大意义的成就,要热情赞扬,予以支持、肯定,要说明它当前的作用,并指出其长远的意义。因为是外单位搞的或别人搞的,抱门户之见,态度冷漠,动辄"不怎么的"、"没啥意思",这当然不是诚实和谦虚的态度;数据材料不确实,经不起检查核对,把一说成二,把几个单位协作的说成独家搞成的,把别人早已搞成的说成自己最早搞成的,把自己从事的学科说得如何了不起,把别人从事的学科说得无足轻重。所有这些,当然也不是谦虚和诚实的态度。因此在介绍科研成果时,要说明原有的工作基础,参考了什么,借鉴了什么,这样才是合乎实际。如果夸大成果,那夸大的部分便是虚假,虚假的东西迟早要败露的,实事求是,才经得起实践的检验。

……我们从事科学研究的同志,要无愧于老实人的称号,就必须时时处处严以律己,并带好年轻科技人员,养成优良的学风,贯彻始终。

1979 年 1 月,有机所召开年度总结表彰大会,蒋锡夔被评为先进工作

者。在当天的日记中,蒋锡夔这样写道:

> 苏平同志(有机所党委书记)讲话提及:物理有机室成立后工作抓得紧;发扬学术民主;敢于提出自己的意见;注意培养干部;作英文学术报告,反映较好。苏平同志谈话涉及英语方面培【训骨】干时带笑提及"蒋格风";工作制度提及二室月报及十室【物理有机室】双月报。

1980 年 2 月,蒋锡夔当选为徐汇区人大代表。在徐汇区人大代表介绍一栏中有这样一段介绍蒋锡夔的话语:

> 该同志精通物理有机化学和有机氟化学,在学术上有独特的见解。近年来,为开辟物理有机化学科研领域的研究工作多次提出过有益的设想和方案。为规划和筹建物理有机研究室做了大量的工作,较好地发挥了高级研究人员抓学科方向,统筹全局的核心作用。在研究工作中,该同志以身作则,坚持实事求是的科学作风和严格的科学态度,多年来他一直呼吁并坚持了一些较好的科研制度,如双月报制度,及时了解工作的进展情况和参与人员的专业水平。他对中青年科研人员既有严格的要求,又注意他们的培养问题。他既能压担子放手使用,又采取切实措施提高他们的专业和外文水平,在培养科技干部上作出了贡献。因此,他是一位深得全室同志拥戴和敬重的老科学家。

1981 年 1 月 22 日,蒋锡夔在有机所的所务会议上汇报了物理有机研究室 1980 年度的工作进展情况。他提出,培养年轻人要强调"以德为先、讲究德才"。此时,物理有机研究室在蒋锡夔的带领下,出人才、出成果,受到中国科学院以及上海分院的重视,领导要求蒋锡夔整理材料、总结经验。上级领导部门还把这些材料作为内部参考资料发放到各个研究所。北京和上海的各大报纸也多次对蒋锡夔进行采访和报道。

1981 年 2 月,《光明日报》记者谢军到有机所采访蒋锡夔,中国科学院上海分院也派人到有机所开座谈会,要求与会者谈谈关于"一个理想的室主任：德、才、智"等问题。

3月16日,《光明日报》以《盼'小字辈'尽早开花蕾——记中国科学院上海有机化学研究所研究员蒋锡夔》为标题刊登了谢军的报道。在报道中谢军这样写道：

　　中国科学院上海有机化学研究所第十研究室主任蒋锡夔是一位在国内外享有盛誉的有机化学家。他总是盼望小字辈尽早开花蕾,放出异彩……两年前,助理研究员惠永正调到这个研究室来了,经过考察,老蒋发现小惠有培养前途,就推荐他担任课题组(组)长,放手让他去闯。过了一段时间,小惠果然闯进了关于螺旋结构象微环境效应的新兴领域。这个领域,国外刚刚兴起,国内尚属空白,老蒋也并不熟悉,但他满腔热情地肯定了小惠的创新精神。为了使自己和年轻人并肩战斗,老蒋不分昼夜阅读了有关这个领域的许多文献,并和他们一起反复探讨,提出了不少使年轻人茅塞顿开的见解。通过研究,老蒋觉得,这门学科确实重要,要大力扶持小惠,让他脱颖而出。当他看到小惠在这个领域里跑在自己前头的时候,不禁从内心感到喜悦。不久,第一篇论文出来了。惠永正真诚地把蒋锡夔的名字写在第一位。老蒋审阅时,毫不犹豫地划去了自己的名字。小惠发现后又写上,但是拗不过老蒋,还是给划了。过了几个月,第二篇、第三篇论文诞生了。小惠向室主任反复申明："这些论文许多观点都是你的,再不能让你划了。"他在写上老蒋名字的同时,还在旁边打了一个"星"号,表明他是这项研究的主角。可是,到了老蒋手里,他把自己的名字从首位勾到最后,并擦掉"星"号,把它打到小惠的名字上。当一批批外国科学家来室参观时,老蒋总是把小惠作为这个科学项目的开拓者介绍给大家,说："这个方向是他首先开辟的,我只是他的助手。"人们深深为老蒋这种苦心提携年轻人的精神所感动。

　　老蒋一直认为,如果不破除"学生在先生面前总是要矮一截"的旧观念,年轻人是很难更快地成长起来的。他总是提携后进,鼓励成才。他所在的研究室成立不过三年,却已形成了具有自己特色和发展前途的研究方向,并取得了一部分达到国际交流水平的成果。老蒋的学生徐天霖在去年(1980年)12月全国氟化学会上宣读了《叔丁氧基对偏氟乙烯加成反应的定位问题》的报告,否定了美国一位权威教授的有关结论,引起了有机化学家们的重视。英国一位著名教授泰特指出:"这个成果解决了近年来自由基加成反应理论问题中的唯一疙瘩……"

3月20日,《文汇报》刊登了宣传照片,标题为《化学家蒋锡夔提携后生》,报道中这样写道:

> 中国科学院上海有机化学研究所十室主任蒋锡夔是国内外享有盛誉的有机化学家,他为我国有机化学领域的研究做出显著成绩,并大力培养一批新人。

4月16日,中国科学院秘书长郁文到上海来指导工作,特别提出要请蒋锡夔来介绍工作和交流经验。5月25日,《解放日报》发表了标题为《开创新学科、培养好学风——蒋锡夔领导的研究室出成果出人才》一文。这一天,蒋锡夔向党支部递交了入党申请书。5月30日上午,第十研究室党支部开会,一致通过了蒋锡夔的入党申请。上报后,有机所党委决定,批准蒋锡夔同志加入中国共产党。

7月1日那一天,蒋锡夔和研究所另外3位同志一起面向党旗,庄严地宣誓加入中国共产党。从此,中国共产党的队伍中又多了一名个性鲜明、愿意把自己的一生献给祖国科学事业的好党员。

1982年2月19日,根据中国科学院上海分院党委书记丁公量的指示,蒋锡夔在中国科学院上海生物化学研究所礼堂向分院各所作了题目为《我对研究室精神文明建设的个人体会和做法》的报告。在报告中,蒋锡夔结合自己的工作经验和切身体会,提出了以"忠、诚、公、明、信、厚、谦、智、勇、恒"10个字来要求各研究室室主任和科研管理干部的观点,受到当时各所领导及科研人员的重视。

1990年,戴立信院士、计国桢研究员在为《科学家传记大辞典》撰稿时这样写道：

蒋锡夔在多次（近十次）阐述精神文明和科学思想方法的较大型报告中，用十个字来总结"德为人之本"的根本原则和要求。即忠，诚，公，明，信，厚，谦，智，勇，恒。例如忠，即忠于祖国、人民和真理；忠高于爱，因为忠意味着献身和必要的自我牺牲。诚，即诚实——实事求是；诚恳善良，不虚伪。公，即以公为先，私字在后，公正耿直；明，即明与理，是非分明，光明磊落。信，即言而有信，言行一致，同志间讲信义，友好互助。厚，即宽厚善良，严于律己，宽以待人。谦，即对同志谦让，谦虚谨慎，戒骄戒躁。智，即除业务才智外，对领导者则要求善于用人，有组织能力，创业的智慧，战略思想和方案。勇，即敢于斗争，坚持真理，勇于批评和自我批评，敢于攀登险峰，有创业的胆识。恒，即恒心，不屈不挠的创业精神，不随风倒。

在培养青年如何运用全面的科学思想和方法的问题上，他反复指出，科学的思想和工作方法必须是实事求是地运用"多因素"的分析和综合，加上创造性的想象，不能主观地只考虑一个"主要"因素，要有"有机总体"的基本概念，并且多次提倡，推行"月报"或"双月报"制度，为青年科学工作者培养良好的科研习惯，提高归纳、总结科研数据及写作能力。

蒋锡夔为人刚正直率，宽厚待人。数十年如一日，热爱祖国，献身于军工任务、基础科学研究和培养青年一代。他一贯认为，一个科学家的"德"比他的"才"更重要，正如他在自传中所写的：把"道德为人之本"或"以德为先"作为宗旨和言行标准。在主观上他身体力行，对学生、同事也以这一标准来要求。多年来，在他的领导下，他们的研究集体团结、和谐，在任何风浪中、在任何困难的形势下，同心同德，献身于科学事业，这是与他一贯倡导的这一思想分不开的。蒋锡夔强调以德为先，不仅指个人的道德品质，而且包括科学工作者的学风。他反对追求名利，强调为科学事业、为祖国荣誉献身；正确对待他人和前人的工作；不追求文章的数量，【而是】要保证文章的质量。他强调严肃的工作态度和责任感,严密的思想方法,严格的工作(实验)方法,例如,"双保险"和"三保险"的要求。另一方面,他又强调"敢"字,要求在扎实掌握基本概念和全部有关文献的基础上,敢于怀疑权威或文献,敢于想象或提出新的包括规律性的假设、模型和概念;还要既敢于设计实验以"自我否定",又敢于坚持真理。

第九章
攀登科学高峰

重大科研成果

经过 20 多年的努力探索,蒋锡夔领导的课题组在物理有机化学研究中取得了重大成就。在连续空缺了 4 届之后,蒋锡夔等人获得了 2002 年度唯一的一项国家自然科学一等奖。

蒋锡夔他们的研究工作主要包括物理有机化学的两个重要方面,即有机分子的簇集和自卷,以及建立自由基化学中取代基自旋离域参数。这两方面都涉及有机化合物的结构效应和介质效应,也是物理有机化学研究的核心内容之一。物理有机化学是有机化学的理论基础,它主要涉及有机分子的结构、介质和化学特性、物理特性之间的关系等。

疏水亲脂相互作用(HLI)是分子间主要的弱相互作用之一,也是导致宇宙间生命现象形成的基本作用力之一。因此,物理有机化学家深入地探索和研究 HLI,将对人类理解生命现象及其某些生理、病理过程有着非常重要的意义,也将对有机合成、化合物分离和超分子化学研究具有重要的价值。蒋锡夔课题组研究有机分子的簇集和自卷,也即研究 HLI 最基本和最简单

图 9-1 2002 年,蒋锡夔在有机所实验室里

的模型,它们直接影响到有机分子的反应性和生物功能。而且,蒋锡夔课题组开展的 HLI 促进分子簇集和自卷的研究,还可以模拟生命现象中的某些物理和化学变化过程,这将有助于揭示人类一些重要疾病发生的原因和机理。

在对有机分子簇集和自卷进行长期的、深入的研究过程中,蒋锡夔等人提出并验证了 6 个创新概念。

第一,蒋锡夔课题组在国际物理有机化学界首次提出并用实验验证了动脉粥样硬化的病因与分子共簇集倾向性有直接关系。动脉粥样硬化是严重影响人类健康的疾病之一,而蒋锡夔首次提出,运用物理有机化学的概念和方法从分子水平上寻求其病因。在实验中蒋锡夔发现,动脉粥样硬化的斑块,其胆固醇酯的含量相当高;在斑块中含有的胆固醇酯,其胆固醇油酸酯和胆固醇亚油酸酯的含量达到 32％和 35％,相比之下,同样链长(18 个碳原子的链)的胆固醇硬脂酸酯的含量仅为 2％。蒋锡夔课题组在对这类分子的共簇集倾向性的研究中发现,胆固醇油酸酯和胆固醇亚油酸酯的共簇集倾向性远远大于胆固醇硬脂酸酯的共簇集倾向性。这一研究结果可以合理地解释在动脉粥样硬化斑块中,为什么胆固醇酯含量出现巨大的差别。

第二，蒋锡夔课题组提出并验证了解簇集的概念，并且发展出了有效的解簇剂。在分子簇集研究的基础上，蒋锡夔课题组还进一步提出了应该有一类具有特定结构的可被称为解簇剂的有机分子，它们能破坏或分散簇集体，达到解簇集的目的。蒋锡夔设想，带有亲水基团和疏水长链的两亲分子，可以依靠疏水亲脂力进入簇集体，形成共簇集体。然后，在亲水基团的作用下，再回到水相体系中。由于带有疏水长链，因此它可以携带一个或两个形成簇集体的分子出来，从而达到破坏或分散原有簇集体的目的。

第三，蒋锡夔课题组提出并证明了只有带有不同电荷的长链分子，才能形成静电稳定化簇集体。他们还发现，在静电稳定化簇集体中，聚集的分子数是在 10～16 个，而表面活性剂若形成胶束，聚集的分子数在 90～100 个。这一研究结果证明了静电稳定化簇集体是胶束的预缔合体，这是胶束化学理论的一个重要发展。

第四，蒋锡夔课题组首次利用分子自卷形成了 14、17、18 元环化合物和催化某些有机反应：在乙腈中，葵二醇肉桂酸二酯经过光照后，生成大环产物的总产率仅为 6%～7%。不过，蒋锡夔在研究中发现，在溶剂促簇能力更高的混合溶剂中，葵二醇肉桂酸二酯经过光照后，生成的大环产物的总产率可以高达 90%。而这种"大环邻基参与"的概念，是应用物理有机化学的基本理论指导有机合成的一个重要进展。

第五，蒋锡夔课题组首次揭示了溶剂促簇能力对有机分子簇集和反应性的影响。因为溶剂促簇能力是反映溶剂体系内在特性的一个重要参数，它可以反映溶剂体系促使有机分子簇集和自卷的相对能力。蒋锡夔课题组的研究工作证明了有机分子的临界簇集浓度与溶剂体系中有机溶剂含量是呈线性相关的，有机分子的簇集与有机溶剂自身的疏水性能具有直接关系。

第六，蒋锡夔课题组首次揭示了分子几何因素和自卷对分子簇集的倾向性的影响。根据 Rekker 的取代基疏溶剂参数值的大小，可以粗略估计出有机分子的疏水亲脂性的大小。不过，它有一定的局限性。因为，它不能反映分子形状对有机分子簇集的影响。蒋锡夔对具有相同碳原子数（即 f 值基本相同）但几何形状不同的八碳羧酸（或膦酸）对硝基苯酚酯的临界簇集浓度测定后揭示,分子形状越接近"球形",其分子簇集能力就越弱,从而证明了只用 f 值来表示有机分子的疏水亲脂性是具有局限性的。

对于有机化合物结构性能关系的研究,是物理有机化学的核心内容。有关离子型反应中间体如碳阳离子和碳阴离子,物理有机化学的奠基人之一哈密特(Hammett)所建立的取代基极性参数已经成功地应用于取代基效应与反应动力学参数或波谱参数的相关分析。自由基则是另一类重要的反应中间体,而且,生命体内的自由基与人类疾病和衰老等息息相关,因此,探索和研究影响自由基稳定性的因素一直是自由基化学中的一个重要课题。在取代基的立体因素可以被忽略的前提下,影响自由基稳定性的因素就只有极性和自旋离域两大因素。因此,建立一套定量衡量取代基对自由基自旋离域稳定能力的参数,成为自由基化学家多年来努力的目标。多年来,在自由基化学的研究中一直存在两个没有解决的重要问题:其一,没有建立起一套可靠的参数,这套参数与取代基的极性效应无关,只反映取代基的自旋离域能力;其二,取代基的自旋离域效应如果确实一直存在于自由基化学中,那为什么在许多自由基反应中,仅用极性参数就可以得到很好的相关呢?

蒋锡夔课题组的研究成果,很好地回答了上述两个问题,其创新性主要表现在以下所表述的 3 个方面。

第一,蒋锡夔课题组建立了一套国际上最完整、最可靠的反映取代基自旋离域能力的参数。20 多年来,众多自由基化学家曾经尝试过各种方法,试图寻找出一条建立自旋离域参数合理而又可靠的途径。然而,他们的研究工作都存在着一些问题,比如,残留的极性效应未能完全拆分干净,所采用的取代基的数目不够多且分布不够合理等等。蒋锡夔课题组在对取代三氟苯乙烯的环加成反应的研究中,首先通过对取代三氟苯乙烯的 ^{19}F NMR 参数的研究,建立了我国第一套用实验数据得到的 Hammett 型极性参数。它可以用来对带有双键或三键反应体系中的取代基极性效应进行相关分析。接着,蒋锡夔课题组合成了 32 个不同极性取代的三氟苯乙烯,并且在不同的实验温度下测定了它们的热环化二聚反应的速率常数,应用双参数方程合理地拆分了取代基的极性效应和自旋离域效应,从而建立起一套自己的取代基自旋离域参数,包括分布广泛的各种极性不同的重要取代基。这套新的参数的可靠性,还额外地被一个"等动力学关系"所验证,它是唯一一个已经被报道的针对双自由基型反应的等动力学关系。

第二,蒋锡夔课题组成功地应用新的自旋离域参数对多种自由基反应和波谱参数进行相关分析。新的自旋离域参数的建立,不仅仅是为了得到取代基自旋离域能力的定量说明,更重要的是对影响自由基稳定性的本质,也即对自由基化学界长期存在的一个难题:如何评估取代基极性和自旋离域效应在自由基反应和波谱参数中的影响做出回答。长期以来,国际上有一部分自由基化学家一直认为,在自由基化学中的相关分析,采用单参数方程已经足够了,没有必要建立一套自旋离域参数,更没有出现过(也没有人研究过)采用双参数方程进行相关分析的例子。通过对多个不同类型的自由基加成反应,获取反应动力学参数以及对反映自由基特性的一些波谱参数如紫外光谱、电子自旋共振谱、荧光光谱等有关参数的相关分析,蒋锡夔课题组证明了自己所建立的这套参数可以很好地在双参数方程中应用,并且可以定量估计极性效应和自旋离域效应贡献的相对大小。在波谱参数的相关分析中,要特别提到对芳香族化合物紫外光谱数据的相关分析。一直以来,这始终是一个难题。原因就是过去人们没有一套可靠的、能真正反映取代基稳定自旋能力的参数。然而,蒋锡夔课题组在研究中发现,他们自己建立的这套自旋离域参数可以成功地对 92 个对位取代的芳香族化合物的紫外光谱 v_{max} 值进行相关的分析。这是自由基化学领域相关分析研究中的一个非常重要的突破。

第三,蒋锡夔课题组对自由基化学中结构—性能相关分析的 4 种规律性假设,解决了自由基化学界长期存在的两个重要问题:在有关自由基反应和性质的相关分析中,具有 4 种情况,也即取代基极性效应和自旋离域效应始终存在,根据它们相对贡献的大小,可以有 4 种规律性结果。蒋锡夔他们发现,在自旋离域效应权重很小的情况下,使用极性效应的单参数方程可以达到很好的相关结果,但是,这只是 4 种可能结果中的一个特例,利用双参数方程可以涵盖所有 4 种反应类型。

蒋锡夔课题组经过 20 多年的努力探索,到 2000 年底,基本完成了这两项研究工作,其研究成果进入了物理有机化学界世界先进水平的行列。为此,蒋锡夔等人在国内外著名的学术刊物上发表论文共 120 余篇,出版专著 1 部。不仅如此,蒋锡夔等人还应邀在国际专业学术会议和世界各国的大学、研究机构一共作了 120 多场学术报告。

2001 年底,上海有机化学研究所的领导和有关专家决定,将蒋锡夔课题组的这项关于基础理论研究方面的重大科研成果报送国家奖励办公室,申请国家自然科学一等奖。

荣获国家自然科学一等奖

按照中国科学院的规定,一项科研成果必须先在中国科学院内获得奖励以后,才有资格申请国家级的奖励。1999 年,蒋锡夔课题组的"自由基自旋离域参数建立和应用"项目获得中国科学院自然科学一等奖;2001 年,蒋锡夔课题组的"疏水亲脂相互作用促进的有机分子簇集和自卷曲"项目,又获得中国科学院自然科学一等奖。

2001 年的下半年,在上海有机化学研究所科研处的组织和安排下,蒋锡夔开始准备申报国家自然科学奖的材料。同年 10 月,计国桢从中国科学院上海分院副院长的职位上退下来,回到了上海有机化学研究所。于是,计国桢就与蒋锡夔一起,花费大量的时间和精力准备申报材料。蒋锡夔课题组在两个相关的领域都取得了物理有机化学基础理论方面世界先进水平的科研成果,因此,所领导讨论后决定,让蒋锡夔课题组以"物理有机化学前沿领域两个重要方面:有机分子簇集和自由基化学的研究"申报国家自然科学一等奖。12 月初,他们精心准备的申请材料被送往国家奖励办公室。

2002 年 4 月下旬,蒋锡夔与计国桢一起前往北京参加化学组的答辩工作。当时同行的还有戴立信,他是我国著名的金属有机化学家。这一次,戴立信也是申请国家自然科学奖并参加化学组的答辩工作。后来,他的申报项目获得了国家自然科学二等奖。4 月 22 日下午,计国桢(代表蒋锡夔课题组)和戴立信两人先后汇报了他们各自所申请的科研项目。在这次化学组的初期评审中,蒋锡夔课题组的项目获得了很高的评价,在22位评审组专家中,有21位专家投了该项目可以获得一等奖的票,只有1位专家投了该项目可以获得二等奖的票。

初评通过后,所有被选中的项目向社会公示,并征求意见。当时,国家自然科学一等奖已经连续空缺4年。国家科技部奖励办公室为慎重起见,对初评通过的蒋锡夔课题组的一等奖申请项目再增加了一道特别评审程序,即邀请香港及国际著名的同行专家参加评议。在此次特别评审中,1位香港教授、1位加拿大教授和4位美国教授都对蒋锡夔课题组的工作给予相当高的评价,他们认为,这项研究成果在国际上得奖都没有问题。尽管国内外同行专家对这项成果的高度评价都不容置疑,但是国家奖励办公室仍不放心,又一次组织了跨学科的院士、专家组到上海有机化学研究所进行考察。7月14日,专家组组长、北京大学校长、中国科学院副院长许智宏院士,带领专家组成员原中国科学院上海光机研究所所长徐至展、中国科学院原副院长王佛松、佟振合、国家自然基金委员会原副主任孙枢、南京大学陈洪渊,来到上海有机化学研究所听取蒋锡夔对申报项目的工作汇报。听取汇报后,专家组充分肯定了这项科研成果。

8月12日,上海有机化学研究所的科研处通知蒋锡夔课题组,9月2日要参加大评委会的答辩。于是,蒋锡夔全力投入新一轮答辩的准备工作之中。他重新阅读了自己在各个时期发表的论文,对答辩用的幻灯片做了数次修改。在当时,蒋锡夔课题组准备申请答辩的工作已经成为上海有机化学研究所的一件大事。在姜标所长的指示下,两次组织研究所里的院士、研究员,一起听蒋锡夔的试讲。专家们群策群力,对试讲时间的控制、幻灯片内容的修改和制作方式等提出了各种意见和建议;对大评委会中各学科评审专家可能提出的各种问题,也做了详尽的分析,并且提出了许多建议。9月2日,蒋锡夔在妻子康月莉女士的陪同下,与计国桢一起乘飞机前往北京。9月3日,蒋锡夔在大评委会汇报工作,进行答辩。

2003年1月10日,国家科学技术奖励委员会召开会议,审定评审委员会的建议后决定,将2002年度唯一的自然科学一等奖授予"物理有机化学前沿领域两个重要方面：有机分子簇集和自由基化学的研究"。这一申报项目的主要完成人为蒋锡夔、计国桢、张劲涛、范伟强和史济良5人。得到获奖的消息之后，各大新闻媒体纷纷出动，相继预约时间采访蒋锡夔，中国科学院各级领导、同事，以及化学界的同行，纷纷向蒋锡夔道贺。

2月17日，蒋锡夔接到通知，邀请他前往北京，参加2月28日在人民大会堂召开的2002年度国家科技奖励大会。中央电视台为准备国家科技奖励大会2月28日的现场报道，预先到上海有机化学研究所拍摄采访录像。北京、上海的主要新闻媒体都提出要求对蒋锡夔进行采访。2月26日，蒋锡夔与戴立信一起乘飞机前往北京。次日，召开全体代表的预备会议，所有获奖者在人民大会堂进行"彩排"。计国桢则去应付新闻媒体的采访。2月28日，在人民大会堂正式召开了2002年度国家科技奖励大会，蒋锡夔等上台领奖，国家主席江泽民亲切地与他握手，并亲自将奖励证书颁授给他。颁奖结束之后，蒋锡夔与戴立信、洪茂椿等获奖者互相道贺。当晚，程津培副部长和佟振合院士等人一起设宴，向蒋锡夔等获奖者表示祝贺。第二天，蒋锡夔一行乘飞机回到上海。他们一出虹桥机场，就看到姜标所长和张建新书记手捧鲜花，前来迎接他们。

图9-2　2003年2月，蒋锡夔（前排右三）在国家科技奖励大会颁奖典礼上

关于蒋锡夔从 20 世纪 80 年代初就开展疏水亲脂相互作用促进分子簇集的研究工作之事,在采访佟振合院士时,他说道:

在物理有机化学里面有许多关键的问题,蒋先生选中了其中的两个问题,一个是有机分子的簇集,一个是自由基化学。在 80 年代初期,蒋先生就开始研究有机分子的簇集这个问题,当时,还没有出现超分子的概念。在研究工作中,蒋先生他们发现,依靠分子之间的弱相互作用,把分子组装起来,组成一定的结构,并且具有一定的性能。因此,蒋先生提出了疏水、亲脂的问题,也就是在研究分子之间的相互作用、分子之间为什么会簇集的问题。现在,人们已经深刻地认识到,这个概念首先在生物学上有很重要的意义。因为生物体的基本单位是细胞,在生物细胞里的各种组成成分,它们都是要依靠分子簇集来形成、堆积……

在有机化合物中适当地选择某些结构的分子,经过簇集以后,能够形成一定结构的簇集体,或者是纳米、分子聚集体等等,这些都预示着一些功能,比如信息功能、传感和发光功能都将是非常有意义的。在蒋先生选择研究这个项目的时候,国际上还没有出现超分子这个概念,而蒋先生他们所建立的分子簇集的概念,正好是超分子化学里面最重要的一部分。所以说,蒋先生所做的研究工作应该是非常具有远见的。

佟振合院士接着说道:

当时,我在感光所工作。我们所里有二分之一的人是搞光化学的,因此我们所里面有一套做瞬态光谱的仪器。而蒋先生正好在实验中也要用这套仪器,由于项目经费有限,他们没有足够的资金去买一套仪器,所以就要到我们这里来用。蒋先生所做的课题对我的启发很大。一开始,他们做分子簇集的时候,所用的方法是动力学的方法,做起来比较费事,测一个数据往往需要很长的时间。当时,已经有很多更先进的方法,如发光、荧光的方法(事实证明,这些方法更有效、更方便)操作简单,应用的范围也广泛。于是,蒋先生与我合作。他经常派学生来我们这里做实验,而我们这里如果需要什么相关的数据或者是样品,蒋先生也会让学生带过来。在这个过程中，我从蒋先生那里同样学到了很多东西。

由于蒋先生长期坚持进行基础理论的研究工作，又有一支优秀的科研工作队伍，所以他们做出了很多成果。在蒋先生获得的那么多奖项里，最重要的还是2002年国家自然科学一等奖。我觉得，这个奖对我们整个化学界起到了一个很大的促进作用。

在空缺了整整4年以后，终于产生了一个国家自然科学一等奖的奖项，这让中国科学院的全体科研工作者感到无比自豪！在接下来较长的一段时间里，众多新闻媒体的记者纷至沓来，持续不断地对蒋锡夔进行采访。

4月4日，为表彰蒋锡夔课题组所取得的杰出成就，中国科学院在上海有机化学研究所的演讲厅举行了隆重的颁奖仪式，授予蒋锡夔等人"2001～2002年度重大创新贡献团队"的荣誉称号。

4月10日，上海市人民政府举办科技奖励大会，表彰蒋锡夔等获奖的上海科学家。4月16日，徐汇区人民政府授予蒋锡夔区政府最高科技奖"徐光启奖"。之后，新闻媒体的采访活动以及各种各样的报告会让蒋锡夔应接不暇，一直到下半年，蒋锡夔的工作和生活才逐渐恢复平静。

2003年2月，在接受《人民日报》的采访时，蒋锡夔告诉记者，在过去的20多年中，一共有54位科研人员参加了这项研究工作，其中包括研究员9人，副研究员8人，硕士研究生16人，博士研究生15人，博士后6人。

2004年1月15日，上海市新闻工作者协会、《解放日报》、《文汇报》、《新民晚报》、上海电台、东方电台、上海电视台、东方电视台联合举办的2003年度"上海十大科技新闻"评选揭晓，"中国科学院上海有机化学研究所蒋锡夔院士领衔的有机分子簇集和自由基化学研究项目，荣获2002年度国家自然科学一等奖，实现了国家自然科学一等奖连续空缺4年后首次突破"的新闻报道，名列第一。

《文汇报》2003年3月14日那天，刊登了记者姚诗煌以《走通天险 再攀高峰——访国家自然科学一等奖获得者蒋锡夔院士、计国桢研究员》为标题的采访报道。在报道之前，姚诗煌这样评论道：

就在全国"两会"召开前夕，中国科学院上海有机化学研究所以蒋锡夔院士为首的课题组捧回了已空缺 4 年的国家自然科学一等奖。喜讯振奋了上海科技界。……

江泽民主席勉励上海的同志要"站在新起点，实现新发展，再攀新高峰"……这金灿灿的一等奖，更让决心"走通华山天险一条路"的上海人，备受鼓舞……

国家自然科学基金委员会的资助

国家自然科学基金委员会成立于 1986 年，其主要职能是组织各学部的同行专家评审出可以给予资助的各个项目，它是资助基础理论研究项目最重要和最主要的组织机构。

20 世纪 80 年代后期，我国正处于改革开放、大力发展经济建设的时期。在这样的社会大环境下，中国科学院的主要科研方向是"面向国民经济主战场"，而搞纯基础理论研究工作的项目很难得到上级领导的大力支持。截至 1990 年，蒋锡夔一共从国家自然科学基金委员会得到 4 个项目资助。这 4 个项目分别为"螺旋包括对直链受物分子内邻近参与效应的抑制作用"、"新的单电子转移反应的研究"、"有机分子结构因素对簇集和绕曲现象的影响"和"新型自由基反应和结构—性能关系的研究"。计国桢得到了 1 个项目的资助，项目名称为"自由基化学的两个基本问题"。上述这些资助资金，几乎涵盖了蒋锡夔课题组所开展的所有研究项目的科研经费。这对于他们研究工作的顺利开展，起到了很重要的作用。

在当时的情况下，蒋锡夔所获得的资助项目数应该说还是比较多的，这一切当然与他不断取得高水平的科研成果是分不开的。

1987 年 11 月，国家自然科学基金委员会化学学科基金评审会在成都召开，蒋锡夔作为专家第一次参加了评审工作。

1988 年，蒋锡夔被聘为国家自然科学基金委员会第二届化学学科有机化学专业组的评审专家。当时，梁晓天担任组长，蒋锡夔担任副组长，组内成员有陆熙炎、吴养洁、李正名、刘有成和稽汝运等人。8 月，有机化学专业组的评审会议在吉林市召开。在此次会议上，蒋锡夔的研究生、杭州大学副教授范伟强获得了第一届青年基金的资助。在当时，国家自然科学基金委员会还没有设立专门的杰出青年基金资助项目，因此，范伟强能够获得此次的基金资助，对他本人来说是一种很高的荣誉，这让蒋锡夔感到非常自豪。

1990 年，国家自然科学基金委员会作出决定，为了引导同一学科领域的科学家集中力量在某些重点和重大科研项目上开展科研工作，在保持原有申请基金资助项目不变的基础上，启动新的申请基金资助的重点和重大项目机制。一旦申请到这一重点和重大科研项目的基金资助，申请者不仅可以在该重点和重大项目上获得比较多的科研经费的资助，而且还是一个很高的荣誉。因此，各个领域的科学家都在为自己的研究项目组织科研队伍，积极参与重点和重大科研项目的申报工作。

蒋锡夔与兰州大学的刘有成（主要由刘中立[①]、郭庆祥[②]一起参与）、中国科学院感光化学研究所的佟振合，以及南开大学的程津培等人，联合申请了有关物理有机前沿课题"自由基化学、新型反应及生命科学"这一课题。

自 1983 年回国之后，佟振合已经在有机光化学领域做出了突出的成绩，还担任了中国科学院感光化学研究所的所长。1988 年，程津培回国之后，担任了南开大学化学系教授。佟振合和程津培两人在当时都是中国国内物理有机化学领域杰出青年的代表。后来，他们两人都当选为中国科学院院士。程津培还担任过南开大学副校长、科技部副部长等职务。

1990 年 12 月 8 日，蒋锡夔在北京参加了国家自然科学基金委员会化学学科项目立项讨论会的汇报工作，在总共 26 项立项申请的重点和重大项目中，蒋锡夔等人提出的有关"物理有机前沿课题：自由基化学、新型反应及生

---

① 刘中立，兰州大学教授，1988～1992 年任兰州大学化学系副主任，1992～2001 年任应用有机化学国家重点实验室主任，1998～2001 年任兰州大学化学化工学院院长。
② 郭庆祥，兰州大学教授，自 1994 年起任中国科学技术大学教授。

图 9-3　1995 年,蒋锡夔(右二)、刘有成(左二)和程津培(右一)在美国康奈尔大学

图 9-4　2000 年 9 月,蒋锡夔、康月莉夫妇与佟振合(右一)和吴骊珠(左一)(摄于中日光化学双边学术会议期间)

命科学"项目,在专家评审中排名第二。虽然在这次讨论会中对申报的各个立项申请进行打分和排名,但是并没有按照评分与排名次序直接立项。一直到1993年的9月初(9月7日至9日),蒋锡夔前往北京,再一次参加国家自然科学基金委员会化学学科项目立项讨论会议,并在会上作了重点和重大项目申请汇报之后,这一项目才正式以"八五"重大科研项目立项,由蒋锡夔担任该项目的负责人。

1997年7月21日,国家自然科学基金委员会化学部组织专家在上海对蒋锡夔等人的这一"八五"重大科研项目开展验收工作。这个"八五"重大科研项目一共包括5个子课题。经过4年的努力,在蒋锡夔的领导下,佟振合、刘中立、程津培、计国桢、郭庆祥等人的科研工作都取得了重大的进展。经过专家组的验收,该项目被评定为"特优"级。

此次"八五"重大科研项目在上海召开的评审会议结束后不久,由兰州大学刘中立牵头并组织了4家科研单位,成立了名为"拟生物体系的物理有机和自由基化学研究"的课题组,申报"八五"重大科研项目,该项目在1998年获得国家自然科学基金委员会重点项目的立项。程津培、佟振合、刘有成、郭庆祥、蒋锡夔和黎占亭都合作参与了该项目的科研工作。

2003年2月16日,国家自然科学基金委员会组织专家在上海有机化学研究所召开该"八五"重大科研项目的结题验收会议。此时,大家已经得知,蒋锡夔等人获得了2002年度国家自然科学一等奖。于是,国家自然科学基金委员会化学部主任张礼和、副主任梁文平,有机化学处杜灿屏和陈拥军等人,专程赶到上海,向蒋锡夔敬献花篮,表示祝贺。负责这次验收工作的专家组成员包括江元生、吴世晖、江致勤、方维海、姜建壮、王剑波等人,以及刘中立、程津培、佟振合、刘有成、郭庆祥和黎占亭(主要是代替蒋锡夔),分别汇报了各自所开展的研究工作。最终,这一"八五"重大科研项目,被专家组评定为"特优"级。

2007年,蒋锡夔的颈椎病越来越严重,最终不得不坐上轮椅坚持上班。此前,佟振合和程津培已经先后当选为中国科学院院士,成为国内物理有机界新的领军人物,这让蒋锡夔感到非常欣慰。

1986~2005年,在国家自然科学基金委员会成立的20年时间里,蒋锡

图9-5 2005年3月31日,蒋锡夔在有机所作报告

夔一直得到该基金会的项目资助,这对于保证他长期开展基础理论的研究工作起到了至关重要的作用。2003 年,国家自然科学基金委员会化学部的杜灿屏和陈拥军研究员在《中国科学基金》杂志上撰文介绍了蒋锡夔的基础理论研究工作及其获得的科研成果。文章中,把蒋锡夔的科研工作作为典型的案例来论述基础理论研究工作的长期性及其需要持续的资金资助等问题。可以说,这一案例也是国家自然科学基金委员会长期资助基础理论研究工作的一个成功案例。对此,国家自然科学基金委员会的领导提出,应该全面认识基础理论研究工作的社会功能,尊重基础理论研究工作的教育功能和文化功能,尊重自然科学的基本规律。

1999 年,科技部开始启动国家重点基础研究科技规划项目。在佟振合担任首席科学家的"分子聚集体化学"项目中,蒋锡夔终于得到了科技部的第一笔项目资助资金。这是一个良好的开端,它预示着中国的基础理论研究工作将会迎来一个更加美好和光明的未来。

自 1985 年以来,我国科研人员的科研经费逐渐由财政拨款制转为项目基金申请制。因此,申请科研经费就成了保证各个研究室的科研工作能够顺利开展的头等大事。在科研经费申请如此艰难的情况下,蒋锡夔还能够不间断地开展他的基础理论研究工作,这主要归功于他的科研成果始终能够获得国际同行的认可,他本人也已经成为了世界一流的科学家。这些高水平的研究成果,保证了他能够在经费有限的情况下,优先获得各种基金的资助。

有机所一直非常重视基础理论研究工作。在科研经费最困难的时期，所里的很多专家通过开展横向合作项目，也就是给一些外国公司"打工"攒出一部分经费，用于基础理论的研究工作。蒋锡夔和计国桢他们也曾经这样做过。

对于蒋锡夔来说，在上海有机化学研究所这个国内一流的科研单位里工作，意味着他所工作的环境具有浓厚的学术氛围、优秀的研究生队伍、良好的实验设备、广泛的学术交流机会、优质的信息资源和后勤保障制度，以及高水平的国内外同行之间的相互合作与竞争。这些良好的工作环境和工作条件，保证了他们高水平科研工作的顺利开展。

1996年，在《上海科坛》的一篇访谈文章中，蒋锡夔提出了自己的一些观点：

> 我们国家的科研政策和科研机制还应该更加完善，要始终坚持科学研究必须按照自然科学本身的规律来进行，不赞成过分地强调基础研究与经济发展直接"挂钩"；对于不少人提倡的所谓"以任务带学科"的观点持保留意见。

图9-6 2006年9月5日，蒋锡夔在八十华诞暨学术报告会上发言（摄于有机所召开的"恭贺蒋锡夔院士八十华诞暨学术报告会"上）

国防建设和社会经济发展所需要的生产任务,可以带动一些学科的基础研究,但这一观点不能以偏概全,它代替不了人类自身探索自然世界真理的本能和好奇心。

蒋锡夔认为,他自己的一生始终是在探求科学的真理,这是科研工作者进行科学研究的最终目标。他的这一理念是能够被大多数科学家所接受的。因此在几十年的科研生涯中,蒋锡夔始终从一个科学家的角度,来探索自然科学,研究自然科学的一般规律。他按照自己对科学思想、科学精神的理解和认识,不断地求索创新,专心致志地寻找自然科学的基本规律,并且取得了非凡的成就。

家人的支持

人们常说,每一位成功男人的背后,都有一位优秀的女人。蒋锡夔的成功,同样如此。他能够在科学事业上取得如此成就,与家人对他的全力支持和无私奉献是分不开的。

1957 年,蒋锡夔和刘婀迪女士结婚,夫妇俩一直感情深厚。为了支持蒋锡夔的科学事业,刘婀迪从同济大学一毕业,就跟随蒋锡夔来到北京,分配在水利部北京建筑设计研究院工作。后来,为了更好地支持蒋锡夔的工作,尽管专业不对口,刘婀迪还是同意调到化学研究所与蒋锡夔在同一个单位上班。1959 年 8 月 29 日,刘婀迪在上海生下大儿子蒋有衡。在上海度完产假之后,她把儿子留在上海让公公婆婆抚养,自己则回到北京继续工作。1963 年 7 月,刘婀迪又跟随蒋锡夔从北京的化学研究所搬迁到上海的有机化学研究所工作。

1968 年 11 月,蒋锡夔被列为有机所重点清理对象,还被关在实验大楼的地下室隔离审查。不久,有孕在身的刘婀迪也被从家里带走。年仅 10 岁的大儿子蒋有衡与保姆两人在家,度过了一段艰难的日子。后来,刘婀迪虽然回家了,但是精神上已经受到了很大的压力,几次出现流产的征兆。

1969 年 3 月,受尽折磨的蒋锡夔终于被释放回家,一家人团聚在一起。4 月 6 日,刘婳迪平安地生下了他们的第二个儿子。他们给孩子取名为蒋有亮,意思是黑夜终会过去,黎明定将到来,天亮了!这个新生命的诞生,预示着蒋锡夔一家人又有了新的希望。

两个儿子出生之后,刘婳迪在孩子的教育等方面,花费了大量的心血和精力。在这个四口之家,刘婳迪承担了许多家务以及蒋家的家庭事务。当时,家里还请了一位薛芳阿姨帮忙做家务。在工作上,刘婳迪是一位建筑师,在上海有机化学研究所工作期间,她虽然不能从事建筑专业的工作,但同样能把本职工作做得非常出色。后来,刘婳迪调到中国科学院上海分院的设计所担任建筑师,她曾经设计了中国科学院上海分院的办公大楼。为了支持蒋锡夔的科学研究工作,刘婳迪做出了很多牺牲。不过,她并没有因此而放弃自己的业务,她曾经到北京参加建筑师专业的考核,后来晋升为高级工程师,并且在 1996 年被评为中国首届一级注册建筑师。在建筑专业上,刘婳迪本来还可以取得更大的成就,但是,为了成就丈夫的事业,她甘愿成为一名默默无闻、任劳任怨的贤内助。在中国科学院的科学家身边,有很多像刘婳迪那样的贤内助。而刘婳迪女士,可以说是这些女性中的典范人物。

图 9-7　1996 年 2 月,蒋锡夔与家人在上海新锦江饭店(前排左起:蒋锡夔、刘婳迪,后排左起:蒋有衡、蒋有亮)

曾经担任过蒋锡夔秘书的曾虹女士在采访中说：

蒋先生在家里基本是不做家务的。他对我说过，刘师母很能干，什么都会做。我第一次见到刘师母是在 1994 年 9 月，那天是蒋先生的生日。当时，蒋先生的几个研究生还有我，我们几个人一起买了一束鲜花，还买了一个很小的蛋糕，下午一起来到蒋先生家里（当时，蒋先生已经是工作半天了，他上午上班，下午就回家休息）给他庆祝生日。那天，蒋先生和刘师母都很开心。蒋先生还拿出家里的洋酒给大家喝。大家兴致很高，一起聊了几个钟头。后来，刘师母特意送我们出门，她很高兴地说："谢谢你们！蒋先生很喜欢过生日，所以我们一年给他过两次生日，一次是阳历生日、一次是阴历生日。"当时，我们觉得刘师母特别随和、特别亲切，像我们这些晚辈到他们家来，她还亲自从楼上一直把我们送到楼下。

曾虹女士继续回忆道：

1995 年底，有机所要给蒋先生做一本 70 大寿的纪念册。当时，需要准备很多资料。蒋先生的生日是 9 月份，正好是研究所放高温假的时候。因此那年夏天，我没有回老家探亲，就在所里为做蒋先生 70 大寿的纪念册而忙碌。我一个人住在东安路的宿舍里，其他人都回老家去休假了。当时，我生了两天的病。刘师母听说了，特意跑过来看望我，还专门买了一些营养品给我。她看见我住的那个宿舍条件比较差，床上的蚊帐也很旧。当时，她并没有说什么。过了一段时间之后，刘师母专门到我宿舍里来，送了一顶从泰国带来的蚊帐，看上去非常轻巧。刘师母说，这是她的小儿子有亮原来用过的蚊帐。实际上，这个蚊帐还是很新的，我一直舍不得用。直到现在，我还珍藏着这顶蚊帐。刘师母知道我一个人在上海工作的这个情况之后，就一直非常关心我，经常找机会请我吃饭。如蒋先生的研究生要出国，她就会请他们全家人一起去她家里吃顿饭。这时候，她也会邀请我一起去吃饭。元旦的时候，蒋先生的家里人一起吃饭，她也会叫我一起去。

刘婳迪退休以后，不仅将蒋锡夔的生活照顾得很好，而且还尽心尽力地照顾自己的父母亲、帮助蒋家年迈的亲戚。1997年2月21日，蒋锡夔同父异母的三哥蒋锡熊因病住院，刘婳迪前去照料。不料，在护送三哥住院的过程中，自己却因劳累过度而突发脑溢血。在医院里，当刘婳迪女士还能说话时，她说的最后一句话就是："让阿夔不要担心，我马上就要回来的。"这句话，她是说给蒋锡夔听的，谁知，竟成了她的临终遗言！最终因抢救无效，刘婳迪女士于23日凌晨去世。

发生如此悲剧，蒋锡夔犹如五雷轰顶，悲伤至极。他无论如何也不肯相信，相濡以沫四十年的妻子，竟然以如此方式早早地离开了他。

在采访中，曾虹女士讲述了刘师母去世后蒋先生的一些情况：

那天，我正好有事给蒋先生家里打电话。听到电话那边蒋先生的声音恍恍惚惚的，有点茫然不知所措……当时，我并不知道刘师母已经去世了，因此，我就骑着自行车到蒋先生家里去。一进门，我看到蒋先生瘫坐在沙发上，人看上去一下子老了10岁……当时看到的那个场景，给我留下的印象太深刻了。师母的突然离去，对蒋先生的打击非常非常大。从此以后，蒋先生的身体状况似乎再也没有恢复到之前的那种状态。

曾经担任过蒋锡夔秘书、后来又担任研究生部主任的李方琳老师在采访中回忆道：

在刘婳迪女士刚去世的那几天，蒋先生曾经把自己一个人关在实验室里。当我得知刘师母突然去世的消息后，感到非常震惊，想要找蒋先生谈一谈。于是，我就去敲蒋先生办公室的门。当我走进蒋先生的办公室，只见他一个人坐在椅子上，泪流满面，正在伤心地痛哭着……

2月27日，在龙华殡仪馆举行的刘婳迪女士的追悼会上，蒋锡夔亲撰挽联：持家敬业、德才相映，舍己为人、情义长存。当时，五百多名亲朋好友、中国科学院上海分院和上海有机化学研究所的领导、同事和街坊邻居，都来为刘姵迪女士送行。后来,蒋锡夔把她的骨灰安葬在环境幽雅的青浦归园——上海华侨公墓之中。

从 1957 年蒋锡夔与刘姵迪女士结婚,到 1997 年刘姵迪女士去世,风风雨雨四十载春秋,刘姵迪女士始终陪伴在丈夫身边,共同经历了"文革"时期的磨难,又见证了丈夫的事业从起步逐渐走向巅峰,这是一段非常美好的婚姻。妻子走后,蒋锡夔一下子衰老了许多,他陷入了深深的悲伤之中。几十年来,刘姵迪一直在无微不至地照顾蒋锡夔。妻子的突然离去,让蒋锡夔根本无法适应这种变化。

在有机所里,与蒋锡夔一起工作的同事们都觉得,在刘姵迪女士去世之后,蒋锡夔几乎要垮了。看着蒋锡夔日渐憔悴的身影,大家都为他着急、为他担心。久而久之,蒋锡夔也感觉到自己不能再这样沉沦下去了。

蒋锡夔的秘书齐巧艳女士回忆道:

有一次,我陪蒋先生去看新大楼,我们边走边聊。蒋先生告诉我,1997 年刘师母去世之前,他正在忙着写一篇文章。当得知蒋先生的哥哥生病需要住院时,刘师母就和家里人一起把他哥哥送进医院。不料,刘师母自己却在医院里倒下了。经医生诊断,刘师母是突发性脑溢血。后来,她一直昏迷不醒,一天半后就撒手人寰了。

这个突如其来的噩耗,一下子把蒋先生给击倒了。蒋先生对我说:在我夫人刚走的那段日子里,我绝望了,一心想随夫人一起去了。可是,当时我的那篇文章只写了一半,我想把文章继续写完。等到我把文章写完了,整个人也缓过来了,想死的心也就淡了下来……

1997 年 7 月,蒋锡夔与方才英女士相识,并于 9 月 3 日结婚。不过,这段婚姻只维持了大约一年时间就结束了。

1999 年初,经外甥女介绍,蒋锡夔与康月莉女士相识。几年前,康月莉女士的丈夫因病去世,她的儿子傅世立当时正在德国留学。蒋锡夔和康月莉女士接触了一段时间后,双方都比较满意。于是,他们于 5 月 18 日结婚。结婚之后,康月莉承担起了全部的家务,主要是在生活上照顾蒋锡夔。

图9-8 2003年7月,蒋锡夔、康月莉夫妇在蒋庄

在采访曾虹女士时,她说道:

> 康师母觉得蒋先生是一位很受人尊敬的科学家,因此她对蒋先生也是很敬佩的。康师母很能干,我们研究室里一大帮人去蒋先生家里吃饭,康师母一个人就能做好一桌子的菜。蒋先生经常开玩笑说康师母有洁癖,她一直把家里整理打扫得十分干净。

多年来,蒋锡夔一直受颈椎疾病的困扰而行走不便。然而,在康月莉的耐心照料下,蒋锡夔能够坚持上班,从事自己热爱的科学研究工作。2004年秋天,蒋锡夔一家搬到徐家汇天际花园居住。人们时常可以看到,一位女士与一位长者手挽着手,慢慢地在小区里散步,这就是蒋锡夔和康月莉夫妇。

蒋锡夔与刘姗迪夫妇的大儿子蒋有衡是1959年8月29日在上海出生的。由于蒋锡夔夫妇当时在北京工作,因此蒋有衡的童年时代是在爷爷奶奶家度过的。

1963年7月,蒋锡夔夫妇迁回上海。中国科学院上海分院的领导对蒋锡夔相当重视,夫人刘姗迪女士也被安排在上海有机化学研究所的设备科上班,还在单位附近分配给他们一套位于一幢花园洋房二楼的住所,有三居室、独用卫生间和公用厨房间。于是,蒋锡夔夫妇就把蒋有衡从爷爷奶奶家接回来一起生活。

1977年,蒋有衡中学毕业后分配到上海一家文具厂工作。同年年底,蒋有衡参加了"文革"结束后的第一次全国高考,并考进了华东纺织工学院(现更名为东华大学)。后来,蒋有衡赴美留学。目前,蒋有衡在香港从事投资方面的工作。

蒋锡夔与刘婳迪夫妇的二儿子蒋有亮是在1969年4月6日出生的。

1984年,蒋有亮考入上海交通大学附中。1991年,蒋有亮在上海工业大学(后并校为上海大学)毕业;2004年,在加拿大获得硕士学位。2010年,蒋有亮在复旦大学获得博士学位,目前在上海某研究所工作。

结 语

经过 50 多年的努力工作，蒋锡夔能够在自己潜心研究的有机化学专业领域里取得如此巨大的成功，主要原因如下所述：

第一，以德为先，以德为重。

蒋锡夔始终认为，做人必须以德为本，以德为先，以德为重。他从小所受父亲的教育主要是孔子的思想、佛学的思想及中国传统的道德观念；后来，他上的是基督教的教会学校；由于生活在蒋家的大家庭中，蒋锡夔也受到了一些伊斯兰教思想的影响。因此，他能够从不同宗教信仰以及不同思想文化中吸收到善良的东西。总而言之，就是做人要善，要做一个道德高尚的好人。因此，蒋锡夔从小就建立起了一个牢固的道德观，树立起了一个做人的基本准则，即以德为本，以德为先，以德为重。

蒋锡夔的父母虽然继承了祖业，拥有大量财产，但是他们热爱祖国、尊师重教，并且为人正直、善待他人。蒋锡夔自幼受到父母的影响，具有高尚的道德修养，他一生做人、做事光明磊落。在 20 世纪五六十年代中国社会的政治背景下，人们都会认为蒋锡夔出生在一个剥削阶级的家庭，他的父母应该受到批判、接受改造。但是，蒋锡夔却不这么认为。实际上，他对父母一直非常尊重。1964 年，蒋锡夔在上海社会主义学院进行思想改造时，按规定每个学员都要写一篇批判家庭、批判父母的大报告作为小结，但是，蒋锡夔坚决不写。这一点,蒋锡夔在做人和做学问上是一样的。当他认为应该坚持的,他一定坚持,不愿意放弃或妥协。

当初,蒋锡夔按照父母的意愿,克服种种阻力,回到了祖国的怀抱,回到了父母亲的身边。然而,工作没多久,他就开始被迫接受思想改造,接着就是被批判、被批斗、被抄家……眼前发生的这一切,让父亲蒋国榜产生了当初让儿子选择回国是否正确这样的疑问。多年以后,蒋锡夔用自己的实际行动,向父亲证明当初他义无反顾地选择了回到祖国、回到亲人身边,为祖国人民服务,献身于科学事业的这条道路是非常正确的。

"文革"结束之后,蒋锡夔为自己在"文革"中的那些正义行为感到无比自豪!他认为,在逆境中自己没有做违心的事情。相反地,自己的一些同事,当年因被逼无奈而违心地说了一些不该说的话、做了一些不该做的事,他则表示可以理解,也从来不去责怪那些人。

蒋锡夔这种高尚的品德,使得他能够吸引一批具有才华的年轻人围绕在他的身边,并且在他的指导下,共同选定研究课题,长期地开展科学研究工作。

第二,具有强烈的爱国心。

蒋锡夔生长在日本侵略军占领上海的那个年代,他亲眼目睹了中国老百姓颠沛流离的真实生活,也体会到了什么是国破家亡。日本帝国主义的侵略行径,激发了蒋锡夔强烈的爱国之心。当时,他和许多有志青年一样,满腔悲愤,一心想要为拯救自己的祖国尽一份力。

抗日战争胜利以后,中国国内各个大学反对内战、争取和平的呼声越来越高。许多大学生热爱祖国,忧国忧民,内心充满正义感。已经读大学三年级的蒋锡夔同样积极地参加学生运动,反对校长开除进步学生,反对国民党政府的腐败行径。

一直以来,蒋锡夔的父母就教育他要热爱祖国、尊敬长辈,为此,蒋锡夔在出国留学前就立下了誓言,学成后一定要回来报效祖国。当年,蒋锡夔和大多数留美学生一样,被迫滞留在美国。但是,他并没有在美国政府的威胁、诱惑面前屈服。他和大家一起,向美国政府和新中国政府陈述自己迫切要求返回祖国的愿望和决心,对美国政府所实行的阻挠政策进行了不屈不挠的斗争。

蒋锡夔始终认为,当年他和许多海外留学生一起,排除各种阻挠,千辛万苦回到祖国,那是他应该做的,对此,他一点也没有后悔过。回国后,尽管蒋锡夔历经了种种磨难,但他始终没有改变自己"热爱祖国、孝敬父母"的初衷。

第三,充满好奇心,情商极高。

青年时代,蒋锡夔就喜欢阅读各种类型的文理书籍,他特别喜欢阅读哲学、生物学及心理学方面的书籍。虽然他认为自己在音乐和书法方面没有什么天赋,但还是愿意去尝试、去学习。

大学期间,蒋锡夔对法国作家罗曼·罗兰的小说《约翰·克里斯朵夫》非常喜欢。课余时间,他津津有味地阅读共计10卷的这部英文版的"长篇叙事诗";当时,英国作家查尔斯·狄更斯的小说《大卫·科波菲尔》正好是圣约翰大学的英语文学课教材,蒋锡夔也非常喜欢狄更斯的这部作品。查尔斯·狄更斯借用大卫的成长经历,从多方面回顾和总结了自己的生活道路,表达了他的人生哲学和道德理想。在阅读这些长篇文学巨著的过程中,蒋锡夔逐渐地体会到做人、做事的各种道理。

蒋锡夔对心理学和哲学很感兴趣,因此他在课外阅读了不少这些方面的书籍。他曾经阅读了威尔士的《生命的科学》和《历史大纲》、杜兰特的《哲学大纲》、杜威的《思维方法》、鲁宾逊的《如何独立思考》等。在大学三年级时,蒋锡夔逐渐学会了科学研究的第一步,查阅文献资料。当时,他查阅了有机化学中电子理论和美国著名化学家鲍林的《共振论》一书,并对其理论很感兴趣。在专题报告中,蒋锡夔主要根据鲍林发表的最新理论来解释苯环的结构。

从小,蒋锡夔就具有喜爱阅读和充满好奇心的特点。刚进华童公学时,蒋锡夔觉得学校里样样新奇,并对探索科学知识产生了很大的兴趣。成年以后,蒋锡夔对科学研究同样具有广泛的、浓厚的兴趣。由蒋锡夔领导的物理有机化学研究室所研究的课题涉及单电子转移、自由基化学、亲卤型反应、微环境及溶剂效应等多个方面。

蒋锡夔始终认为,一个人只要不是真的笨,就有机会做成大事;在工作中,重要的是要善于欣赏别人,学习他人的长处,并把他人的长处转化为自己的长处,这样才能取得成功。

第四,善于独立思考,不断创新。

在 17 岁时,蒋锡夔就阅读了鲁宾逊的《如何独立思考》一书。这本书的中心思想就是每个人都应该懂得如何独立地思考而不受任何传统和亲人的影响,这种观点在当时给他留下了深刻的印象。与此同时,蒋锡夔还阅读了杜兰特的《哲学大纲》,这本书讲述了哲学家们是如何思考的。在这些思想和理论的影响、教育下,青年时代的蒋锡夔就表现出不盲目地相信权威,具有独立思考的精神。他不愿跟着别人的思路走,凡事都要自己弄个明白。在学习和工作中,对待课本知识和文献资料他都不会照搬照抄,而是喜欢从不同的角度去思考,并且把看似不相关的问题联系起来,综合考虑。

20 世纪五六十年代,蒋锡夔在努力完成军工产品氟橡胶、氟塑料的研制任务的同时,总结了当时有机氟化学的文献,并且首次为有机氟化学提出了概括性的规律和概念。由蒋锡夔概括和总结的这一规律,涉及了多氟型 C—F 键异裂的条件,至今已经成功地经受了数十年实践的检验。

20 世纪 80 年代初,蒋锡夔的研究生范伟强在实验中发现了一个反常现象。对此,蒋锡夔表示无法理解,他让范伟强去翻阅相关的文献资料,决定要把这一现象搞清楚。很快,他们就找到了一篇相关的文章:由门格教授提出的“一些长链分子在水中有簇集现象”的问题,但是门格教授没有进一步深入地研究下去。由此,蒋锡夔等开辟了一个全新的研究课题,即由疏水亲脂相互作用造成的有机分子簇集和自卷曲系统。对这一问题的深入研究,便成为蒋锡夔后来获得国家自然科学一等奖的新起点。

蒋锡夔始终认为,在科学研究中,非常重要的一点就是要有扎实的理论基础,再加上自己的独立思考,不墨守成规,不依赖权威的结论,这样或许才能做出创造性的工作。

第五,蒋锡夔及其科学的思想和方法。

蒋锡夔提出了“有机整体、动态多因素分析”的思想,并把它成功地运用到自己的科研工作中。他认为，关键是必须运用全部已知的正确的基本概念和信息，对某一个问题或事实进行客观的综合分析。具体地说，就是要对具体问题或事实进行动态的、多因素的辩证分析和归纳综合，然后试着提出一般性的假设和理论，作为暂时的答案。在进行分析、归纳和综合时，切不可忘记各因素的权重是在相对变化的，各因素之间也是不断地相互作用的。所以，决不能主观地预先指定某一因素为"主要因素"。简单地说，就是要有"动态的有机总体的概念"。

多年来，蒋锡夔在科研工作中始终坚持"三严"和"三敢"。所谓"三严"，即严肃的工作态度，严密的思想方法，严格的工作方法。所谓"三敢"，即敢想、敢做、敢于否定自己；也就是说要敢于发表自己的信念，要敢于坚持科学真理。蒋锡夔认为，"三严"和"三敢"这两者是一种辩证关系，要把它们有机地结合起来；最主要的一点是，"三敢"是建立在"三严"的基础上的。为此他强调，一位一流的科学家既要有坚持真理的决心，也要有自我否定的勇气。对于科学研究中的新发现，固然需要寻找更多的支持与旁证，更重要的是不要忘记去怀疑它，看看能否设计一些实验去考验它、甚至去推翻它。

蒋锡夔认为，从历史发展的角度来看，任何重大的科学技术的创新和突破，一定是经过几十年甚至上百年的基础理论研究和积累以后，才能够产生质的飞跃。科学本身是客观的，我们不能去歪曲它，要让它按其道而行之。因此，政府部门一定要长期坚持拿出一部分经费去扶植和支持这些基础理论的研究工作，特别是对那些中长期的基础理论研究项目，不能要求其在短期内产生经济效益。同时，建立一套公正的评审体系也是相当必要的，要能够真正做到支持有想法、有作为的年轻科研人员及有成就的科学家，让他们的创造力真正发挥出来。

蒋锡夔还认为，科学家的科学思想和方法包括"不轻易下结论"这个原则。讨论或论述任何一个概念，包括"科学思想方法"的概念，首先要有明确而严格的定义，它必须建立在经严格科学证明的正确基本概念的基础之上。那么证明这些概念的正确性的标准是什么？即什么是真理的标准？无疑，实践是检验真理的唯一标准。这一根本原则，也是判断科学思想方法的标准。这就说明，我们认为某一个原理或概念是正确的，决不能因为它是某人

图 10-1　蒋锡夔正在修改论文

说的。例如,我们不能说:"这条定律是正确的,因为它是爱因斯坦说的"。我们只能说:"爱因斯坦所说的这条定律是正确的,因为它已被某某、某某等科学家的实践所证明"。在有机化学中,常常用著名化学家的名字来命名化学反应,但这只是为了方便,当然也包含对某些科学家贡献的肯定,而绝不是出于盲目的个人崇拜。总而言之,科学的思想方法,就是根据全面、可靠的事实,运用所有已知的、正确的概念去寻求客观真理之正确答案。

第六,客观理性地判断事物。

蒋锡夔做任何事情都坚持"计划在先"的原则。对待重要的事情,他更是精心准备,从来没有因为自己的疏忽大意,或者是准备不周而在工作中产生严重的负面结果。蒋锡夔非常欣赏墨菲定律(Murphy's Law),也即如果有可能发生一件坏事,那么,总有一天它就会发生。因此在科研工作中,蒋锡夔总是坚持对每一件事情的准备工作及其保险系数,都要做到与它的重要性成正比。

在实验事实的基础上,蒋锡夔不断地提出和验证新的科学概念。针对每一项研究工作,他都有自己明确的目标,并且都设定了需要解决的科学问题,因此他从来不是为了赶任务而做研究,或者是为了发表论文而做研究。

蒋锡夔在数十年的科研生涯中,经常在日记中记录一些对科研工作的思考及分析。由于蒋锡夔善于不断地自省,能够理性客观地剖析自己,因此不论遇到什么样的难事,他总是充满自信,坚持前进,并且想方设法解决问题。

蒋锡夔能够取得如此杰出的成就,与他对自己的研究工作始终有一个客观的评价,对别人的工作成绩也能做出实事求是的评判不无关系,真所谓"知己知彼,百战不殆"。这种对待事物客观理性的态度,让蒋锡夔在物理有机化学的科研领域中对自己的实力充满自信。自信让他敢于坚持自己的学术观点,不盲从于学术权威,能够从容地与国内外同行进行交流。

第七,重视培养年轻人。

蒋锡夔认为,培养研究生首先要在道德品质及学风上对他们提出严格的要求。他对研究生提出,在道德品质方面,要做到热爱祖国、热爱人民,要具有为科学事业献身的精神。在学风方面,要具有严肃认真的工作态度,要实事求是,要敢于提出问题,要敢于坚持正确的观点。

蒋锡夔还要求研究生在学习期间打好实验和理论的基础。因为化学学科的主体是实验科学,它需要依靠实验来验证最终的结果。所谓打好基础,首先就是要打好实验技术这一基础。同时,蒋锡夔还要求研究生要打好坚实的理论基础。研究生在理论基础的学习方面,要具有深度和广度。

蒋锡夔要求他的研究生在科研工作中,首先要善于接受别人的意见,主动请教别人。其二,要有自我否定精神。科学家要以追求真理为最终目标。其三,要学会独立思考,在此基础上培养自己的创造力。

蒋锡夔虽然对学生要求严格,但他从不苛求学生。他要求学生做到的,自己一定先做到。他高尚的人格魅力让学生对他心服口服。对于学生的合理要求,蒋锡夔总是尽力满足,因此他和学生始终能够保持良好的师生关系,学生也愿意在他的指导下努力工作。

研究生毕业之后,都希望自己在事业上能够得到更好的发展。对此,蒋锡夔总是尽力推荐他们去国外一流的大学继续深造。良好的师生关系也是蒋锡夔科研工作取得成功的重要因素之一。

第八,拥有一个良好的工作和生活环境。

回国以后,蒋锡夔先后在中国科学院化学研究所及上海有机化学研究所工作。这两个研究所,都是国内开展有机化学研究环境条件最好的单位之一。这让蒋锡夔获得了在国内最好的实验室条件、能够与高水平的同行合作、获得更优秀的研究生生源、得到更多的基金资助以及拥有与国内外学术同行交流的机会。这一切,对蒋锡夔最终取得事业上的成功起到了至关重要的保障作用。

在人生的不同阶段,蒋锡夔先后遇见了两位红颜知己。第一位是刘姵迪女士,她是中国家庭贤妻良母的典范。刘姵迪与蒋锡夔风雨同舟四十载,几乎承担了全部的家务以及教育儿子的重任,还要兼顾蒋家这个大家庭的部分家庭事务,她心甘情愿地成为蒋锡夔的贤内助。然而不幸的是,刘姵迪女士在退休之后却因劳累过度而突发中风,因抢救无效而去世。相濡以沫几十年的妻子突然离世,让蒋锡夔陷入了深深的悲伤之中……

1999年初,经人介绍,蒋锡夔与康月莉女士相识。交往了一段时间后,他们组成了新的家庭。结婚之后,康月莉承担了全部的家务,在生活上照顾蒋锡夔。多年来,蒋锡夔一直受颈椎疾病的困扰。在康月莉的耐心照料下,到了晚年蒋锡夔还能够坚持上班,继续从事自己热爱的科学研究工作。

第九,不计较个人得失,豁达大度。

蒋锡夔虽然出生在富贵之家,但是他对金钱和财富这些身外之物,一直不太看重。新中国成立以后,蒋家的多处房产相继捐献给了国家。1980年,蒋锡夔的母亲冯乌孝女士根据蒋国榜的遗愿,正式把蒋庄捐献给了国家。有人曾经与蒋锡夔开玩笑道:要是西湖边的蒋庄没有捐献出去,你现在就是亿万富翁了吧。蒋锡夔听了这样的话,只是一笑了之。

蒋锡夔的秘书曾虹女士回忆道:

那时候,整个社会的经济建设刚刚起步,因此国家经济政策偏向于搞技术创新的项目,对基础理论研究方面所投入的资金相对比较少。因此,蒋先生课题组的经费一直是很紧张的,一到年底基本就是负数了。蒋先生在实验经费上对学生并不是很苛刻,每次学生需要一些贵一点的实验用品,他只要觉得说得有道理、是必需的就答应去购买。后来,蒋先生课题组也不得不申请一些具有一定经济价值的横向课题,赚一些钱来补贴他搞基础理论研究的课题。

蒋先生认为，从长远的发展观来看，任何重大科学技术的创新和突破一定是有其基础理论研究在下面做积淀的。而这个过程，有时需要几十年甚至上百年的时间。

在蒋锡夔等人获得 2002 年度国家自然科学一等奖，拿到总计 9 万元奖金后，作为项目第一负责人的蒋锡夔，给参加该项目工作的数十人每人都分了一笔奖金。他自己拿到的奖金数额不过几千元。他认为，作为一名从事基础理论研究的科研工作者，如果能够在自己的专业领域获得成就，由此而产生的快乐感要比获得金钱或者是获得其他的什么待遇都要多得多。

在几十年的科研工作中，蒋锡夔的研究室在科研经费方面一直比较紧张，对此，他总是泰然处之。蒋锡夔乐观开朗的个性，帮助他渡过了一个又一个的难关，也帮助他在事业上取得了巨大的成功。

第十，一生追求"真、善、美"。

中学时代，蒋锡夔就喜欢听音乐，父亲还经常教他如何去欣赏书法和绘画艺术。久而久之，这种对美和艺术的欣赏，便逐渐转化为蒋锡夔追求真理和美好人生的愿望。从上大学起，蒋锡夔就萌生了追求"真、善、美"的人生观。

蒋锡夔是一名科学家，几十年来，他一心想要做的就是努力探索物理有机化学基础理论中的一些基本规律。这主要体现在蒋锡夔在这个领域中所做出的重大成就，这些成就能够对人类认识自然、深入了解生命现象起到积极的推进作用。蒋锡夔认为，科学家的价值就在其致力于追求科学和真理。每一位科学家，即使他有再大的贡献，也仅仅是某一个领域的一小部分，只是沧海一粟。但是科学家对科学和真理的追求，在人类知识大厦的积累上所做出的努力则是永恒的。

蒋锡夔敢于讲真话，因此在"文革"期间吃尽苦头。蒋锡夔这种表里如一、光明磊落的品德，与他一生所要追求的"真、善、美"的人生观非常符合。当蒋锡夔获得 2002 年度国家自然科学一等奖后，有媒体报道说，"蒋锡夔经

图 10-2　2003 年,蒋锡夔在家中

过 20 年的孤独之后才获得成功"。对此,蒋锡夔则并不完全认同。"文革"期间,正值蒋锡夔四五十岁,那时应该是他最能发挥工作能力的阶段。不幸的是,他的科研工作被迫停止了。粉碎"四人帮"以后,蒋锡夔已经是 50 岁的人了,他终于有机会展露自己的才华了。因此,他全身心地投入到科研工作当中。因为蒋锡夔非常热爱自己所从事的科研工作,所以这段时期也是他人生最快乐、最满足的时期。由于不断地在工作中取得突破性的进展,蒋锡夔常常感到十分快乐和充实。因为敬业,蒋锡夔总是把工作当作是一种享受。

蒋锡夔对科学事业的追求,是对客观真理、科学之美的追求,而不是对名和利的追求。因为,他从来没有把追求成名成家当作自己的人生目标。蒋锡夔这种对科学事业的追求,在许多人的眼里只是一种崇高却很遥远的人生目标。然而,蒋锡夔却用其一生不断地追求这个目标。正因为如此,他才能够做到无论身处何种困境,都不放弃自己做人的准则。在 50 多年的科研生涯中,蒋锡夔把人生目标和工作目标完美地结合起来,实现了自己对真、善、美的追求。

2013 年初,蒋锡夔被中国化学会授予物理有机化学终身成就奖。作为第一位发现一个反应的中国学者、研制成功国防急需氟橡胶的科学家以及国家自然科学一等奖得主,这个奖励名至实归。

附录一
蒋锡夔年表

1926 年

9 月 5 日,蒋锡夔出生于上海,在家排行老七,为第三子。蒋锡夔共有兄弟姐妹十人,按年龄顺序依次为:蒋锡虎(男)、蒋蕴玉(女)、蒋锡熊(男)、蒋怀玉(女)、蒋振玉(女)、蒋群玉(女)、蒋锡夔(男)、蒋燕玉(女)、蒋冠玉(女)、蒋炜玉(女)。

父亲蒋国榜,字苏盦(1893～1970 年),祖籍江苏南京,从年少时起除固守家业外就攻研国学。早年曾师从国学名家郑鼎臣、冯煦、李详、李瑞清、曾熙。晚年师从马一浮先生。他曾编撰过《金陵丛书》四集、《简斋集》三十四卷、《清道人遗集》、《嵩庵随笔》、《学制斋骈文集》、《躬庵文集》、《苍虬阁诗集》等,并著有《苏盦诗稿》等。他与马一浮两人长期唱和诗词,作品后编撰有十四卷之多。

母亲冯乌孝(1897～1983 年)祖籍浙江杭州,自幼好学,从浙江省女子师范学校第一届毕业时,年级考试得第一名。毕业后因成绩优秀而被母校留下担任教师,教授国文和数学长达 7 年之久。

1932 年

中国驻军与日本侵略军在匣北区和虹口区一带交战,蒋家只得投奔在杭州的舅舅家,后又搬回上海,临时租了哈同路上的一套房子。后来,蒋锡夔的父亲买了租界内爱文义路(今北京西路)1189 号一处三层花园洋房。

入学前,蒋锡夔的父亲为他请来家庭教师,教他学习国文,表姐教他学习英文。

1933 年

8 月,蒋锡夔进入上海新闸路小学读书,逐渐养成了把书本放在倾斜支架上读书的习惯。

在小学一年级至三年级,蒋锡夔阅读了很多儿童图书,如儿童版的水浒传、三国演义、西游记等古典名著,以及各种儿童版的文史地理书籍。

在那个阶段,蒋锡夔尤其不喜欢学习算盘,算盘成绩不好。

父母亲请先生帮蒋锡夔补习作文、学习书法,表哥冯咸萃(在圣约翰大学读书时参加了地下党,新中国成立后在北京工作)教他口琴。从此,蒋锡夔喜欢上了音乐。

1936 年

蒋锡夔在商务印书馆举办的全市小学生智力测试中获奖。

1937 年

7 月,蒋锡夔转入荆州路小学就读五年级。

父母聘请了一位叫戴丽的女教师帮助蒋锡夔补习英文。

1938 年

7 月,蒋锡夔进入华童公学(上海晋元高级中学的前身)读初中。在第一学期期末考试中,蒋锡夔获得全班第二名。在第二学期及初中二年级的两次期末考试中,蒋锡夔都获得了全班第一名。在初中三年级第一学期期末考试中,蒋锡夔获得了第二名,第二学期获得了第四名。

蒋锡夔认为,自己在初一初二阶段学习好主要是靠死记硬背,初三是由于生胃病,所以不再死读书,喜欢动脑筋。

从初中阶段起，蒋锡夔开始喜欢物理学、化学和生理学，还在家中卫生间布置了一个小小实验室。这个时期，蒋锡夔爱好养蛐蛐。

1941 年

8 月，蒋锡夔进入圣约翰大学附中。在这个阶段，他对课堂学习并不是很用功，而是花大量的时间去阅读课外书籍。

此时，蒋锡夔已经显露出对理科的偏爱，他阅读了不少有关生物、生理及化学方面的杂志。

1942 年

元旦，蒋锡夔开始写日记，并且一直坚持到病重住进华东医院之前。

1943 年

9 月，蒋锡夔进入圣约翰大学化学系。

课余时间，蒋锡夔按照自己的喜好，继续阅读生物学、心理学、历史学以及哲学等方面的书籍。在这段时间，他阅读了著名的英文原版书《生命的科学》(*Science of life*)，杜兰特的《哲学大纲》(*Outline of Philosophy*)，威尔士的《历史大纲》(*Outline of History*)，杜威的《思维方法》(*How to think*)等，他还喜欢阅读狄更斯的小说《大卫·科波菲尔》、罗曼·罗兰的小说《约翰·克里斯朵夫》等。

在大学一年级，化学专业的学习为蒋锡夔以后从事化学研究打下了基础，与此同时，通过大量的课外阅读又让蒋锡夔掌握了从事科学研究的思维和方法，从而促进了其正直人格的形成。

在大学二年级的暑期，学校开设了《有机化学简论》(*Introduction of Organic Chemistry*)的课程。蒋锡夔第一次系统地学习了有机化学。在大学三年级时，他逐渐对有机化学这一专业产生了兴趣。以后，蒋锡夔又阅读了鲍林的"共振论"等书籍。从此，他对有机化学的理论问题产生了浓厚的兴趣。随着对有机化学理论、反应机理及物理化学知识的不断积累，蒋锡夔逐渐产生了把物理有机化学当作自己未来研究方向的想法。

1944 年

7 月 21 日，蒋锡夔写满了第一本日记，在换用第二本日记时，他再一次翻阅第一本日记，彻夜难眠，对自己的成长和经历进行了"总结"，写下了长达 15 页的日记。从中可以看到他对人生、理想和生活的思考和追求。此后，蒋锡夔立下了追求"真、善、美"的人生观。摘录片段：……此种精神之追求，为我进化之人类所独有，吾当以空间三轴表示之，交接点即为快乐。然快乐追求之原动力何在？曰爱，曰恶。我恶伪、我恶恶、我恶丑，我爱真、我爱善、我爱美，于是一爱一恶，一推一拉，我无时不乐哉……

1947 年

6 月 23 日，蒋锡夔从圣约翰大学化学系毕业，获得特等荣誉学士学位（B. S. with honors）。其学士学位论文题目为 *Phase Rule Studies*。之后，他在化学系任助教。

蒋锡夔结识了圣约翰大学校友杨念祖（杨念祖后来在芝加哥大学获得博士学位，在哈佛大学做博士后，之后成为芝加哥大学有机化学终身教授、台湾中央研究院院士），并与他保持了几十年的学术交往和友谊。

1948 年

7 月 31 日，蒋锡夔收到西雅图的华盛顿大学同意提供奖学金的信函，决定前往华盛顿大学化学系读研究生。

8 月 12 日取得美国领事馆签证。

8 月 18 日在吴淞码头乘坐美国远洋客船"梅吉斯将军号"离开上海，前往美国。同船的有杨念祖和当时的上海交通大学数学系主任汤彦颐教授。

9 月 15 日，蒋锡夔进入华盛顿大学化学系，攻读博士学位。在华盛顿大学的第一年，蒋锡夔选修了高等无机化学（*Advanced Inorganic Chemistry*）、高等有机化学（*Advanced Organic Chemistry*）、高等物理化学（*Advanced Physical Chemistry*）、微量分析（*Microquantitative Analysis*）、合成方法（*Synthetic Methods*）以及德语课程等，虽然选修课程较多，但是他的成绩都是 A。

蒋锡夔在华盛顿大学结识了梁晓天和周同惠,他们三人都只用了 4 年时间就获得了博士学位。毕业后,他们都因美国政府的阻拦,先后滞留在美国。最后他们都冲破种种阻力,回到了祖国。梁晓天是在 1954 年底回国的,于 1980 年被推选为中国科学院化学部学部委员(院士);蒋锡夔和周同惠于 1955 年回国,于 1991 年同时当选为中国科学院学部委员。

1949 年

9 月,蒋锡夔进入 Hyp K. Dauben 实验室。他的研究主要集中在与二环辛四烯及其衍生物的合成和性质方面,以研究这些化合物是否会遵守"休克尔定律"具有芳香性等。此项研究蒋锡夔回国后整理发表在 *Acta Chimica Sinica* 1957 上。

1952 年

7 月,蒋锡夔在华盛顿大学化学系获得有机化学博士学位(一般学生都是 5 年毕业,而他只用了 4 年就取得了博士学位)。其博士学位论文题目为: *Synthesis and Studies of Compounds Related to Bicyclo* [3.3.0] *octane and Pentalene*。

8 月,蒋锡夔任凯劳格公司研究员。

1953 年

蒋锡夔根据机理分析发明了氟烯与三氧化硫反应合成 β-磺内酯反应。这一工作后来被公司申请了美国专利(U. S. Pat. 2774798(1956)),并且被美国杜邦公司广泛应用于工业生产。后来上海有机化学研究所的陈庆云院士用这一反应合成出用于电镀行业的铬雾抑制剂 F-55 等,直到今天仍在生产。蒋锡夔成为第一位发现一个新反应的中国学者。

在凯劳格的一些研究成果,蒋锡夔回国后整理并发表在 *Acta Chimica Sinica* 1957 上。

1955 年

12 月,蒋锡夔辞去凯劳格公司的工作,乘坐"威尔逊总统号"从旧金山到香港,然后回到上海。同船的有应崇福(后来在中国科学院声学研究所工作,1993 年被选为中国科学院院士)、潘良儒(我国著名的力学专家)等留美学生。

1956 年

2 月,蒋锡夔到中国科学院化学研究所(位于北京中关村)上班,任副研究员。化学所决定,由蒋锡夔成立一个有机氟化学研究小组,他被任命为所工会副主席。蒋锡夔向中国化学会提出有机化合物命名汉语拼音方案,但未被采纳。

蒋锡夔的三氟氯乙烯磺内酯研究被凯劳格公司申请了美国专利。后来美国杜邦公司利用这个方法合成了四氟乙烯磺内酯,发展出了新的聚全氟磺酸膜,并广泛地应用于汽车和氯碱化工行业。此反应被收入世界知名的 Houben—Weyl 的工具书 *Methoden der Organischen Chemie* 中。蒋锡夔被列入 1956 年版的美国科学家名人录。

1956～1964 年,蒋锡夔致力于研制对国防和建设起关键作用的核心材料:氟橡胶、氟塑料、氟单体。

1957 年

20 世纪 50 年代后期,我国氟化学工业刚刚起步,回国后的蒋锡夔对一种新型化工原材料——氟橡胶开展技术研发工作。

4 月 14 日,蒋锡夔与刘婳迪(1934～1997 年)女士结婚。

蒋锡夔任新成立的氟橡胶课题组组长。

蒋锡夔整理了他在 1955 年春夏在凯劳格公司实验室所做的工作,在《化学学报》上发表了《三氧化硫与氟烯加成反应》的论文,这是他本人发表的第一篇学术论文。

4 月,蒋锡夔课题组研制成功氟橡胶 1 号。之后,他们又相继研制成功氟橡胶 2 号、3 号等。

8 月 29 日,蒋锡夔夫妇的长子蒋有衡出生。

蒋锡夔招收赵成学为他的第一个研究生。

蒋锡夔写了一篇关于卡宾的综述文章,发表在《化学通报》上。

蒋锡夔课题组在氟化学研究方面得出一个推论,即在一般条件下,全氟或多氟型脂肪族化合物的 C—F 键不参加单分子亲核取代反应(S_N1)、也不参加双分子亲核取代反应(S_N2),但当一个强的亲电试剂从前面"进攻"或多中心"进攻"时(第一种情况),或 β-位上电子对从后面"进攻"时,该 C—F 键就能较易断裂。

9 月,蒋锡夔在上海有机所作有关卡宾化学进展的报告。

7 月,由于氟橡胶的主要原料氟化氢只有上海生产,剧毒又难以运输,氟橡胶小组调往中国科学院有机化学研究所(1970 年更名为中国科学院上海有机化学研究所),蒋锡夔继续担任课题组长。

蒋锡夔应邀在上海召开的第一届中国氟化学会议上作大会报告,题目是《有机氟化合物反应中一些有用的规律性概念和非自由基型反应的反应规律》。

11 月,蒋锡夔到上海嘉定县安亭的社会主义教育学院学习。

蒋锡夔招收徐汉明为研究生。

在武汉大学召开的全国高等学校校际元素有机化学学术讨论会上,蒋锡夔作有关卡宾化学的专题报告。

1965 年

蒋锡夔招收卢钟鹤为研究生。"文革"开始后不久,卢钟鹤到中国科学院广州化学研究所工作。1980 年,到美国芝加哥大学做访问学者。回国后,卢钟鹤从事纤维化学研究,并先后担任广州化学研究所室主任、副所长,广州分院院长,广东省副省长、省人大主任等,成为蒋锡夔学生中担任行政职务最高的研究生。

10 月 5 日,蒋锡夔等被派到上海宝山的大场公社新华大队孙家角村参加"四清"社会主义教育运动。

1966 年

6 月 18 日,蒋锡夔返回有机所。

10 月,蒋锡夔被当作"资产阶级大学霸"批判,他的家被抄、存款被抄。后来,蒋锡夔进入有机所"劳改队"劳动。

蒋锡夔领导的氟橡胶 1 号获得国家科委发明证书。

蒋锡夔首次根据 UV 光谱之溶剂位移现象提出,全氟烯烃基的诱导效应顺序为:$(CF_3)_3C \rightarrow (CF_3)_2CF \rightarrow CF_3CF_2 \rightarrow CF_3$。这个结果后来被证实基本正确。

1968 年

11 月,蒋锡夔在所谓的"清队"工作中被当作有特务嫌疑,他惨遭批斗,被禁闭在实验楼地下室 5 个月,他的颈椎因此受伤。

1969 年

3 月底,蒋锡夔从禁闭室被放出,进入"解毒组"工作。

4 月 6 日,蒋锡夔夫妇的二儿子蒋有亮出生。

1970 年

12 月 4 日,父亲蒋国榜去世,享年 78 岁。

9 月,蒋锡夔被下放到"五七"干校参加劳动。

上海市革委邀请了美国著名高分子化学家马克(Herman F. Mark)到上海访问,蒋锡夔为他所作的学术报告担任翻译。

秋天,"五七"干校结束,蒋锡夔回到有机所,并加入到新成立的燃料电池研究组工作。

在开展用于燃料电池的聚三氟苯乙烯研究中,蒋锡夔发现了单体三氟苯乙烯的二聚反应选择性地生成以头对头方式加成的产物 1,2-二苯基六氟环丁烷。后来理论组成立后他们又开展了此类工作,从而证明了环丁烷加成产物的结构。蒋锡夔把这一成果于 1974 年底发表在《化学学报》上。

2 月,成立 608 组,开展基础理论研究,蒋锡夔担任组长。

2 月 16 日,蒋锡夔在有机所关于理论组成立的大会上作了"氟烯的自由基加成:结构和活性的关系"的开题报告,系统地介绍了理论组将要开展的工作的背景和需要解决的问题等。

1973～1975 年,蒋锡夔开始领导物理有机基础研究工作。主要开展"自由基加成反应中的特殊溶剂效应"的研究工作。

6 月,蒋锡夔接待杨念祖回国访问。

6 月下旬,美国著名高分子物理学家莫拉维茨(Herbert Morawetz)访问上海,他在科学会堂作报告时由蒋锡夔担任翻译。

8 月 20 日,匈牙利科学院中央化学研究所副所长郎格尔访问有机所,他在科学会堂作《质谱与有机结构》报告时由蒋锡夔担任翻译。

9 月 24 日,加拿大科技代表团访问有机所,蒋锡夔陪同翻译并介绍了有机所六室的工作。

11 月,应中国科学院邀请的日本高分子代表团访问上海,蒋锡夔担任翻译。

11 月 21 日,时任英国伦敦帝国学院教授的巴顿爵士(1969 年诺贝尔化学奖获得者)访问中国,并在上海作学术报告,蒋锡夔担任翻译。由于当时的专业英汉辞典没有单词发音,蒋锡夔按照辞典录制了几盒磁带,放在所里供人使用。

1974 年

4 月,蒋锡夔代表有机所参加了在北京召开的核磁技术交流会(国家级)。

5 月,在批林批孔运动中,蒋锡夔所在的 608 组被指为"回潮组",基础理论组被解散。

9 月 2 日,西德马普协会的斯塔伯(Heinz Staab)教授访问有机所并作报告,蒋锡夔担任翻译。

1975 年

11 月初,全国发起了"批邓、反击右倾翻案风"运动,蒋锡夔因为"鼓吹"基础研究成为高级研究员中唯一被批斗的对象。

1975~1978 年,蒋锡夔领导氟橡胶 F-40 的工作,并代表研究室主抓此项工作,该科研成果获国防科委二等奖(耐开裂 FS-46 的聚合)。

1976 年

3 月,蒋锡夔把有关氟烯烃结构—特性关系方面取得的研究结果写成论文,寄到《中国科学》上发表。这是蒋锡夔关于氟烯烃结构—性质关系研究系列的第一篇论文。这篇论文的写法带有着明显的时代特色,毛主席语录贯穿全文,而且用黑字标出。

5 月 16 日,蒋锡夔的三姐蒋振玉从美国回上海探亲。

1977 年

8 月 19 日,蒋锡夔在阶梯教室作了两个全所范围内的学术报告,题目分别为《基础研究的特点、作用和做法》、《物理有机化学——近十余年来的回顾》。

9 月 5 日,蒋锡夔参加中国科学院组织的"全国自然科学规划会议"。

10 月 17 日,蒋锡夔向方毅反映专业名词翻译拼音化方案,但未有结果。

蒋锡夔大胆预测:$\alpha - F$ 对甲基自由基的取代基效应可能随着甲基自由基上 C—F 键的数目增加而出现反转,即稳定性顺序为:$FCH_2 \cdot$ 和 $HCF_2 \cdot >$ $CH_3 \cdot > CF_3 \cdot$,其中 $\alpha - F$ 的作用可从自旋稳定化作用转化为自旋减稳定化作用。通过后五年的工作,建立了下列稳定性顺序:$CF_3 \cdot < CF_3CH_2 \cdot <$ $CH_3 \cdot < FCH_2 \cdot < HCF_2 \cdot < ClCH_2 \cdot < HCCl_2 \cdot < CCl_3 \cdot$。

1978 年

蒋锡夔的科研工作从最初的应用技术开发转向基础理论研究,主要是开展疏水亲脂作用分子的簇集和自卷曲方面的研究。

2 月 1 日,蒋锡夔创立了中国科学院第一个物理有机化学研究室,任主任。

为提高科研骨干英文水平,有机所学术委员会讨论让蒋锡夔用英文教授专业课,2 月 17 日蒋锡夔上了第一课双分子亲核取代反应,吴成九译为中文。蒋锡夔的英文专业课被人们称为"蒋格风"。

2 月 21 日,蒋锡夔的长子蒋有衡考入华东纺织工学院。

3 月,蒋锡夔升为研究员。

5 月,蒋锡夔接待美国化学会代表团。

6 月 16 日,有机所复查组通知蒋锡夔,在"文革"中对蒋锡夔的结论是"不作处理",即蒋锡夔无任何问题需作处理。

7 月 18 日,杨念祖再次回国访问,蒋锡夔到机场迎接。

10 月 16 日,蒋锡夔为研究生上了物理有机化学第一课,以后他每年讲授物理有机化学课程的第一章:序论。此后几年,物理有机化学的教学任务都由蒋锡夔负责筹备。后来,按照美国大学的研究生培养制度,有机所对研究生实行了文献累积考试(CUM),由蒋锡夔、陆熙炎和陈庆云负责。

伍正志和戴家宁两人成为蒋锡夔的研究生。

11 月,蒋锡夔访问英国十几所大学,他在 University of Aston 作了 25 分钟的报告。蒋锡夔在文汇报发表了题目为《科学家的诚实和谦虚》一文。

12 月 29 日,蒋锡夔在有机所用英语作了题目为 *Mechanism and*

Synthesis(机理与合成)的学术报告,由吴成久担任中文翻译。这一年,蒋锡夔总共作了 5 次英文学术报告,每次都由吴成久担任中文翻译。

蒋锡夔推荐卢钟鹤到芝加哥大学杨念祖的实验室进修。

1979 年

1 月 22 日,蒋锡夔被评选为中国科学院上海有机化学研究所学大庆先进工作者。

2 月 15 日,由谢恩率领的威斯康星大学代表团再次访华,团中成员都是美国各大学的院长或著名教授。蒋锡夔和党委书记边伯明一同到虹桥机场迎接。

3 月,蒋锡夔参加科学院组织的化学代表团访问美国,考察美国的基础研究工作。同团的科学家还有高鸿、汪德熙、彭少逸、钱人元、郭慕孙和钱保功等,代表团由科学院副秘书长李苏亲自带队,化学部江峰、钱文藻和王仁全等随同访问。

6 月 21 日,蒋锡夔在科学会堂向上海化学会有机组作访美报告。

6 月 26 日下午,蒋锡夔用了 3 个小时向有机所党委详细汇报了访美过程。

8 月,蒋锡夔去兰州大学参加国际自由基化学会议。

9 月 19 日,蒋锡夔应南京大学胡宏纹教授邀请,在化学系作学术报告。

10 月 15 日,美国化学会高分子代表团访问有机所,代表团中有诺贝尔化学奖获得者 Flory 等世界著名化学家。蒋锡夔主持科罗拉多大学斯迪尔(John Stile)题目为 *Catalystic Assymmetric Synthesis by Chelated Reagents*(配位试剂催化的不对称合成)的报告。

范伟强从杭州大学考入有机所,成为蒋锡夔的研究生。

蒋锡夔的研究小组研制成功的耐开裂氟塑料 FS-46 获国防科委二等奖。

1980 年

2 月,蒋锡夔当选为徐汇区人大代表。

蒋锡夔在有机所先后接待了美国佛罗里达大学的 Katriszky、哈佛大学的 W. von Doering、日本化学代表团、德国慕尼黑工业大学的 J. Ugi、美国华人高分子科技访华团、加拿大 McGill University 的陈德恒、芝加哥大学的杨念祖、法兰西学院的 Jean-Marie Lehn(获 1987 年诺贝尔化学奖)等科学家。

1981 年

1 月 22 日,蒋锡夔在所务会议上提出,要强调"以德为先、讲究德才"的观点,"反对个人主义,强调集体主义、民主集中制和党的领导等"。他还为我国有机化学领域培养出一批新人,因此,当年被科学院评为模范室主任。

5 月,蒋锡夔加入中国共产党。

6 月 11 日,《科学报》(头版)刊登了《重视精神文明建设的室主任——记上海有机所研究员蒋锡夔》一文。

7 月 30 日,蒋锡夔第二次访美,先后到 University of Utah, University of Minnesota, University of Wisconsin,以及母校 University of Washington 访问讲学。然后到加拿大温哥华参加 IUPAC 有机化学会议,并应邀作报告。又去德国参加了著名的弗莱堡自由基化学会议(Freiburg Free Radical Meeting),并作报告。然后,应斯塔伯教授邀请,到马普医学研究所访问。

从 11 月 22 日到次年元旦,在蒋锡夔的主持下,第一届全国物理有机化学会议在桂林召开。蒋锡夔的学生范伟强在实验中发现,在长链酯水解反应中,当链长达到一定数目时不符合短链类似物的规律,水解速度要慢几个数量级。这一发现,使蒋锡夔开辟了一个新的研究课题,即疏水亲脂相互作用所造成的有机分子簇集和自卷。这成为了蒋锡夔等人后来获得国家自然科学一等奖成果的起点。

1982 年

2 月 18 日,蒋锡夔在上海分院大会上作报告,题目为《我对"研究室之精神文明"的个人体会和做法》。

蒋锡夔关于有机氟化学和自由基化学研究获国家自然科学三等奖。

4 月 24 日,蒋锡夔参加了徐汇区人大会议。

5月5日,蒋锡夔在所里接待并主持了普林斯顿大学琼斯(Maitland Jones Jr.)教授的报告。

5月30日,蒋锡夔的80级研究生于崇曦在周末做实验时,由于连续观察次数不够,继电器失灵而导致油浴着火烧了实验室。

7月中旬,蒋锡夔偕夫人刘婳迪女士参加上海分院组织的普陀山休养,为期一周。

8月,蒋锡夔的研究生赵成学回有机所,在蒋锡夔指导下继续开展自由基方面的研究。赵成学所开展的"氟代酰氧化自由基合成与热解动力学"的研究工作在美国《有机化学杂志》上发表,这是物理有机实验室在国际上最早发表的论文之一。

9月19日,蒋锡夔参加了在南京举行的中国化学会五十周年学术报告会。然后,他又参加了第四届全国会员大会,会议中选出了第二十一届理事会,蒋锡夔当选为常务理事。

蒋锡夔先后接待了十多位国外教授的访问,包括哈佛大学的Westheimer、Doering,犹他大学的Walling(蒋锡夔的研究生赵成学在美国进修期间的导师)、瑞士洛桑大学的Schlosser、慕尼黑工业大学的Huisgen(蒋锡夔的小组成员李兴亚的导师)、加利福尼亚大学洛杉矶分校的Foote等。

1983 年

3月3日,蒋锡夔的母亲冯乌孝女士去世,享年86岁。

3月,蒋锡夔被增补为上海市第六届政协委员。

3月下旬,蒋锡夔应浙江省化学会和杭州大学的邀请,到杭州大学讲学3天。

9月21日到11月11日,蒋锡夔再次访美,先后访问了14所大学和1家公司的研究实验室,作了16次报告。

12月24日,蒋锡夔在上海分院大会上作报告,题目是《如何做有创造性的研究工作——论三严三敢》。

1984 年

蒋锡夔小组研究疏水亲脂相互作用促进分子簇集的工作成果在《美国

化学会志》发表。这是蒋锡夔的科研小组通过以后数十年的工作发现并验证的 6 个创新性概念所取得的初步的、重大的进展。

2 月 25 日,蒋锡夔被任命为十室(物理有机化学研究室)主任。

3 月 18 日,蒋锡夔到北京大学参加中国化学会有机化学发展战略讨论会。

6 月,蒋锡夔的学生范伟强在《美国化学会志》发表的第一篇论文发表。

7 月 23 日,蒋锡夔的次子蒋有亮以 565 分考入上海市重点中学上海交通大学附中。

8 月 8 日,蒋锡夔又被聘为科学院学位委员会第二届委员,并到北京参加了学位委员会会议。

8 月 17 日,蒋锡夔的研究生范伟强博士论文通过答辩。

9 月 12 日到 20 日,第二届物理有机化学学术会议在杭州召开。这期间,蒋锡夔写完了有关疏水亲脂取代基参数与化学反应性之间关系的论文,并在 1985 年 4 月的《美国化学会志》上发表。蒋锡夔的一个研究生在国际最高级别化学期刊上发表了 3 篇论文,这在国内有机化学届引起了轰动。(蒋锡夔的学生范伟强在《美国化学会志》上发表的第三篇论文)。

11 月,蒋锡夔的学生范伟强在《美国化学会志》上的第二篇论文发表。

蒋锡夔的博士研究生费铮翔发现了疏溶剂作用力可以促进大环分子内激发态形成,并把疏溶剂作用促进效应应用于大环化合物的合成。由于工作出色,费铮翔获得了中国化学会青年化学奖。

蒋锡夔的研究生于崇曦关于自由基取代基参数的研究工作论文发表在《化学学报》上,该项工作成果引起了蒋锡夔对自由基自旋离域效应的重视。

1984 年,蒋锡夔的科研成就:第一次证明了 10 个"有机溶剂-水"二元溶剂体系中簇集度与有机溶剂的疏水亲脂性或溶剂的促簇能力直接相关。

1985 年

蒋锡夔参加国务院研究生教育考评专家组,并担任组长。

蒋锡夔获得日本科技振兴会(JSP)资助去日本东京大学、九州大学等 15 所大学和研究机构讲学 2 个多月,作学术报告 18 次。

蒋锡夔获得科学院优秀研究生导师的称号。

10 月 5 日,蒋锡夔邀请美国加州大学(University of California at Santa Cruz)的 Joseph Bunnett(国际著名的物理有机化学家,又是美国化学会威望甚高的期刊 *Acc. Chem. Res.* 的主编)教授访问有机所。

10 月 14 日,蒋锡夔到桂林参加中国化学会第三届全国光化学会议,并第一个作大会报告,介绍他在有机分子簇集和自卷方面的研究工作。在这次会议上,蒋锡夔第一次遇到感光所的佟振合。

蒋锡夔小组成员赵成学发现了一个制备含氟氮氧自由基的有效方法,该研究成果的论文相继发表在《美国化学会志》和英国皇家化学会《化学通讯》上。

史济良课题组并入蒋锡夔的物理有机室。

1985 年,蒋锡夔的科研成就:首次证明了改变溶剂的 SAgP 可以改变取代基效应的性质或本质。

1986 年

10 月 20 日,蒋锡夔被聘为国家自然科学基金委委员会有机化学高分子学科评审组成员。

应加拿大和美国科学院邀请,9 月 16 日到 12 月 14 日,蒋锡夔到加拿大和美国 28 所大学和研究机构讲学,作学术报告 27 次。

惠永正、蒋锡夔等人因对"糖淀粉螺旋构象的微环境效应的研究"工作成果,共同获得中国科学院科技进步一等奖(此项成果还获得 1987 年第三届国家自然科学三等奖)。

蒋锡夔发表了一篇综述(*Rev. Chem. Internat.* 1986,7,195)介绍了自由基和电子转移化学方面的工作。

蒋锡夔的学生范伟强获得 1986 年全国青年化学家奖。

1987 年

2 月 23 日,美国《化学研究评述》杂志主编邀请蒋锡夔撰文介绍有机分子的簇集和卷曲工作。同年蒋锡夔应邀撰文,系统地论述了关于有机分子簇集和自卷曲方面的工作,并列举了13个需要进一步解决的重要方面,指出了未来工作的大方向。此文 1988 年发表后被国内外同行广为引用。

5 月 23 日,蒋锡夔在植物生理研究所演讲,题目是《道德与学风》。

6 月 30 日,蒋锡夔去韩国汉城参加亚洲化学大会,并应邀作报告。

蒋锡夔再次获得科学院优秀研究生导师称号。

11 月 1 日到 9 日,国家自然科学基金委员会化学学科基金评审会在成都召开,蒋锡夔作为专家第一次参加评审工作。

1987 年,蒋锡夔发表了 11 篇研究论文,其中 7 篇发表在国际学术期刊上。

蒋锡夔小组内成员李兴亚应邀在第一届国际杂原子化学会议上作专题报告,介绍了他们对于硫醇和醇负离子反应的研究。

1987 年,蒋锡夔的主要科研成就:证明疏水亲脂作用在溶剂效应中也有重要性;表明簇集过程与糖淀粉的包结过程是两个可以彼此竞争的过程;利用氟碳链与碳氢链的行为比较,表明亲脂作用在整个疏水亲脂作用中有时也有不可或缺的作用;运用 3 种不同的方法或者途径,即:动力学、荧光谱、光合成首次直接证明了直链有机小分子的自卷现象,其中包括首次证明14 -、17 -和 18 -大环的邻基参与现象。

蒋锡夔的博士生费铮翔获得 1987 年全国青年化学家奖。

1988 年

4 月,蒋锡夔被选为中国人民政治协商会议上海市第七届委员会委员。

7 月,蒋锡夔获得上海市 1988 年度上海市侨界优秀知识分子光荣称号。

8 月 9 日,蒋锡夔的博士生范伟强获得第一届青年基金的资助。

8 月 28 日,惠永正、蒋锡夔等研究的关于糖淀粉螺旋构象微环境效应获得 1987 年国家自然科学三等奖。

10 月 8 日,蒋锡夔在日本第三届九州国际物理有机会议(KISPOC - III)上作大会报告。

10 月 17 日到 22 日,蒋锡夔在香港中文大学和香港大学讲学。

11 月 11 日,蒋锡夔小组关于全氟磺酸树脂的研究、扩试工作完成。

蒋锡夔连任上海市第六届政协委员。

蒋锡夔被聘为第二届化学学科有机化学专业评审专家,并担任副组长。

在 1988 年以后的数年中,蒋锡夔又系统地开展了结构和介质效应、静电稳定化簇集体,以及生物活性分子解簇集方面的研究。通过开展这项研究工作,最终让蒋锡夔的研究小组提出并验证了 6 个创新性概念。

1989 年

1 月 30 日,蒋锡夔被中国科学院上海有机化学研究所记大功奖励。

9 月 4 日至 10 月 5 日,蒋锡夔应邀到莫斯科大学等苏联和波兰的 5 所大学讲学。

9 月 20 日,蒋锡夔在国际氮氧自由基化学会议上作大会报告。

12 月 18 日,蒋锡夔荣获国务院授予的全国优秀归侨、侨眷知识分子称号。

1990 年

蒋锡夔小组的自由基化学研究取得进展,并得出一套完整取代基极性参数。这是蒋锡夔关于自由基化学研究的 3 个创新性表现之一,即建立了一套当前国际上最完整、最可靠的反映取代基自旋离域能力的参数,这套新的参数的可靠性还额外地被一个"等动力学关系"所验证,它是唯一一个已被报道的针对双自由基型反应的等动力学关系。

2 月 21 日,蒋锡夔在韩国大邱韩日双边会议上应邀作报告。

8 月 16 日,蒋锡夔在以色列召开的第十届 IUPAC 国际物理有机化学会议上应邀作报告。

12 月 8 日,蒋锡夔在北京参加化学学科项目立项讨论会的汇报。在总共 26 项立项申请中,蒋锡夔的排名被专家评为第二。

有机所成立生命有机国家重点实验室,惠永正课题组调到重点实验室,物理有机室只剩下蒋锡夔和计国桢两个研究组。

蒋锡夔发表一篇综述(*Pure Appl. Chem.* 1990,62,189),介绍关于多氟型氮氧自由基化合物方面的工作。

1981～1990 年,蒋锡夔的主要科研成就:①肯定亲脂性作用的重要性,对分子间簇集及分子内绕曲提出了多条新的证据。②提出和运用了临界簇集浓度(CAgC)和 CoCAgC 的概念。③运用两种不同的途径直接证明了长链分子的自绕曲的现象。④首次成功证明了取代基的亲脂性在一定的条件下可与动力学常数线性相关,提出了溶剂的促簇能力(SAgP)的概念,证明了SAgP 可以改变取代基效应的性质。

1991 年

蒋锡夔当选为中国科学院学部委员(中国科学院院士)。

6 月,蒋锡夔获得全氟磺酸离子交换树脂的研究和扩试完成证书。

6 月 29 日,蒋锡夔获得 1990 年优秀共产党员的称号。

12 月 10 日至 16 日,蒋锡夔应新加坡国立大学副校长黄新华的邀请,前往新加坡国立大学讲学。

1992 年

蒋锡夔得到一套可靠完整的自由基自旋离域参数,并在美国《有机化学杂志》发表。这也是蒋锡夔关于自由基化学研究的 3 个创新性表现之一,即成功地应用新的自旋离域参数对多种自由基反应和波谱参数相关分析。蒋锡夔证明自己的一套参数可以非常好地在双参数方程中应用,并且可以定量估计极性效应和自旋离域效应贡献的相对大小。这是自由基化学相关分析研究中的一个非常重要的突破,被审稿人评价为是一个"里程碑"式的研究工作。

4 月 19 日到 28 日,蒋锡夔到北京参加中国科学院学部委员大会。在这次会议上,蒋锡夔和其他 14 人当选为化学部常委。

7 月 31 日到 8 月 8 日,蒋锡夔和计国桢参加 Toronto International Conference on Organic Reaction Intermediates。

10 月,蒋锡夔小组对氟塑料 Fs - 40G 的研制和扩试,获中国科学院科技进步二等奖;对全氟磺酸离子交换树脂的研制和扩试,获中国科学院科技进步二等奖。

1993 年

8 月 16 日,蒋锡夔在第 34 届国际纯粹与应用化学联合会(IUPAC)大会上就有机分子的簇集和解簇集工作作大会报告。本次大会由著名化学家 Ronald Breslow 主持,蒋锡夔的报告题目为《研究和理解有机分子的簇集、共簇集、解簇集和自卷曲概念——为何胆甾醇和甘油三醇是动脉粥样硬化的罪魁祸首》。

蒋锡夔主持国家基金委"八五"物理有机化学重大研究项目。

6 月,蒋锡夔的有机单电子转移反应机理的化学和顺磁共振研究获国家科技进步二等奖。

1994 年

6 月 18 日,在国家实现"八五"计划和十年规划作贡献活动中,蒋锡夔被评为先进个人(中华全国归国华侨联合会颁发)。

1995 年

5 月 17 日,美国《化学研究评述》主编邀请蒋锡夔撰文介绍他在自由基自旋离域参数方面的工作。

5 月,蒋锡夔被聘为上海大学化学与化学工程学院院长。

9 月 7 日,蒋锡夔被评为中国科学院上海分院 1995 年度优秀研究生导师。

12 月 6 日,由蒋锡夔提出的 431 号方案被评为上海市质量协会八届三次会议优秀提案。

蒋锡夔的学生屠波完成的有机分子簇集倾向性中的分子几何形状效应研究在《美国化学会志》上发表。

蒋锡夔担任联合利华中国研究所主任。

7 月 20 日,蒋锡夔参加美国高尔登会议(Gordon Conference)。

7 月 25 日,蒋锡夔在美国田纳西大学(University of Tennessee)作学术报告。

6 月,蒋锡夔应美国《化学研究评述》邀请撰文介绍他们在自由基自旋离域参数方面的工作。

蒋锡夔(与张劲涛合著)出版专著《有机分子的簇集和自卷》。

蒋锡夔接受上海科技论坛记者采访,呼吁支持基础研究。

1 月 10 日,蒋锡夔被聘为"上海市科技系统中青年专家联谊会"顾问。

2 月 23 日,蒋锡夔之妻刘婳迪女士去世。

7 月,自由基自旋离域参数建立和成功应用成果在《化学研究评述》发表。蒋锡夔科研小组关于自由基化学研究的 3 个创新性表现除上述 2 个之外,还有第 3 个是对自由基化学中结构—性能相关分析的 4 种规律性假设,解决了自由基化学界长期存在的 2 个重要问题。

7 月 21 日,基金委化学部组织专家对"八五"重大项目进行验收,蒋锡夔小组的"物理有机化学前沿领域两个主要方面——有机分子簇集和自由基化学研究"被评为"特优"。

7 月份,蒋锡夔与方才英女士相识,后于 9 月 3 日结婚。

6 月 18 日,蒋锡夔被聘为中国科学院上海有机化学研究所有机氟化学开放实验室学术委员会委员。

蒋锡夔开始与黎占亭联合招收并指导研究生。与方才英女士离婚。

5 月 18 日,蒋锡夔与康月莉女士结婚。

6 月,蒋锡夔获徐光启科技荣誉奖章。

10 月,蒋锡夔关于自由基化学中取代基自旋离域参数 σ_{jj} 之成功建立和应用的研究成果获中国科学院自然科学一等奖。

2000 年

蒋锡夔获何梁何利科技进步奖。

蒋锡夔参加科技部国家重点基础研究规划项目"分子聚集体化学"的研究工作，并担任项目组专家。

蒋锡夔去日本参加中日光化学双边学术会议。

12 月 15 日，蒋锡夔等的关于含氟酰基过氧化物及其衍生物含氟氮氧自由基化学研究成果荣获上海市科技进步三等奖。

2001 年

蒋锡夔等的关于有机分子簇集和自卷研究成果荣获中国科学院自然科学一等奖。

2002 年

蒋锡夔等的关于物理有机前沿领域两个重要方面——有机分子簇集和自由基化学研究成果荣获国家自然科学一等奖。

蒋锡夔课题组与黎占亭课题组合并。

2003 年

7 月 3 日，《化学研究评述》杂志高级编委 Christopher S. Foote 教授再次邀请蒋锡夔就 1988 年以来的工作撰写评述，由于种种原因，此评述没有完成。

4 月 1 日，蒋锡夔等关于有机分子簇集和自由基化学研究项目成果荣获"中国科学院 2001～2002 年度重大创新贡献团队荣誉称号"。

4 月 16 日，徐汇区人民政府授予蒋锡夔区政府最高科技奖"徐光启奖"。

8 月，佟振合牵头与有机所蒋锡夔、计国桢和黎占亭一起申请到基金委"十五"重点项目"分子间相互作用和分子聚集体中的化学反应"。

9 月，蒋锡夔荣获 2003 年上海市侨界十杰光荣称号。

2004 年

1 月,2003 年度上海十大科技新闻评选,蒋锡夔领衔的团队获 2002 年度国家自然科学一等奖名列第一。

4 月,蒋锡夔荣获 2001~2003 年上海市劳动模范称号。

8 月,第 17 届物理有机化学国际会议在上海召开,蒋锡夔任大会名誉主席。

6 月,蒋锡夔荣获全国归侨侨眷先进个人称号。

2005 年

4 月,蒋锡夔荣获"全国先进工作者"的荣誉称号。

蒋锡夔被评为上海市科技功臣。

2006 年

3 月,蒋锡夔被聘为上海有机所第九届学术委员会顾问委员。

11 月,蒋锡夔被授予上海市科学技术协会荣誉委员。

2007 年

4 月,蒋锡夔被聘为《中国化学》第五届顾问编委。

2009 年

9 月 30 日,蒋锡夔因病住进华东医院,至今仍在医院疗养。

2011 年

12 月,蒋锡夔荣获"中国化学会—物理有机化学终身成就奖"。

（文字资料整理:齐巧艳）

附录二
蒋锡夔主要论著目录

研究论文

[1] H. R. Davis, S. H. -K. Chiang, Dehalogenation of Organic Compounds in the Presence of a Detergent, *U. S. Pat.* 2744798 (1956).

[2] S. H. -K. Jiang, The Addition Reactions of Sulfur Trioxide to Carbon-Carbon Double Bonds. The Addition Products of Sulfur Trioxide and Some Perfluoroolefins, *Acta Chimica Sinica* 1957, 23,330.

[3] S. H. -K. Jiang, Some Derivatives of Dihydronaphthalene and the Proof of Their Structures. *Acta Chimica Sinica* 1957,23,351.

[4] H. J. Dauben, Jr. , S. H. -K. Jiang, V. R. Ben, Bicyclo (3,3,0)-Octa-3,7-Dien-2,6-Dione. *Acta Chimica Sinica* 1957,23,411.

[5] H. J. Dauben, Jr. , and S. H. -K. Jiang, The Attempted Dehydrobromination of 2, 4-Dibromobicyclo (3,3,0)-Octane, *Acta Chimica Sinica* 1957,23,498.

[6] S. H. -K. Chiang, H. R. Davis, Fluorine-Containing Carbonyl Sulfates and Their Production. *U. S. Pat.* 3214443(1965).

[7] Z. Ma, C. Chen, X. -K. Jiang, M. Ma, The Reaction of Bis (1,3-Diphenyl-2-Imidazolidinylidene) with Several Perhalo Carboxylic Acids and Perfluoropropene, *Kexue Tongbao* 1966,299.

[8] The Fluorocarbon Group, Shanghai Institute of Organic Chemistry, Academia Sinica, Chemistry of Trifluorostyrenes and Their Dimers. 1. The Structures of the 1, 2-Diphenylhexafluorocyclobutanes and Their Pyrolysis, *Acta Chimica Sinica* 1976,34,17.

[9] The Fluorocarbon Group, Shanghai Institute of Organic Chemistry, Academia Sinica, Structure-Property Relationships of Fluoroolefins. I. The Polar and Solvent Effects in Free-Radical Additions, *Scientia Sinica* 1977,20,116.

[10] X. -K. Jiang, G. -Z. Ji, C. -X. -Yu, A New Approach to the $\sigma^{\cdot}$ Scale, *Acta Chimica Sinica* 1984,42,599.

[11] X. -K. Jiang, Y. -Z. Hui, W. -Q. Fan, The Effect of Hydrophobic-Lipophilic Interactions on Chemical Reactivity. 2. Solvent Effects on the Aggregation and Self-Coiling of Long-Chain Molecules, *Acta Chimica Sinica* 1984,42,1276.

[12] X. -K. Jiang, W. -Q. Fan, Y. -Z. Hui, The Effect of Hydrophobic-Lipophilic Interactions on Chemical Reactivity. 4. A Case of 17-Membered-Ring "Neighboring-Group" Participation: Compelling Evidence for Self-Coiling, *J. Am. Chem. Soc.* 1984,106,7202.

[13] X. -K. Jiang, Y. -Z. Hui, W. -Q. Fan, The Effect of Hydrophobic-Lipophilic Interactions on Chemical Reactivity. 1. New Evidence for Intermolecular Aggregation and Self-Coiling, *J. Am. Chem. Soc.* 1984,106,3839.

[14] W. -Q. Fan, Xi-K. Jiang, The Effect of Hydrophobic-Lipophilic Interactions on Chemical Reactivity. 6. The First Example of Correlation of Hydrophobic-Lipophilic Substituent Constants with Chemical Reactivity, *J. Am. Chem. Soc.* 1985,107,7680.

[15] C. -X. Zhao, X. -K. Jiang, G. -F. Chen, J. -Y. Lu, X. -S. Wang, Y. -L. Qu, A Novel Technique for the Generation of Bis (polyfluoroalkyl) and Polyfluoroalkyl Nitroalkyl Nitroxides. ESR Verification of Mechanistic Propositions for the Reactions between Polyfluorodiacyl Peroxides and Carbanions Derived from Secondary Nitroalkanes, *J. Am. Chem. Soc.* 1986,108,3132.

[16] X. -K. Jiang, X. -Y. Li, C. -X. Zhao, G. -Z. Ji, Some Radical Chemistry from Shanghai. *Rev. Chem. Internat.* 1986,7,195.

[17] X. -K. Jiang, G. -Z. Ji, C. -X. Yu, Structure-Property Relationships of Fluoroolefins. 7. Substituent Effects on the Kinetic Parameters of the Thermal Dimerization of Trifluorostyrenes, *Acta Chimica Sinica* 1986,44,72.

[18] X. -K. Jiang, Y. -Z. Hui, Z. -X. Fei, The Effect of Hydrophobic-Lipophilic Interactions on Chemical Reactivity. 8. Large-Ring Intramolecular Excimer Formation Brought About by Hydrophobic Forces, *J. Am. Chem. Soc.* 1987,109,5862.

[19] G. -Z. Ji, Y. -Q. Shi, X. -K. Jiang, Extra Polar Interactions in the Transition States of the Cross Cycloadditions of Differently Substituted Trifluorostyrenes. 1. Kinetics of the Cycloadditions of 4-Methoxy- and 4-Trifluoromethyl-trifluorostyrenes. *Acta Chimica Sinica* 1988,46,1139.

[20] X. -K. Jiang, X. -Y. Li, B. -Z. Huang, The Effect of Hydorphobic-Lipophilic Interactions on Chemical Reactivity. 11. The Dependence of the Wrapping Capability of Sodium Carboxymethylamylose on Its Degree of Substitution, *J. Phy. Org. Chem.* 1988,1,133.

[21] X. -K. Jiang, X. -Y. Li, B. -Z. Huang, The Effect of Hydrophobic-Lipophilic Interactions on Chemical Reactivity. 12. Mechanistic Investigations of NaCMA-Catalyzed Hydrolysis of Esters. What is the Catalyzing Group? *J. Phy. Org. Chem.* 1988,1,143.

真善合美　蒋锡夔传

[22] X.-K. Jiang, Y.-Z. Hui, Z.-X. Fei, The Effect of Hydropobic-Lipophilic Interactions on Chemical Reactivity. 14. A Successful Applicaiton of the Concept of Making Use of the Hydrophobic Force to Prepare Large-Ring Compounds, *J. Chem. Soc. Chem. Commun.* 1988,689; B. K. Carpenter, *CHEMTRACTS - Org. Chem.* 1988,1, 322.

[23] X.-K. Jiang, Hydrophobic-Lipophilic Interactions. Aggregation and Self-Coiling of Organic Molecules, *Acc. Chem. Res.* 1988,21,362.

[24] X.-K. Jiang, X.-Y. Li, K.-Y. Wang, Reversal of the Nature of Substituent Effect by Changing the Number of the α-Substituent. Relative Ease of Formation of the Three α-Fluoromethyl Radicals, *J. Org. Chem.* 1989,54,5648.

[25] G.-Z. Ji, X.-K. Jiang, Y.-H. Zhang, S.-G. Yuan, C.-X. Yu, Y.-Q. Shi, X.-L. Zhang, W.-T. Shi, The Spin Delocalization Substituent Parameter $\sigma_{JJ}^{\cdot}$: 5 Correlation Analysis of ^{19}F Chemical Shifts of Substituted Trifluorostyrenes. The Unresolved Polar Substituent Parameter σ_{mb}, *J. Phy. Org. Chem.* 1990,3,643.

[26] X.-K. Jiang, Polyfluorinated Nitroxides, *Pure Appl. Chem.* 1990, 62,189.

[27] X.-K. Jiang, C.-X. Zhao, Y.-F. Gong, Reactivity and Reaction Patterns of Alkyl Alkoxybenzene Radical Cations. Mechanistic Pathways of the Reactions between 2, 5-Di-tert-Butyl-1, 4-dimethoxybenzene and Perfluorodiacyl Peroxides, *J. Phy. Org. Chem.* 1991,4,1.

[28] X.-K. Jiang, G.-Z. Ji, J.-S. Wang, Electrostatically Stabilized Aggregate (ESAg). I. Evidence Derived from the Coaggregating Behavior of an Anionic Kinetic Probe (P16⁻) with Surfactants, *Chinese Chem. Lett.* 1991,2,813.

[29] X.-K. Jiang, G.-Z. Ji, J.-S. Wang, Electrostatically Stabilized

Aggregate (ESAg). II. Evidence Derived from the Coaggregating Behavior of a Cationic Kinetic Probe (P16$^+$) with Surfactants, *Chinese Chem. Lett.* 1992,3,231.

[30] X.-K. Jiang, G.-Z. Ji, A Self-Consistent and Cross-Checked Scale of Spin-Delocalization Substituent Constants, the $\sigma_{JJ}^{\cdot}$ scale. *J. Org. Chem.* 1992,57,6051.

[31] H.-X. Guo, S.-X. Sun, G.-Z. Ji, X.-K. Jiang, Single-Parameter versus Dual-Parameter Correlation for Radical Reactions. A Dichotomy of Mechanism for Tricholomethyl-bromo-addition Reactions to Styrenes, *J. Chem. Res.* S 1993,166; *J. Chem. Res.* M 1993,1123.

[32] X.-K. Jiang, J.-S. Wang, Electrostatically Stabilized Aggregate (ESAg). III. Evidence Derived from the Coaggregating Behavior of Fluorescence Probes (FP) with Ionic Surfactants, *Chinese J. Chem.* 1993,11,472.

[33] X.-K. Jiang, G.-Z. Ji, J.-T. Zhang, Effective Neutral Deaggregators, *Langmuir*, 1994,10,122.

[34] X.-K. Jiang, New Concepts for Studying and Understanding the Aggregation, Coaggregation, Deaggregation and Self-Coiling of Organic Molecules. Why Are Cholesterols and Triglycerides Culprits of Arteriosclerosis? *Pure Appl. Chem.* 1994,66,1621.

[35] J.-T. Zhang, J. Nie, G.-Z. Ji, X.-K. Jiang, Methodology for Measuring the Critical Aggregate Concentration of Nonprobe Molecules, *Langmuir*, 1994,10,2814.

[36] X.-K. Jiang, W.-Z. Liu, S.-H. Wu, Single-Parameter versus Dual-Parameter Correlation for Radical Reactions. The Addition of Bromine Atoms to α-Methylstyrenes, *J. Phy. Org. Chem.* 1994, 7,96.

[37] X.-K. Jiang, G.-Z. Ji, Z.-R. Wang, The Spin-Delocalization

真善合美　蒋锡夔传

Substituent Parameter σ: 9. Cyclodimerization Rates of *p*-Methylsulfinyl and *p*-Methylsulfonyl α, β, β-Trifluorostyrenes, *J. Fluorine Chem*. 1994,66,187.

[38] X.-K Jiang, W.-Z. Liu, S.-H. Wu, Can the Spin-Delocalization Effect Express Itself at the Transition State of the Hydrogen-Atom Abstraction Reaction? Correlation Analysis of Relative Rates Measured by a Rigorous Methodology for Eleven *p*-Y-Substituted Isopropylbenzenes, *Tetrahedron*, 1994,50,7503.

[39] X.-K. Jiang, G.-Z. Ji, B. Tu, X.-Y. Zhang, J.-L. Shi, X. Chen, Shape and Aggregating Tendency. The Aggregating Behavior of Eight Esters of Eight-Carbon Carboxylic Acids, *J. Am. Chem. Soc.*, 1995,117,12679.

[40] X.-K. Jiang, G.-Z. Ji, Z.-R. Wang, First Successful Correlation of the UV Spectra of Three Kinds of Styrenes with Spin-Delocalization Substituent Constants σ· *J. Phy. Org. Chem*. 1995,8,143.

[41] X.-K. Jiang, G.-Z. Ji, Z.-R. Wang, R.-Y. Xie, Successful Application of the Spin-Delocalization Substituent Constants σ· to the Correlation of the UV Spetra of Some Model Compounds with *para*-Y-Substituted Phenyl Groups, *J. Phy. Org. Chem*. 1995,8,781.

[42] X.-K. Jiang, G.-Z. Ji, R.-Y. Xie, In Search of the Spin-Delocalization Effect from the Correlation Analysis of Relative Rates of the Trichloromethyl-Bromo-Addition Reactions to Fourteen *p*-Y-Substituted Phenylacetylenes, *Tetrahedron* 1996,52,3017.

[43] X.-K. Jiang, G.-Z. Ji, R.-Y. Xie, The Electrophilic Trifluoromethyl Radical, Application of the Dual-parameter Equation to the Correlation Analysis of Relative Rates of the Trifluoromethylbromo Addition Reactions to 14 *p*-Y-substituted phenylacetylenes, *J. Fluorine Chem*. 1996,79,133.

[44] X.-K. Jiang, J.-L. Shi, X. Chen, Aggregating Tendencies of Some

Phosphonates and Phosphinates, *Langmuir* 1996,12,3881.

[45] J.-L. Shi, X. C., X.-K. Jiang, Hydrophobic Acceleration of Electron Transfer Processes, *J. Org. Chem.*, 1996,61,4698.

[46] 蒋锡夔,关于科学的思想方法的一些认识,中国科学院院刊,1997, 1,52.

[47] X.-K. Jiang, F.-X. Ding, Y.-H. Zhang, The Nucleophilic Silyl Radical: Dual-Parameter Correlation Analysis of the Relative Rates of Bromine-Atom Abstraction Reactions as Measured by a Rigorous Methodology, *Tetrahedron* 1997,53,8479.

[48] X.-K. Jiang, Establishment and Successful Application of the $\sigma_{JJ}^{\cdot}$ Scale of Spin-Delocalization Substiuent Constants, *Acc. Chem. Res.* 1997,30,283.

[49] J.-L. Shi, X.-W. Jiang, H. Zeng, X.-K. Jiang, Aggregating Tendencies of Some Alkyl Sulfonates, *Langmuir* 1997,13,2480.

[50] Y. Zhu, X.-Y. Zhang, H. Zeng, X.-K. Jiang, Nature of the Alternate $-CF_2CH_2-$ Chain: A Study Based on the Measurement and Comparison of the CAgC's of Aggregators with Alternate Chain and with Hydrocarbon Chain, *Langmuir* 1997,13,3603.

[51] B. Tu, G.-Z. Ji, X.-K. Jiang, Two Types of Salt Effects: for Ag (Aggregate) Formation and for ESAg (Electrostatically Stabilized Aggregate) Formation, *Langmuir* 1997,13,4234.

[52] H.-Y. He, X.-K. Jiang, Dual-parameter correlation analysis of UV spectral data for 1-methyl-2-formyl-5-Y-substituted pyrroles and their hydrazones. First observation of a dominant polar effect, *J. Phys. Org. Chem.* 1999,12,392.

著作

[1] 蒋锡夔,孙思汛. 有机氟化物反应中某些有用的规律性概念及非自由基型反应的反应规律. 见:黄维垣主编. 中国有机氟化学研究. 上海:上海科学技术出版社,1996。X.-K. Jiang, S.-X. Sun, Useful Basic

Concepts in Fluoroorganic Chemistry. Generalizations on the Non-Radical Reactions of the C-F Bond. in *"Fluoroorganic Chemistry in China"*, Ed. Wei-Yuan Huang, Shanghai Sciences and Technology Press: Shanghai, 1996, Chapter 1.

[2] 蒋锡夔、张劲涛. 有机分子的簇集和自卷. 上海：上海科学技术出版社，1996。X. -K. Jiang, J. -T. Zhang, *Aggregation and Self-Coiling of Organic Molecules*, Shanghai Sciences and Technology Press: Shanghai, 1996.

（文字资料整理：齐巧艳）

参考文献

［1］黎占亭.蒋锡夔［M］.北京：金城出版社，2008

［2］郑勉之.金陵蒋氏——近代富甲江南的回回家族［J］.回族研究，1993(3)

［3］蒋锡夔，张劲涛.有机分子的簇集和自卷［M］.上海：上海科学技术出版社，1996

［4］中国科学院学部联合办公室编.中国科学院院士自述［M］.上海：上海教育出版社，1996

［5］卢嘉锡.院士思维（卷一）［M］.合肥：安徽教育出版社，1998

［6］卢嘉锡.院士思维（卷二）［M］.合肥：安徽教育出版社，1998

［7］梁宗巨.科学家大辞典［M］.上海：上海科技教育出版社，上海辞书出版社，2000

［8］曾宪林，等.北伐战争史［M］.成都：四川人民出版社，1991

［9］汪朝光.1945～1949：国共政争与中国命运［M］.北京：社会科学文献出版社，2010

［10］王秀鑫，郭德宏.中华民族抗日战争史：1931～1945［M］.北京：中共党史出版社，2005

［11］陈鹤琴.陈鹤琴全集（第一卷）［M］.南京：江苏教育出版社，1987

［12］徐以骅.上海圣约翰大学(1879～1952)［M］.上海：上海人民出版社出版，2009

［13］钱江.周恩来与日内瓦会议［M］.北京：中国共产党党史出版社，2005

［14］乔松都.乔冠华与龚澎——我的父亲母亲［M］.北京：中华书局，2008

［15］张纯茹，鲁伊.蚕丝：钱学森传［M］.北京：中信出版社，2011

［16］(英)史蒂文森.青闰，张慧婷译.金银岛［Z］.北京：中国城市出版社，2003

［17］(法)罗曼·罗兰.傅雷译.约翰·克里斯多夫［Z］.南京：江苏文艺出版社，2012

［18］(英)狄更斯.李彭恩译.大卫·考波菲尔（上下册）［Z］.北京：北京燕山出版社，2007

［19］刘鹗.老残游记［Z］.北京：人民文学出版社，1957

后　记

　　2013 年 1 月 6 日,中国化学会物理有机化学专业委员会负责人佟振合院士、程津培院士、吴云东院士以及国家自然科学基金委化学部杜灿屏研究员专程来到上海。他们在上海有机化学研究所所长丁奎岭、党委书记郏静芳同志的陪同下,一起前往华东医院看望了蒋锡夔院士,并为他颁发了"中国化学会—物理有机化学终身成就奖"。丁奎岭所长和郏静芳书记代表上海有机化学研究所的全体科研人员,对蒋锡夔院士表示热烈祝贺,对他为我国物理有机化学事业的开创与发展,为上海有机化学研究所的建设和发展所作出的重要贡献致以崇高的敬意,并向他和他的家人致以亲切的慰问。

　　消息传来,我们蒋锡夔院士学术成长资料采集工程小组(以下简称"采集小组")的全体成员感到非常高兴!在我们采集小组的工作即将完成之时,中国化学会给蒋锡夔院士颁发了这样一个重量级的终身成就奖,让我们大家真切地感受到,我们所做的这项工作虽然相当辛苦,但却非常值得。"蒋锡夔院士学术成长资料采集工程"启动于 2011 年 7 月,采集小组主要的成员有上海有机化学研究所的赵新博士(采集小组负责人)、齐巧艳女士(负责照片、文字资料的采集和整理),上海科技报社的刘敏超女士(负责协调工作及音视频资料的采集与整理),上海科学普及出版社的史炎均女士(负责采访工作及撰写研究报告)。小组其他成员还包括有机所和科技报社的相关人员。在全体成员的共同参与下，经过一年多的努力，我们高质量地完成了采集任务。

在档案的查阅与资料的采集过程中，我们前往北京、上海和杭州等地进行了考察和采集，尽可能完整地了解和搜集了蒋锡夔院士的家庭生活、求学过程以及工作期间的档案材料。经过一年多的努力，我们采集到超过 10 000 份(件)资料，从中我们精选并采集近 3 000 件资料，这些资料比较全面、详实地反映了蒋锡夔院士的成长历程。其中有一些资料非常珍贵，如蒋锡夔院士从小学、中学到大学的完整的成绩单，中小学时期的学籍表、绘画和作文习作等，中学、大学时期的部分考试卷，在上海圣约翰大学完成的本科毕业论文，在美国华盛顿大学完成的博士论文，在美国工作期间的实验记录，还有一些记录他回国后早期的研究工作随笔、对一些科学问题进行思考的工作手册等等。

2008 年，金城出版社出版了《蒋锡夔》一书。该书作者黎占亭研究员自 1998 年起就在蒋锡夔院士的指导下开展科研工作。在写作过程中，蒋锡夔院士与黎占亭研究员一起，每天进行 2 小时的访谈。与此同时，黎占亭研究员又进一步查找和收集各类文献资料、阅读并参考了蒋锡夔院士的日记(蒋锡夔院士一生坚持记日记，一直坚持到生病住院为止)，因此积累了大量的写作素材。经过 4 个多月的努力写作，黎占亭研究员终于完成了初稿。之后，蒋锡夔院士对初稿进行了审读，还作了多次修改。正式定稿之后，该书于 2008 年 1 月出版。

2009 年 9 月 30 日，蒋锡夔院士因病住进华东医院。随着病情的不断加重，他逐渐失去了说话能力。这对我们本次采集工作来说，是一件相当遗憾的事情。正因为如此，由黎占亭研究员所撰写的《蒋锡夔》一书，就成为我们"采访"蒋锡夔院士的第一手资料。它包含了蒋锡夔院士大量的访谈内容，以及他的日记、他的文字资料等等。而且，这些内容都是经过蒋锡夔院士本人的修正和肯定的。在这里，我们首先要感谢黎占亭老师，感谢他对我们本次采集工作的大力支持和帮助。

在全面了解了蒋锡夔院士已有的文字资料的基础上，我们对蒋锡夔院士的家人、秘书、学生、同事以及单位的领导等 20 多人进行了访谈。整个采访过程,持续了一年的时间。

2011 年 12 月,我们前往深圳,采访了正在北京大学深圳研究生院参加第九届全国物理有机化学学术会议的程津培院士、佟振合院士和吴云东院士;2012 年 7～8 月,在上海有机化学研究所,我们分别采访了戴立信院士、陈庆云院士,以及上海有机化学研究所的丁奎岭所长。通过对这些中国一流科学家的访谈,我们充分认识到,蒋锡夔院士经过 20 多年的探索和研究所取得的科研成果,已经进入物理有机化学界世界先进水平的行列。

目前,我们采集小组的工作即将完成。在此之际,我们要感谢中国科学院上海有机化学研究所,尤其是丁奎岭所长和郏静芳书记对此工作的高度重视与大力支持;还要特别感谢佟振合院士、程津培院士、吴云东院士、戴立信院士、陈庆云院士以及丁奎岭所长,他们在百忙中抽出时间接受我们的采访;感谢计国桢老师、史计良老师、赵成学老师、黎占亭老师、李芳琳老师以及盛怀禹老先生,他们不仅接受我们的采访,还主动参与到我们的采集工作当中;感谢张劲涛先生、范伟强先生、费铮翔先生、曾虹女士,他们特地从国内外不同的地方回到上海有机化学研究所,接受我们的访谈。最后,我们还要感谢蒋先生的妹妹蒋燕玉女士、蒋冠玉女士,夫人康月莉女士,儿子蒋有衡先生、蒋有亮先生,他们积极配合我们的各项工作,想方设法提供给我们各种采访线索和图文资料。在采集过程中,有机所党政办公室的黄智静主任和蔡正骏同志给予了很多支持与协助,在此一并表达我们的谢意。

蒋锡夔院士学术成长研究报告,是在查阅档案资料、采集各种图文视频资料以及访谈资料的基础上逐渐编撰而成的。初稿完成之后,经过各方专家的审核。根据专家们给出的意见和建议,又对初稿进行了反复的修改。尽管如此,在编撰研究报告的过程中,可能还是会存在一些失误,敬请读者批评与指正。

蒋锡夔院士学术成长资料采集工程小组

2015 年 12 月

老科学家学术成长资料采集工程丛书
已出版(50 种)

《卷舒开合任天真:何泽慧传》　　　《此生情怀寄树草:张宏达传》
《从红壤到黄土 :朱显谟传》　　　《梦里麦田是金黄:庄巧生传》
《山水人生:陈梦熊传》　　　　　　《大音希声:应崇福传》
《做一辈子研究生:林为干传》　　　《寻找地层深处的光:田在艺传》
《剑指苍穹:陈士橹传》　　　　　　《举重若重:徐光宪传》

《情系山河:张光斗传》　　　　　　《魂牵心系原子梦:钱三强传》
《金霉素·牛棚·生物固氮:沈善炯传》　《往事皆烟:朱尊权传》
《胸怀大气:陶诗言传》　　　　　　《智者乐水:林秉南传》
《本然化成:谢毓元传》　　　　　　《远望情怀:许学彦传》
《一个共产党员的数学人生:谷超豪传》　《没有盲区的天空:王越传》

《含章可贞:秦含章传》　　　　　　《行有则　知无涯:罗沛霖传》
《精业济群:彭司勋传》　　　　　　《为了孩子的明天:张金哲传》
《肝胆相照:吴孟超传》　　　　　　《梦想成真:张树政传》
《新青胜蓝惟所盼:陆婉珍传》　　　《情系梁菽:卢良恕传》
《核动力道路上的垦荒牛:彭士禄传》　《笺草释木六十年:王文采传》

《探赜索隐　止于至善:蔡启瑞传》　《妙手生花:张涤生传》
《碧空丹心:李敏华传》　　　　　　《硅芯筑梦:王守武传》
《仁术宏愿:盛志勇传》　　　　　　《云卷云舒:黄土松传》
《踏遍青山矿业新:裴荣富传》　　　《让核技术接地气:陈子元传》
《求索军事医学之路:程天民传》　　《论文写在大地上:徐锦堂传》

《一心向学:陈清如传》　　　　　　《铃记:张兴铃传》
《许身为国最难忘:陈能宽》　　　　《寻找沃土 :赵其国传》
《钢锁苍龙　霸贯九州:方秦汉传》　《虚怀若谷:黄维垣传》
《一丝一世界:郁铭芳传》　　　　　《乐在图书山水间:常印佛传》
《宏才大略　科学人生:严东生传》　《碧水丹心:刘建康传》